ENVIRONMENT ART

배경 일러스트 작법서 Vol. 2

실내 · 조형물 편

이동익 저

DIGITAL BOOKS
since 1999
www.digitalbooks.co.kr

| 만든 사람들 |

기획 IT · CG 기획부 | **진행** 유명한 | **집필** 이동익 | **편집 · 표지 디자인** D.J.I books design studio

| 책 내용 문의 |

도서 내용에 대해 궁금한 사항이 있으시면,
저자의 홈페이지나 디지털북스 홈페이지의 게시판을 통해서 해결하실 수 있습니다.

디지털북스 홈페이지 www.digitalbooks.co.kr
디지털북스 페이스북 www.facebook.com/ithinkbook
디지털북스 카페 cafe.naver.com/digitalbooks1999
디지털북스 이메일 digital@digitalbooks.co.kr

| 각종 문의 |

영업관련 hi@digitalbooks.co.kr
기획관련 digital@digitalbooks.co.kr
전화번호 02 447-3157~8

• 프로필

Flyinghand
이동익

일본 TV애니메이션 제작참여
이니셜D, 트랜스포머, 포켓몬스터, 나루토,
이누야사등 다수작

CN카툰네트워크 게임개발 참여
퓨전폴온라인 북미론칭

(주)불카누스게임즈 공동창업 AD근무
펀치더제로 게임인대상 수상

cafe
cafe.naver.com/picterart

Twitter
twitter.com/matal7603

Blog
blog.naver.com/matal7603

안녕하십니까? 배경일러스트 작법서 저자입니다. 1편에 이어 두 번째 책을 집필하게 되었습니다. 작법서 1편에서는 주로 자연물을 표현하는 내용이 많았고 이번 책의 내용은 실내와 조형물을 위주로 이야기를 해보려합니다. 내용의 중심은 게임 컨셉아트에 필요한 테크닉과 노하우를 집중적으로 다루고 있습니다. 따라서 미술 기초 이론은 조금 요약이 돼있다는 점을 가만해 읽어주시길 바랍니다. 그림을 배우는 사람의 입장은 서로 다른데 무언가 뚜렷한 목표를 가지고 배우는 것과 포괄적 목표를 두고 배울때 과정이 많이 달라진다는 점을 유념해야 합니다.

우리는 게임 컨셉아트를 목표로 두고 있기 때문에 그 과정 상 필요한 부분을 집중적으로 다뤄야한다고 생각합니다. 물론 기초 이론이 잘돼있어야 하는 것도 사실이지만, 그 이론에 심취하면 순수 미술이 되기에 적정한 수준의 이론을 바탕으로 전문적인 테크닉으로 넘어가는 것이 좋은 방법입니다. 이 책을 보고 그림을 따라 그리시는 분들이 많은 것으로 알고 있습니다. 컬러 예시를 수록하고 있지만 본인이 꼭 눈으로 보고 색을 알아 맞추는 훈련이 필요합니다. 배경을 배우는 것은 많은 시간 투자가 필요하고 노력을 요합니다. 하지만 확실한 목표를 정하고 계획을 이행하면 짧은 시간에 좋은 결과물을 얻을 수 있습니다. 예를 들어 구체적인 그림 스타일을 정하고 일정한 빛으로 사물을 묘사하는 방식으로 계속 연습합니다. 그러기 위해서는 평소에 마음에 드는 자료를 많이 수집해야 합니다. 저자도 평소에 자료 수집을 많이 하는데 다른 작가의 그림보다는 주로 사진을 위주로 수집합니다. 그리고 그 사진 속에 빛에 반응하는 사물들을 유심히 관찰합니다. 그러다 보면 습관 하나가 생기는데 평소에 주변을 많이 관찰하게 됩니다. 여러분도 혹시 그런 습관이 생겼습니까? 가끔 제자들이 이런 습관이 생겼다는 얘기를 들으면 "너도 이제 아티스트가 됐구나!" 했던 기억이 납니다. 그렇게 전문가가 되어 가는 것 같습니다. 물론 우리가 주로 다루고 있는 것은 포토샵 페인팅으로 작업하지만 원리는 항상 머릿속에 상기 시켜야 합니다. 우리가 사물을 바라보고 그것을 그림으로 표현하는데 있어 필요한 원리는 무엇인가? 그 원리는 너무 많은 정보와 뒤섞여있지만 우리는 하나만 집중하면 됩니다. '어떻게 저 앞에 사물이 나의 눈에 보이게 되는 것인가?'를 중점으로 봐야합니다. 우리가 사는 자연 속에 사물들이 빛에 반응해 색과 형상으로 우리의 눈에 비춰지고 뇌로 들어와 인식하게 됩니다. 이때 우리가 느끼는 그 빛의 현상들을 얼마나 잘 이해하고 있는지가 중요합니다. 예를 들어 2m 앞에 있는 사과가 내 눈에 왜 보이게되는지를 생각해봅니다. 과학적으로 본다면 엄청 복잡한 내용이 나오겠지만 거꾸로 미술가의 입장에서 본다면 일단 '외형은 뒷 배경이 명도와 색의 차이 때문에 느낄 수 있고 사과의 표면의 반사 현상은 색의 강도로 느낄 수 있다.' 라 할 것입니다. 정리한다면 물체와의 거리, 빛의 양, 재질의 반사로 축약할 수 있는데, 이 3가지가 그림의 필요한 전부라고 해도 과언은 아닐 것입니다. 그러나 대부분 실제있는 사물을 보고 그리는 경우가 거의 없는 우리는 사진 자료에 의존하는 것이 현실입니다. 우리가 실제로 가보지 않은 곳을 그려야 하는 경우도 있습니다. 그렇기 때문에 많은 자료를 수집해 틈틈이 관찰해야 합니다. 이번 책에서 실내와 건축물을 그리는 내용을 주로 다루고있습니다. 그 내용에는 스타일과 테크닉보다 보다 안정감있는 드로잉에 초점을 맞추고 있습니다. 편하게 느낄 수 있는 원근감, 양감, 빛을 정해 꾸준히 연습하길 바라고 그에 필요한 내용을 다루고 있습니다.

이 책을 구독하는 분들 대부분이 게임 컨셉아트를 목표로 두시기 때문에 그에 필요한 부분에 초점을 맞추고 있습니다. 자료가 넘치는 시대이고 배우는 환경도 많이 좋아지고 있지만 기본기와 테크닉이 부실한 상태에서 성장하는 분들이 많으니 그런 부분에서 조금 더 도움이 되고자 하는 바램을 가집니다.

이동익

· 목차

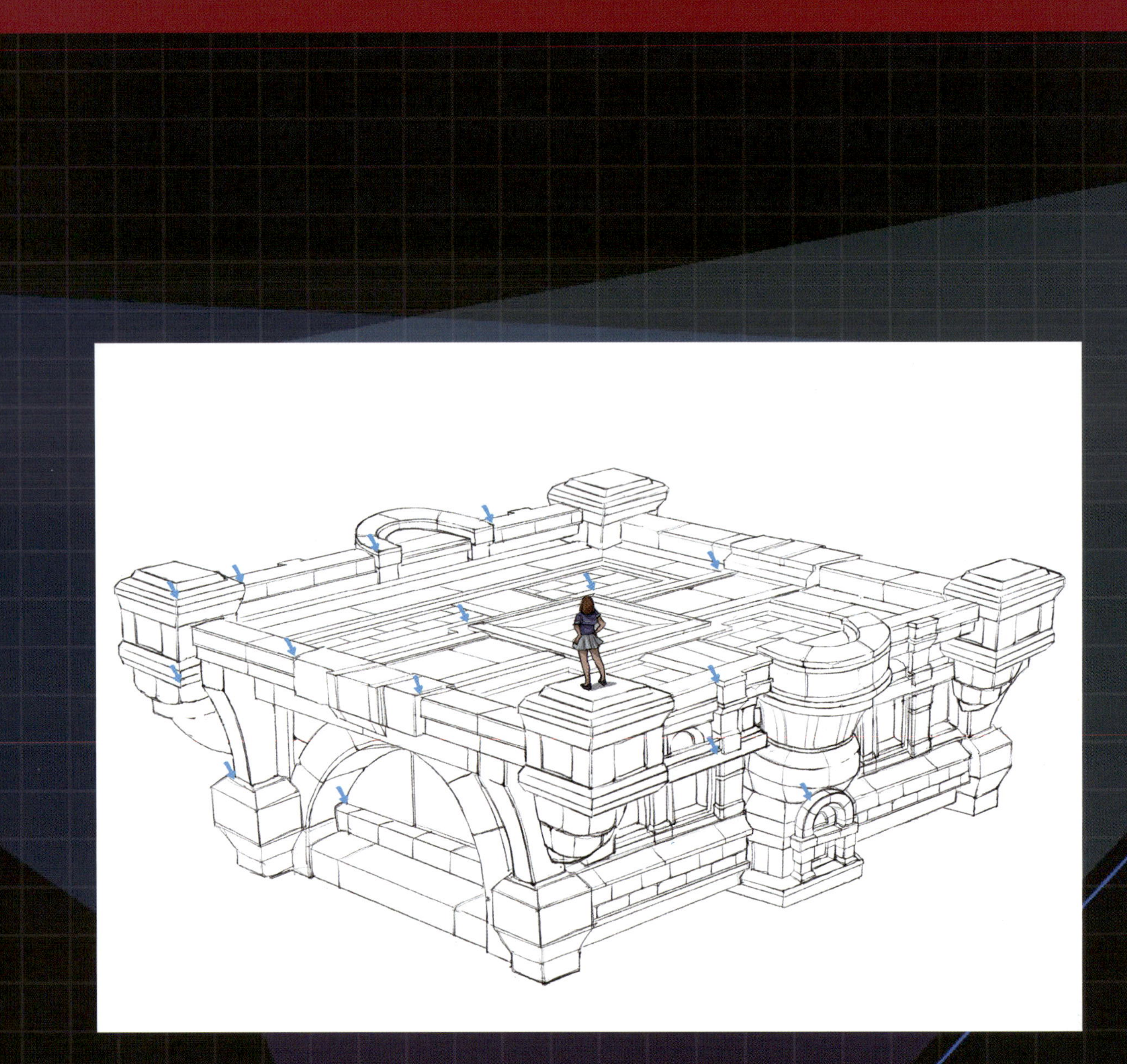

디자인의 시작

시각적 요소

형태 요소

디자인이란 대중의 공감을 얻기 위한 목적으로 형태나 도안을 만드는 것을 말합니다. 디자인은 생활 속에 깊이 자리 잡고 있는데, 각종 전자기기나 가구 자동차 건축 등 여러 컨텐츠에서 그 가치가 높아지고 있습니다. 디자인은 본래 편리성을 추구하기 위해 시작되었지만 지금은 미적인 부분도 많이 강조되고 있습니다. 이런 디자인의 영향을 많이 받는 것 중 하나가 게임 분야입니다. 게임 속에는 캐릭터나 오브젝트가 등장합니다. 제품은 아니지만 게임 속 디자인도 상업 목적에 영향을 끼칩니다. 예를 들어 게임속 주인공의 외모나 세계관 자체가 수익에 영향을 주기도 합니다. 그래서 기업이나 작가들에게는 여전히 큰 숙제로 남아있습니다.

본론으로 들어가 저자의 디자인적 경험을 이야기해보겠습니다. 디자인은 시각적 경험을 상상 속에서 조합하고 이미지화시키는 것이 보편적이라고 합니다. 대부분의 디자인이 그렇게 태어나지요. 한편 디자인을 한다는 것은 창조한다는 의미도 있기 때문에 적지않은 부담감이 있을 수 있습니다. 그래서 이번 책에서는 조금 더 원천적인 방법으로 들어가 모든 디자인에 편리하게 이용되는 방법에 대해 알아보겠습니다.

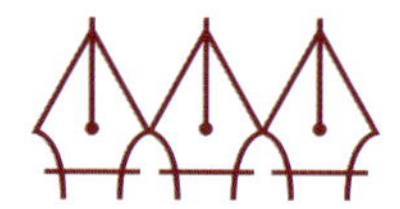

시각적 요소

예시와 같이 형체를 바라볼 때 느껴지는 것이 있습니다. 여러 가지 선 또는 면들이 존재합니다. 사물을 분석하는데 있어 점 선 면의 형태로 분류하면 디자인을 이해하는데 한결 수월합니다. 아무리 복잡한 형태의 사물도 선과 면으로 분리할 수 있기 때문에 디자인도 원초적인 방법으로 돌아가봐야 한다고 생각합니다. 그러면 시각적 요소는 무엇이 있고 어떠한 성질을 가지는지 알아보겠습니다.

직선

사선

곡선

직선에서 느껴지는 것은 안정감과 강인함 또는 지루함이라 하겠습니다. 이런 것들이 직선에서 느껴지는 감정입니다. 형태의 안정감을 주는 장점이 있어 주로 건축 디자인 기반으로 적합하다고 볼 수 있습니다.

사선에서 느껴지는 것은 불안감과 날카로움 또는 세련미라 하겠습니다. 이것은 불완전 형태로 이끄는 것이 특징입니다. 음악으로 비유한다면 7도음(긴장감)과 비슷합니다. 어디론가 향하려는 성향이 있어 약간의 기대감을 줍니다.

곡선에서 느껴지는 유연함과 전달력은 불완전한 형태를 견고한 형태로 이끄는 역할을 합니다. 주로 종교적이거나 부드러운 느낌을 줍니다.

1

2

3

형태 요소

형태 요소는 매우 중요합니다. 단지 연습을 하고 경험을 쌓는 것도 중요하겠지만 원리로 돌아가 형태의 기반부터 다지는 방법은 단순하지만 더 많은 가능성이 있다고 생각합니다. 이러한 요소들을 단순 형태로 시작해 더 복잡한 형태로 진화할 수 있도록 노력해 봅시다.

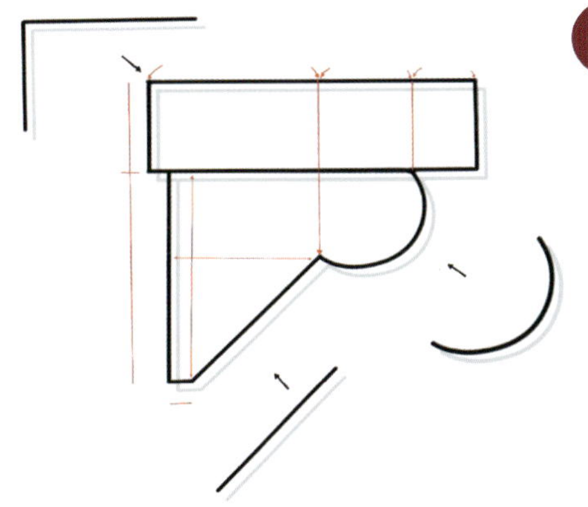

01 형태 요소를 적절한 비율로 배치

예시와 같이 직선, 사선, 곡선을 이용해 형태를 만들어보았습니다. 이번 예시의 중요 점은 형태의 전환점에 있습니다. 전체 흐름을 보면 정 비율로 움직이지 않고 각 면이 변칙적으로 움직입니다. 그 변칙은 전체 길이의 배분입니다. 형태의 지루함을 없애기 위한 움직임이라 할 수 있습니다. 형태의 전환점을 계속 바꾸면서 다양한 형태를 만들어 봅시다.

● 형태요소를 이용해 연습하기

디자인은 어떻게 연습해야하는가? 막연히 기존의 디자인을 카피하는 것보다 원초적인 원리를 가지고 단순 형태에서부터 만들어 나가는 것이 좋습니다. 그 연습은 요소의 특징을 조합해 새로운 형태를 끊임없이 만드는 것입니다.

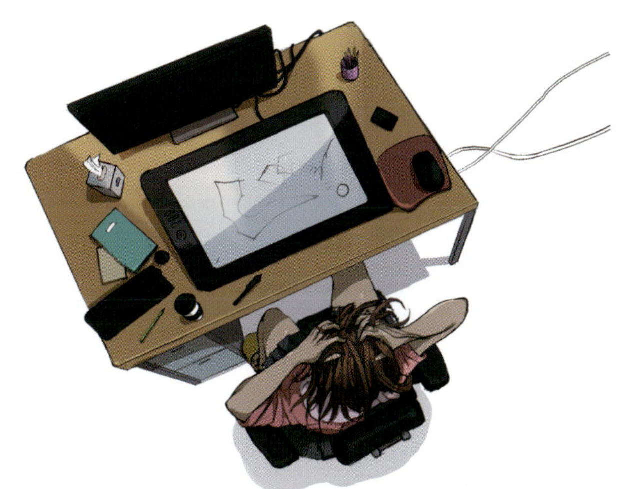

다양한 형태를 만들며 생소함에 익숙해집니다. 각 예시의 특징을 알아보면 형태의 조합은 직선, 사선, 곡선의 조합이고 결국 도형으로 가기 위한 시작점이기도 합니다.

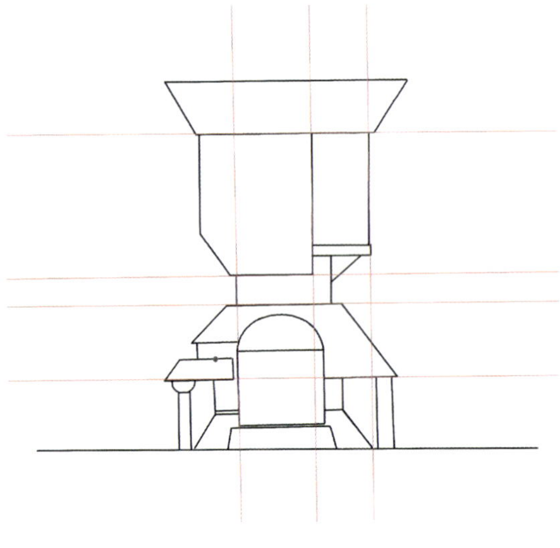

1

앞서 언급한 형태들을 가지고 단면으로 그려 보았습니다. 다양한 형태로 지루하지 않게 하는 것이 포인트입니다. 비슷한 비율과 간격으로 진행하다 보면 결국 재미없는 형태가 되기 마련입니다. 예시에서 보여주듯 변칙적으로 배치합니다. 예시를 보면 50:50을 교묘히 벗어나고 있습니다. 좌우 위아래를 모두 가만해 진행해봅니다.

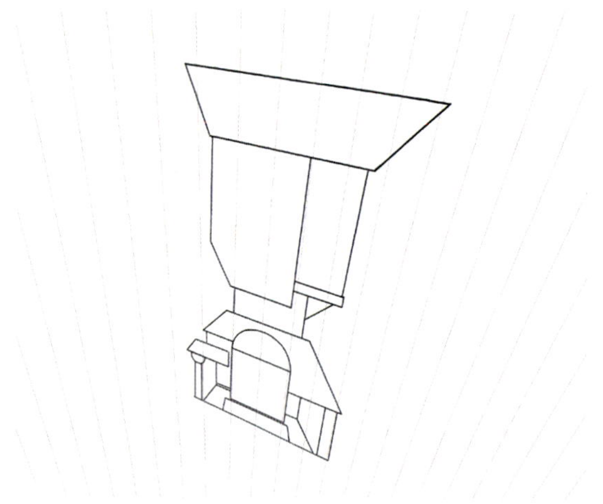

2

시점을 바꾸고 원근을 만들어 봅니다. 예시는 3점 투시로 해보겠습니다. 예측할 수 있겠지만 예시는 집의 형태를 갖추고 있고 옆면을 확장해 집을 완성해보겠습니다.

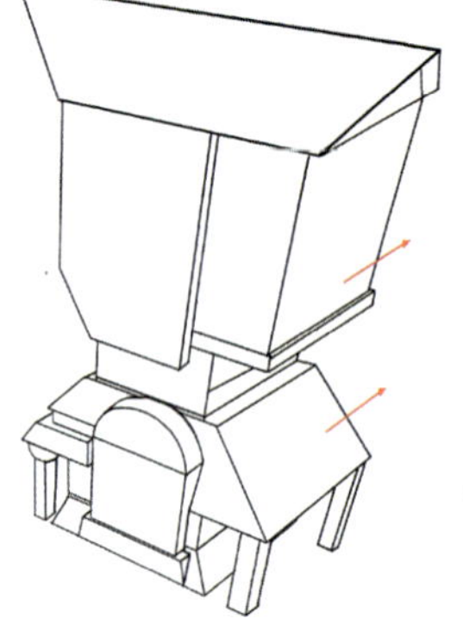

3

3점 투시에 따라 옆면을 확장시킨 상태입니다. 이렇게 입체감을 내고 양식이나 창문을 추가해 국가나 시대적 표현을 해주며 컨셉을 만들어줍니다. 이러한 방법으로 여러 가지 디자인을 시도해 보시기 바랍니다.

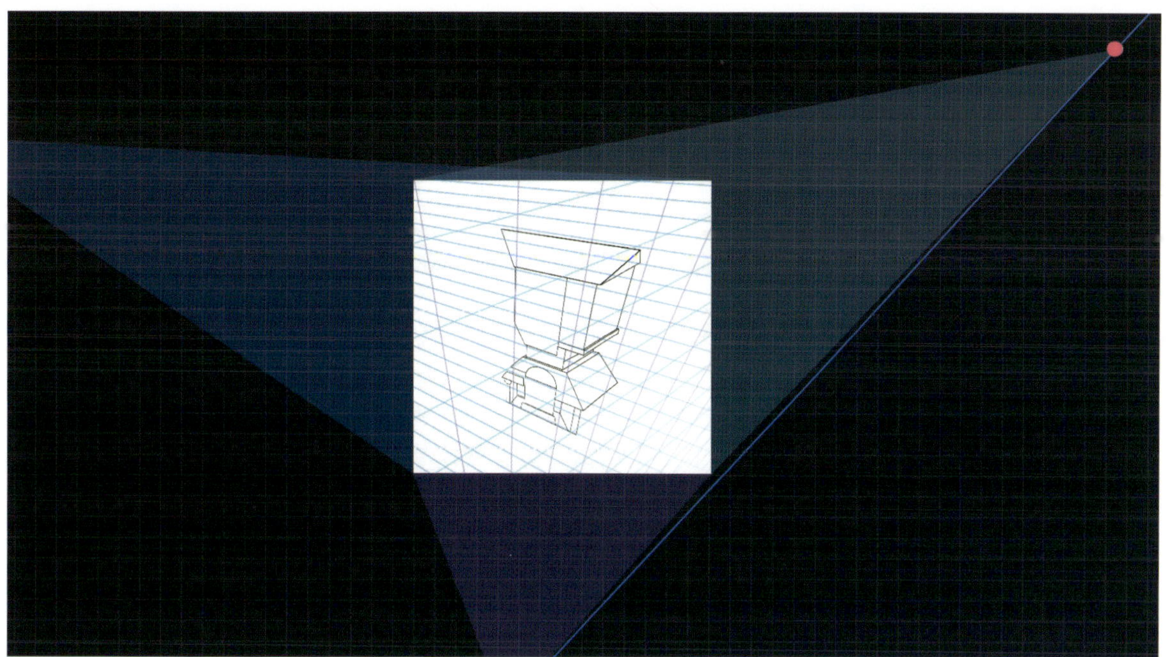

3점 투시의 예시입니다. 각 점의 거리가 형태의 왜곡이나 깊이감이 달라질 것입니다.

Point ! 디자이너의 좋은습관

디자인은 눈으로 학습한 이미지를 조합해 새로운 형태로 해석하는 것입니다. 그래서 자료를 수집하는 건 아주 중요한 습관이 됩니다. 인터넷에 모든 이미지가 있지만 때론 실생활 중 우연히 목격되는 사물이 디자인에 더 많은 영감을 주기도 합니다. 항상 휴대전화로 틈틈이 촬영해두는 것이 좋은 학습 습관입니다.

자료를 바라보는 방법조차 바꿔야합니다. 그 이유는 정해진 실루엣이나 패턴에서 시작되면 결국 비슷한 느낌이 나기 마련이기 때문입니다. 때론 엉뚱한 이미지를 가지고 전혀 상관없는 사물에 적용해 해결해나가는 것도 하나의 방법입니다. 해결 방법은 건축물이라면 양식이나 실질적인 건설 방식을 적용해 형태를 만들어 나갈 수 있습니다.

저자의 디자인 방식이나 비율 적용하는 방법이 정석이라고 할 수는 없습니다. 하지만 오랜 연구 끝에 연관성과 규칙을 만들어 냈습니다. 그러면 오브젝트의 비율과 배치에 대해 알아보겠습니다. 예시를 보면 캐릭터 비율을 기준으로 물체를 쌓아 올린 모습입니다. 파란색 선은 형태의 전환점이라 보면 됩니다. 파란 선의 규칙은 이렇습니다. 캐릭터의 세로 길이와 가로 길이를 비율의 최소 단위라고 정하고 위로 또는 가로로 쌓아 올리고 있습니다. 이렇게 쌓아 올리는 이유는 게임 디자인 관점에서 본 상황입니다. 예를 들어 게임 속에 어떤 오브젝트들의 크기가 매우 크거나 작을 때 화면 안에 보여지는 밀도의 차이가 생기기 마련입니다. 캐릭터가 건물 앞으로 뛰어갔는데 문이 너무 작거나 지나치게 큰 경우입니다. 또는 멀리서 보이는 건물이 실제보다 작아 보이거나 커 보이는 경우입니다.

이런 문제를 해결하지 않고 디자인 한다면 어딘가 비어 보이거나 복잡해 보일 수 있기에 이러한 방법을 써보는 것입니다. 최초 캐릭터의 크기에서 부터 시작한 블록들은 이렇게 규칙성을 지키며 자유롭게 배치합니다.

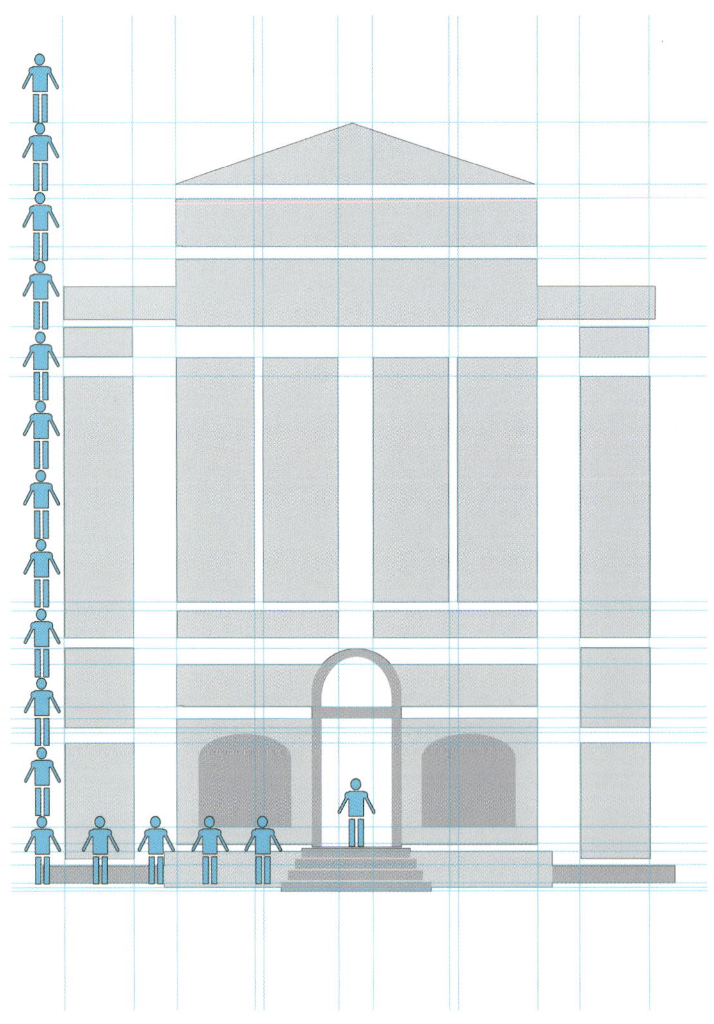

● 스케일이 커진 경우

캐릭터에 비율을 맞추어 진행하고 성공했다면 이제 더욱 큰 형태를 시도
해봅니다. 하단에 문쪽의 비율이 캐릭터와 맞았다면 이제 건물의 입장에
서 보는 방법입니다. 건물의 가장 작은 블록을 기준으로 다시 나누는 방
식입니다. 그 작은 블록은 전체 면적을 나누는 최소 단위가 됩니다. 이런
방식으로 스케일을 점차 늘려 나가면 원하는 크기의 밀도 있는 디자인을
얻을 수 있을 것입니다.

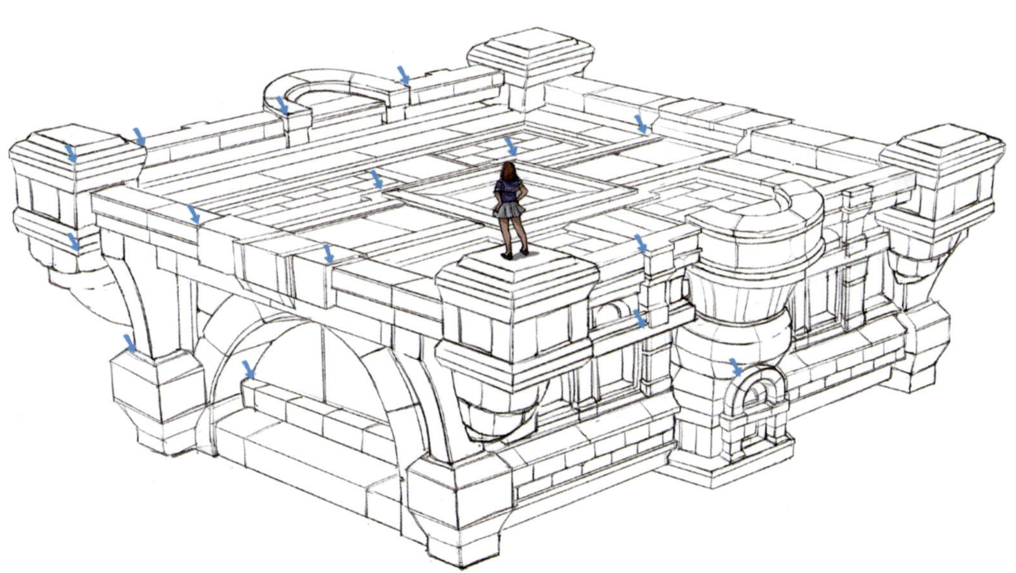

전체 규모에서 빈 듯한 느낌이 들지 않도록 변화를 만들어 나갑니다. 이 변화는 캐릭터의 크기를 기준으로 하고 있고
직선과 사선 곡선의 형태를 골고루 활용합니다.

오브젝트
디자인의 시작

외형을 만드는 원리
실루엣을 이용한 디자인
단면에서 입체화
모듈 형태의 조합
투시법

멋진 컨셉 아티스트가 되기 위해 필요한건 미술적 감각도 중요하지만 디자인 감각 또한 매우 중요합니다. 여기서 얘기하는 디자인이란 게임 오브젝트을 기준으로 설명하겠습니다. 배경일러스트 작법서 1편에서도 언급하였지만 배경 아티스트에게는 중요한 포트폴리오이기도 합니다. 이제 본격적으로 오브젝트 디자인의 효율적인 방법을 알아보겠습니다.

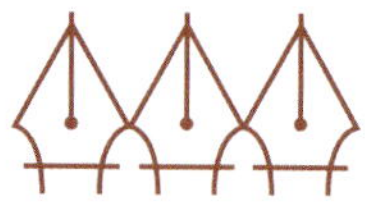

외형을 만드는 원리

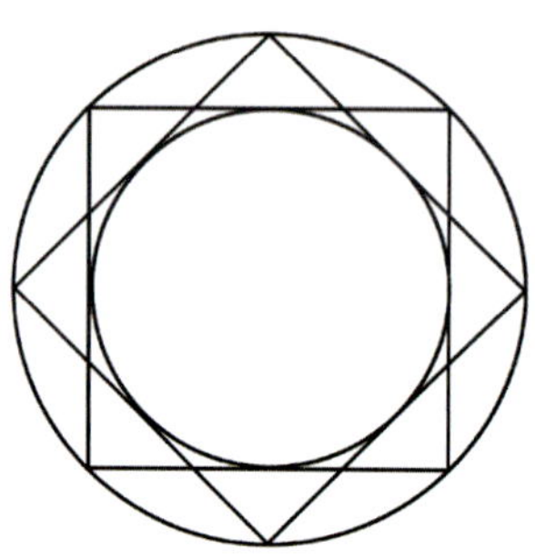

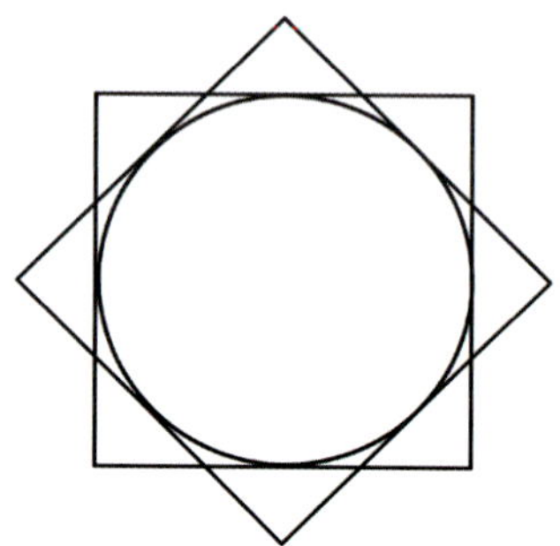

저자가 가장 많이 쓰는 디자인 방식은 외형을 설명하는 두 가지 방법입니다. 예시를 보면 두 가지 도형이 준비되어있습니다. 좌측을 먼저 보면 원안에 도형이 들어가 있습니다. 이것의 중점은 외곽 실루엣을 그대로 유지한채 내부에 디자인을 정리하는 방식입니다. 이제 우측 예시를 보면 반대로 외곽에 배치 되어있는 도형이 원형을 표현하고 있습니다. 이 방식의 논리는 이 책에서 말하는 모든 그림에 적용해 설명할 것입니다 그러므로 주의 깊게 봐주시기 바랍니다.

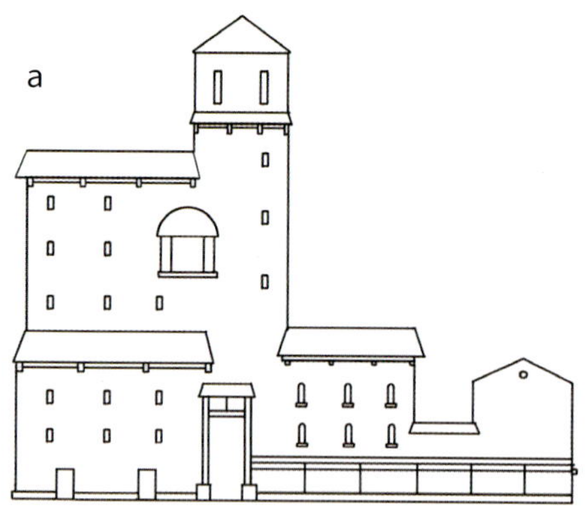

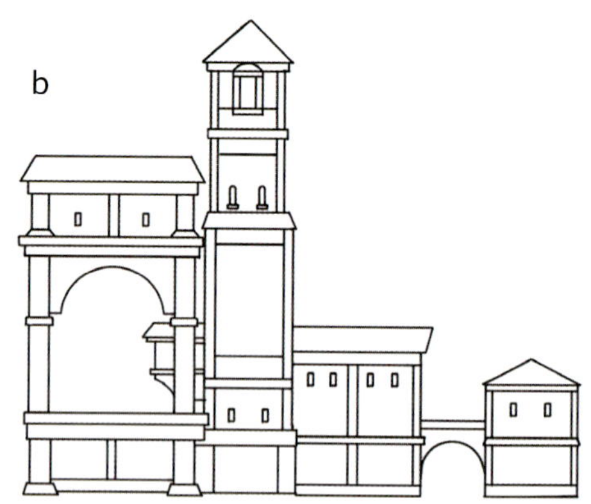

위의 예시를 토대로 두 가지 건축타입을 만들어 보았습니다. 비슷한 실루엣으로 출발했지만 꾸며진 내용은 전혀 다릅니다. a의 경우 실루엣 안에 모든 요소를 채우는 방식이고, b의 경우 각 구조물들이 실루엣을 형성하고 있습니다. 이 방식이 절대적이는 않지만 오브젝트 디자인의 출발점에서부터 매우 유리한 부분이 있다고 생각합니다. 오브젝트의 컨셉을 결정하는 부분에 있어 중요한 역할을 할 것이고 결국 이것이 전부일지도 모릅니다. 추후 아무리 복잡한 컨셉을 그린다 해도 큰 방향은 하나이기 때문에 작가 스스로가 큰 구조에서 흔들려서는 안됩니다.

실루엣을 이용한 디자인

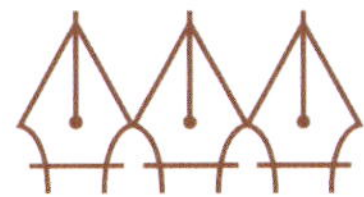

배경 컨셉에서 가장 먼저 집중되는 부분은 형체의 실루엣일 것입니다. 그리고 스케일이나 디자인의 매력을 느낄 수 있는 부분이기도 합니다. 예시의 구도에서 큰 비중을 차지하는 양쪽 큰 탑이 눈에 들어옵니다. 두 탑의 스케일을 느낄 수 있는건 주변의 디자인의 역할이 그 역할을 해주고 있기 때문입니다. 각 디자인 계체들이 해주는 역할이 있다고 보시면 됩니다. 큰 사물에 실 크기의 양식이나 구조물을 부착하면 큰 구조물로 느끼게 되고 또는 주변의 작은 구조물들이 특정 사물을 크게 보이게 하는 효과를 주기도 합니다. 단순한 형태를 양식이나 구조를 이용해 분위기를 만들어가는 것이 실루엣을 만드는 방법입니다.

위 예시의 구성 요소들을 분리해 보았습니다. a의 규모가 매우 크고 주요 시점에 자리 잡고 있습니다. b는 a에 결합되어 있고 규모에 비해 직은 구조물로 분류됩니다. c는 가까운 성벽으로서 a의 양식과 비슷하기 때문에 자연스럽게 a와 이어지고 있습니다. 마지막으로 d는 원경의 구조물로서 전체 구조물의 원근감을 나타내주는 역할을 합니다. 이러한 배치는 스케일을 구분하기도 하지만 구도를 보여주기도 합니다. 각 물체의 비례가 서로에게 영향을 주고 그 기승전결이 결국 그림의 시작과 끝이 되는 것이라 할 수 있습니다.

확연히 다르고 크기도 다른 계채들을 연결하는 연습을 끊임없이 반복해 좋은 구도와 디자인을 만들어봅시다.

외형을 만드는 원리 예시에서 정해진 실루엣에 양식이나 구조를 채워 넣는 방법이 있었는데 그것이 파란색 표시 탑의 경우로 두고 있습니다.

다음은 여러 구조물이 모여 실루엣을 이루는 경우입니다. 이 경우는 대부분 마을이나 큰 도시 또는 성을 표현할 때 좋은 방법입니다. 어떤 특정 형태나 지형을 따라 건설되거나 일부에 붙어있는 모습입니다. 이 방법으로 여러 가지 재미있는 형태를 만들어 봅시다.

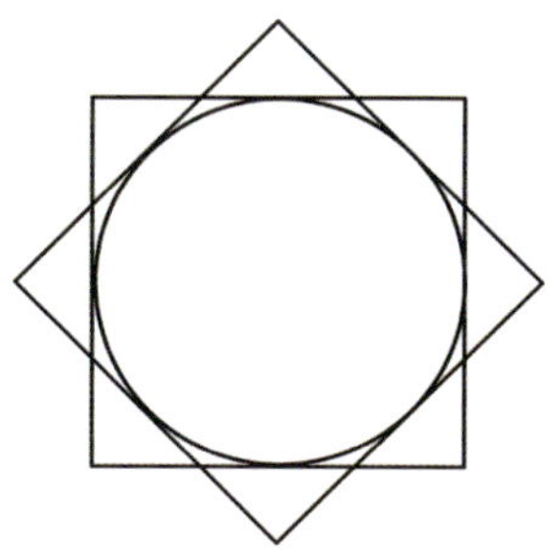

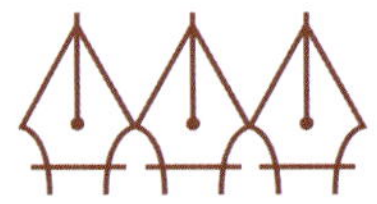

단면에서 입체화

여러 가지 도형으로 또는 실루엣을 이용해 디자인을 해보았다면 이번에는 단면에서부터 시작해 입체로 전개되는 과정을 알아보겠습니다.

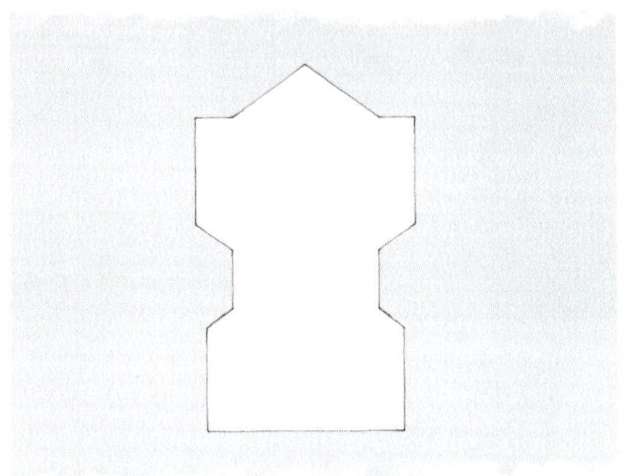

1

여러 도형이 모여 실루엣을 이루고 이것을 입체 상태에서 디자인합니다. 먼저 평면 상태의 도면을 만듭니다. 쉽게 접근할 수 있도록 집의 형태를 닮은 형태로 시작해보겠습니다.

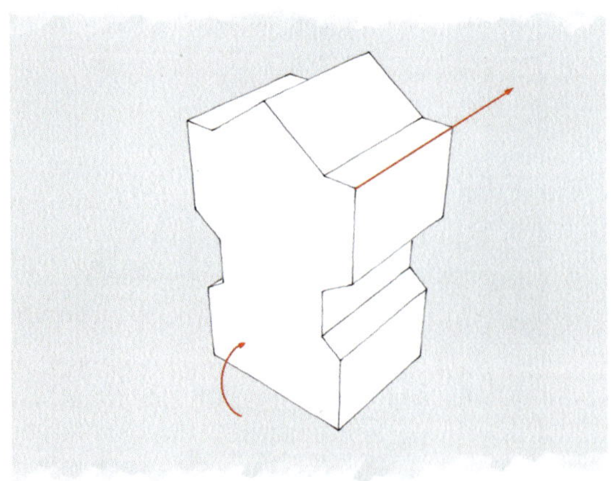

2

평면적인 도안을 일으켜 세운다고 생각하고 옆면을 확장합니다. (투시법은 3점 투시법 적용) 옆면을 그려준 후 잠시 관찰해보면 정면과 측면이 서로 다르게 보이게 됩니다. 측면이 달라지면서 형태를 더욱 다양하게 만들 수 있습니다.

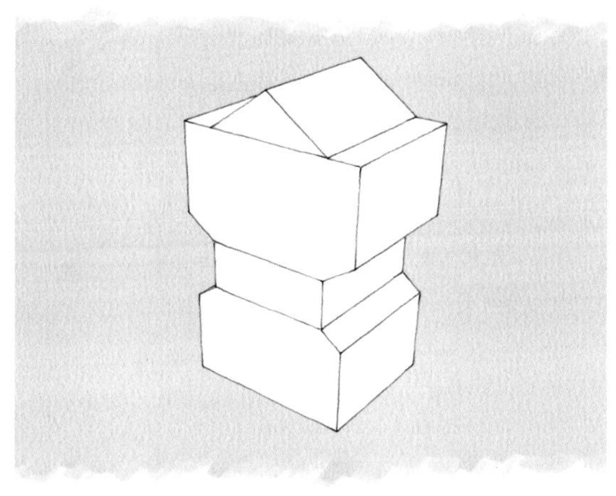

3

3점 투시로 물체를 바로 세우고 나면 가장 큰 면적을 나누어줍니다. 예시와 같이 선을 긋고 다음 형태를 어떻게 추가할지 생각해 봅니다.

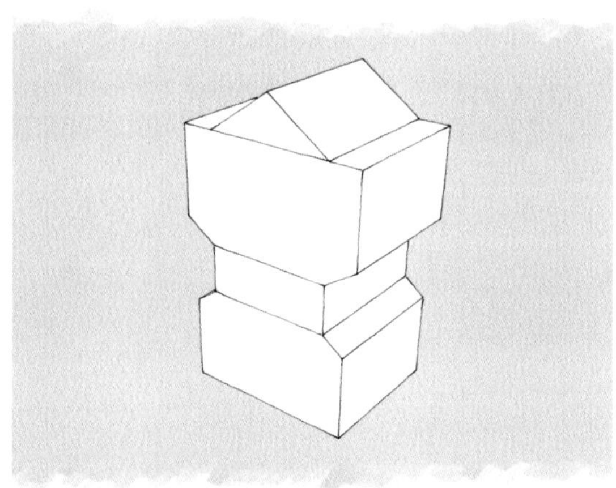

4

좌측 면은 평면이었습니다. 이 부분을 먼저 확장하는 것이 좋습니다. -z 축으로 확장해 추가 면적을 그립니다.

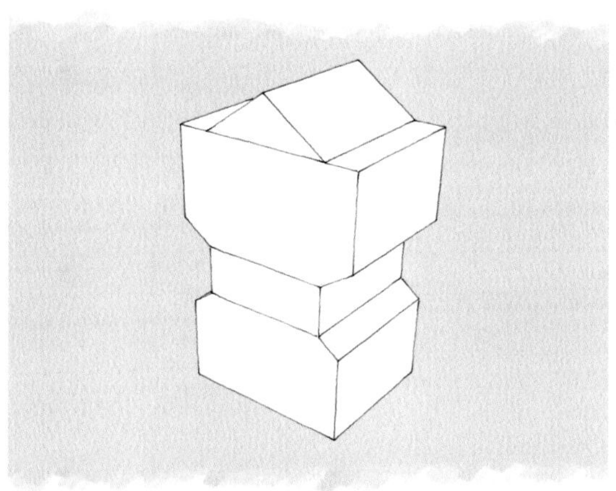

5

아직 한 쪽 벽이 허전해 보입니다. 중앙에 박스 형태로 면을 다시 추가합니다.

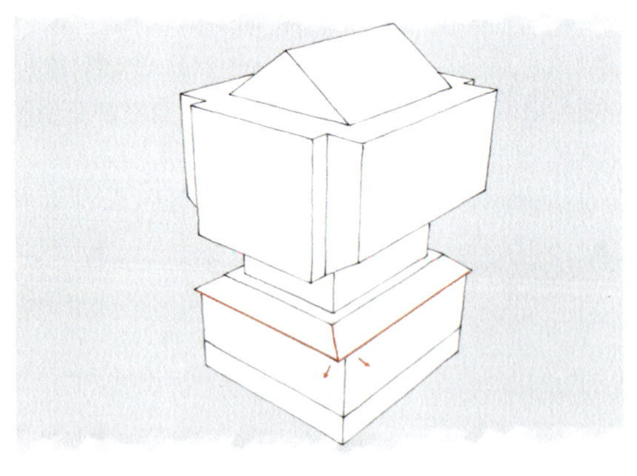

하단 부에 선을 수정해 지붕 모양으로 바꿔보겠습니다. 이 정도 진행으로 대략 건물의 형태를 갖추었습니다. 건물 오브젝트는 양식은 스타일에 따라 느낌이 많이 달라지기 때문에 디자인의 순서상 마지막으로 생각해봅니다.

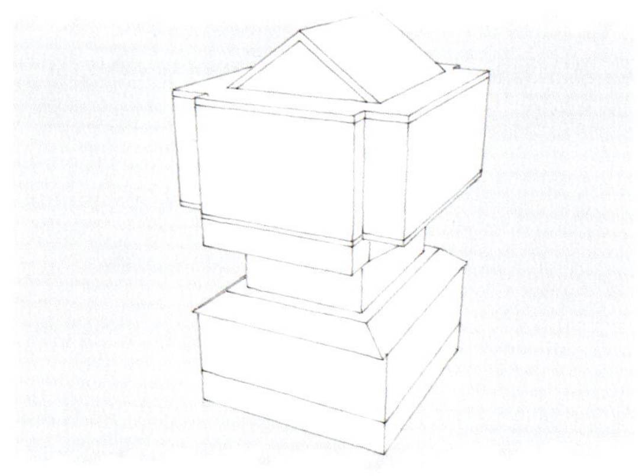

오브젝트가 건축물의 느낌으로 흘러가고 있습니다. 지금부터는 양식을 추가해 보겠습니다. 첫 번째로 처마와 목구조의 뼈대를 그려봅니다.

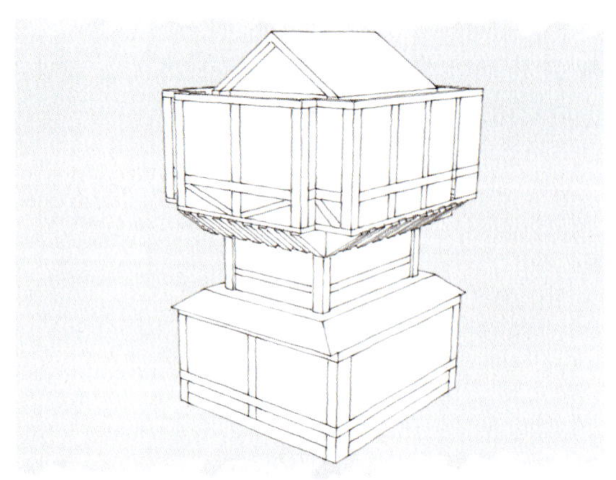

중간 부분에 각도를 주고 창문이 들어갈 위치를 확보합니다. 서양 양식의 구조는 흙벽에 나무기둥으로 마감하는 형태가 많습니다. 그러기 때문에 나무기둥을 기준으로 칸을 나누어 줍니다.

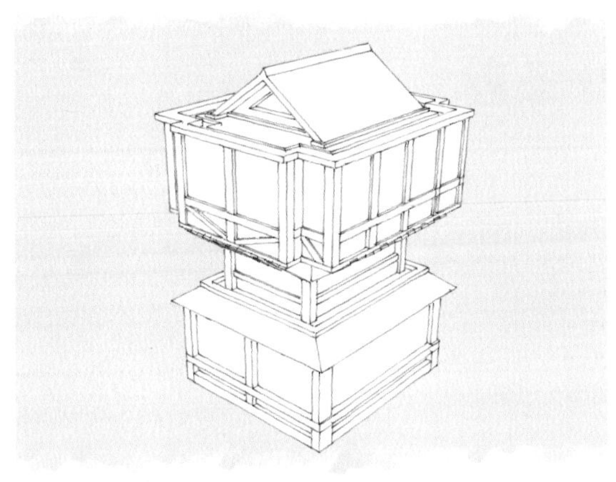

9

나무기둥을 표현한 스케치를 옆면을 추가합니다. 그리고 지붕 주변에 턱을 그려 주면 오브젝트의 완성도에 도움이 됩니다.

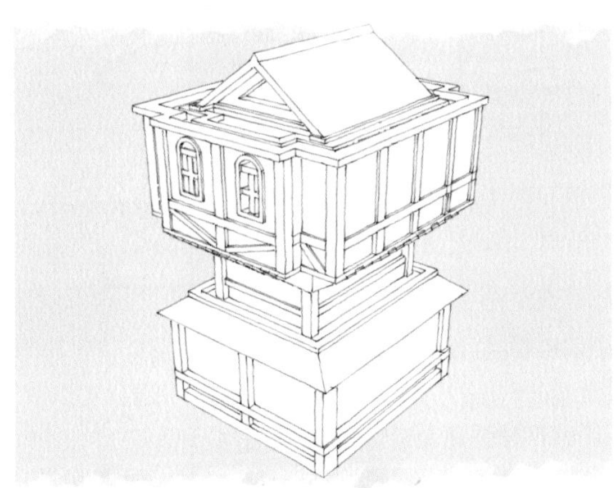

10

이제 창문을 그려 줍니다. 창의 크기가 건물의 스케일 표현에 영향을 주기 때문에 창문의 크기를 정확히 맞춥니다. 크기는 캐릭터 기준으로 생각하면 됩니다.

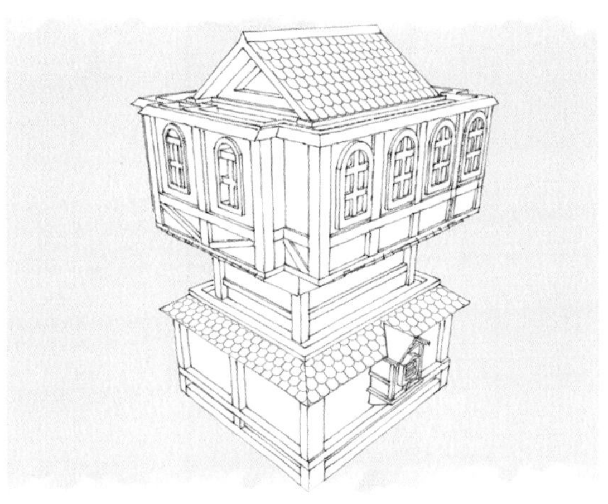

11

마자막으로 보조 창문과 지붕에 기와를 추가합니다. 이렇게 단면에서 시작해 오브젝트의 만드는 과정을 진행해 보았습니다. 이런 방법으로 모든 디자인을 하는 건 아니지만 이 연습 방법은 형태를 입체로 이해하는 능력을 키워주기 때문에 꾸준히 연습하는 것이 좋습니다.

모듈 형태의 조합

저자는 게임 디자이너이기 때문에 컨셉아트를 할 때 항상 구현을 고려합니다. 아무리 그림을 잘 그려도 3D 구현에 장애가 생기면 업무가 다소 어려워집니다. 이럴 때 필요한건 형태를 모듈로 분류해 그리는 방법입니다. 모듈[module]은 특징을 가진 부품 정도로 파악하거나 어떤 형태적 집합체라고 생각하면 좋습니다. 이 모듈은 사물의 구성 요소라고 보면 되고 바닥, 기둥, 아치, 계단 등이 있습니다. 우리가 사는 세상에서 실제로 많이 보는 것입니다. 건물이든 실내든 바닥이 있어야 벽이 있고 천장이 있어야 기둥이 있듯이 기본적인 모듈만 가지고도 얼마든지 배경컨셉을 그릴 수 있습니다. 이런 모듈을 여러 가지로 만들어 두고 조합하는 습관이 좋은 디자인적 자산이 됩니다.

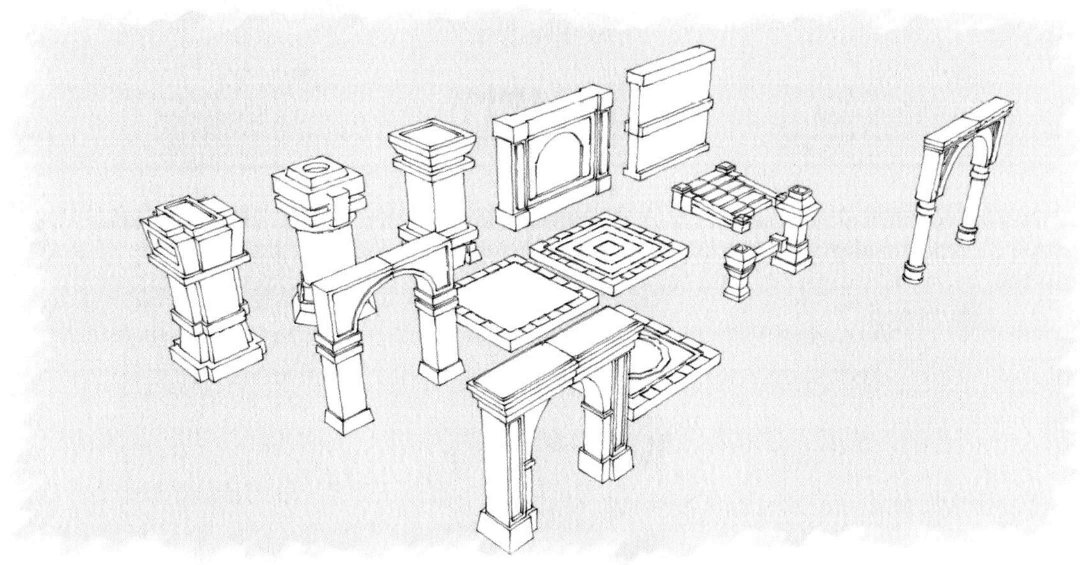

1

기본 모듈을 그려 보았다면 이제 베리에이션[variation]을 해야 합니다. 한 가지 모듈로 모든 디자인을 한다면 단조로운 느낌이 납니다. 다양한 형태를 사용하고 관리하는 습관을 길러봅시다.

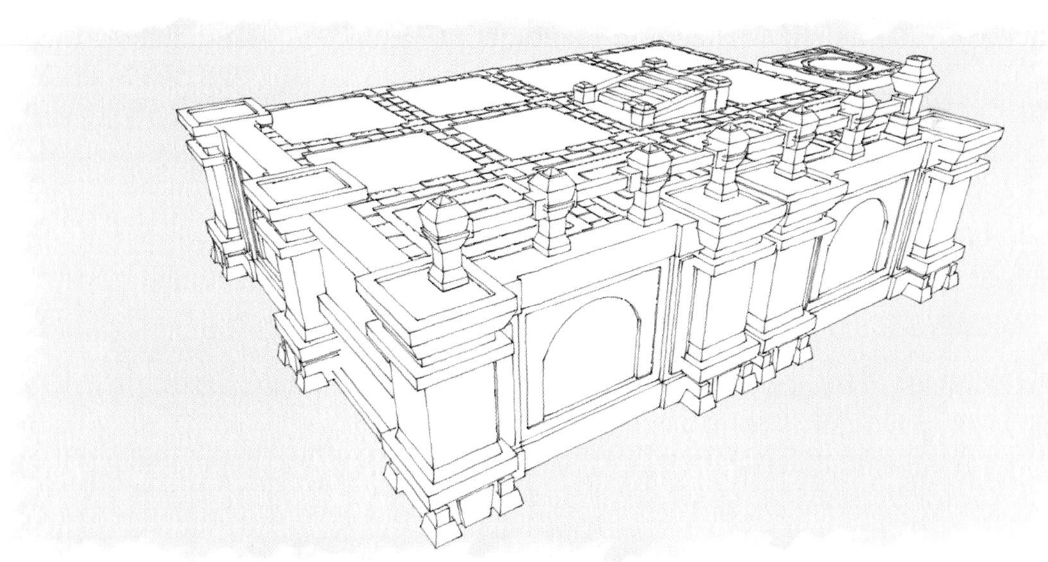

2

예시의 모듈을 활용해 조합한 형태입니다. 반복적으로 비치되는 디자인이라 패턴 방식으로 보이긴 하지만 형태의 기승전결은 확실히 보여주고 있습니다. 하지만 모듈의 배치와 크기의 조정으로 더 자연스러운 디자인을 얻을 수 있습니다. 이렇게 디자인된 모듈을 많이 확보해두면 실제 업무나 컨셉아트에 유용하게 활용할 수 있습니다.

투시법

perspective(원근) 투시라고 하는 기법입니다. 우리가 그림을 그리기 위해 필수로 알아야 하는 이론입니다. 배경일 러스트 작법서 1편에서 언급했던 내용이지만 중요한 내용이기 때문에 다시 보충해 보겠습니다. 투시의 중요성은 많이 언급하고 있지만 평소 신경을 쓰지 않게 되는 것이 현실입니다. 그래서 오랜 기간 그림을 그린 사람들도 가끔 투시가 틀린 경우를 볼 수 있습니다. 그림의 완성도의 안정감 그리고 구도로 이어지는 투시법을 끊임없이 연구해야 합니다.

01 소실점

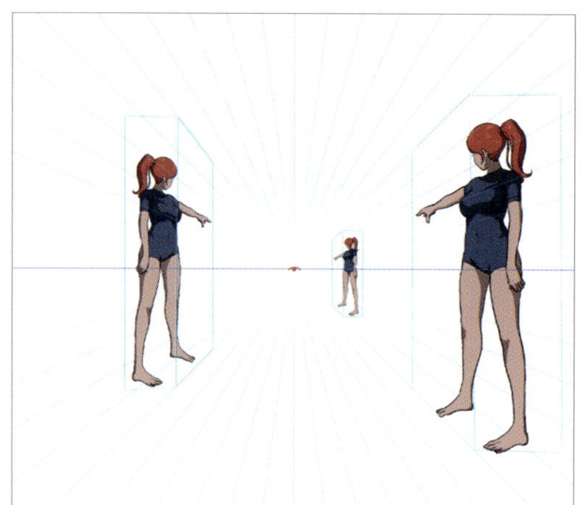

투시법이란 소실점을 기준으로 사물들을 정렬하거나 비율을 맞추는 원근법입니다. 그러면 소실점이란 무엇인가? 쉽게 표현 하자면 눈(시선)이라고 할 수 있습니다. '지금 나는 어디를 보고 있는가?' 또는 '내가 보는 방향에 어떻게 사물이 비치되어 있는 가?' 라는 기준으로 나눌 수 있습니다. 소실점은 바라보는 방향 또는 시선의 간격을 표현하는 도구라고 생각하시면 됩니다.

소실점은 대부분 1점, 2점, 3점, 4점 등으로 나뉘는데 특히 1, 2,3점 투시를 가장 많이 사용합니다. 왜곡이 많지 않고 안정감 이 있기 때문입니다. 위의 예시는 1점 투시입니다. 1점 투시는 가운데 한 점(시선)으로 모든 사물을 정렬한 경우입니다.

1점 투시

중앙 시선에서 좌측 또는 우측으로 나뉘는데 그 선에 맞추어 사물의 옆면에 정렬 시키고 가로와 세로 선은 똑바로 유지합니다.

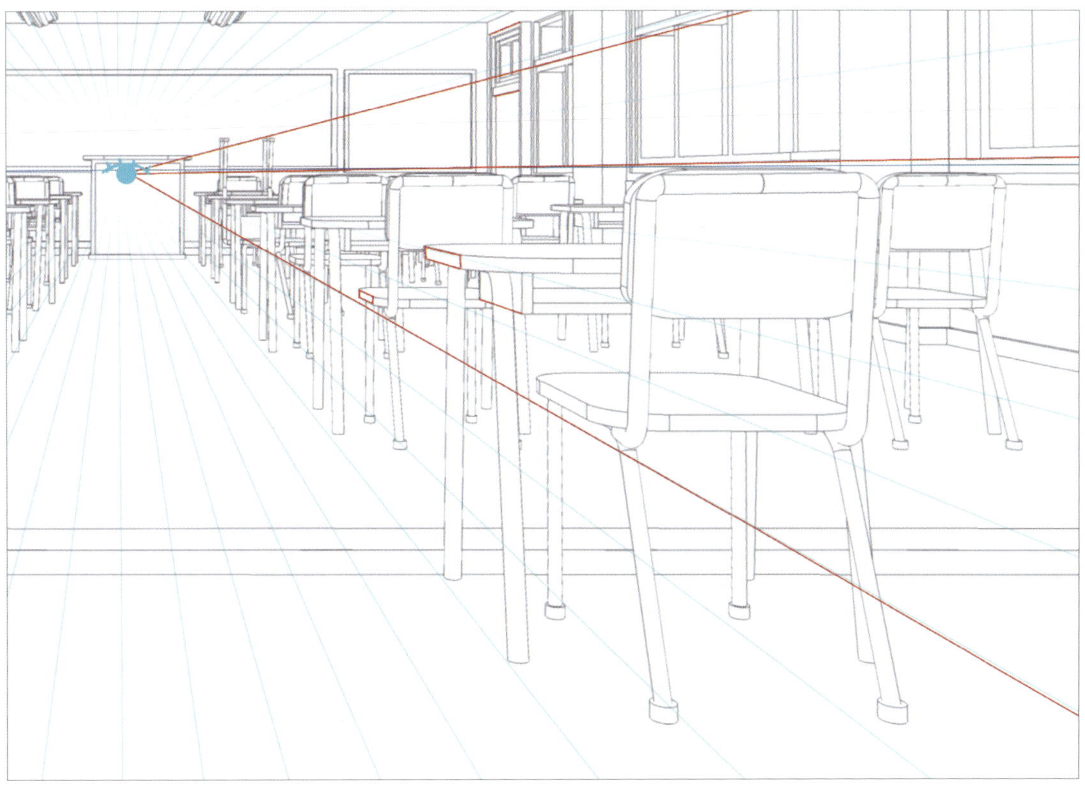

03 2점 투시

다음은 2점 투시를 알아보겠습니다. 1점 투시는 좁은 시야를 표현한다면 2점은 시야각이 보다 넓어집니다. 예시를 보면 좌우의 점의 거리가 표현되어 있습니다. 이 두 개의 점을 따라 사물을 배치하는데 두 점의 교차점을 기준으로 각 선을 따라갑니다. 가운데로 가로지르는 선은 이 그림의 중앙 시점입니다. 이 선은 두 점을 잇는 연결부이자 시선입니다. 이 중앙선을 기준으로 위아래로 구분합니다.

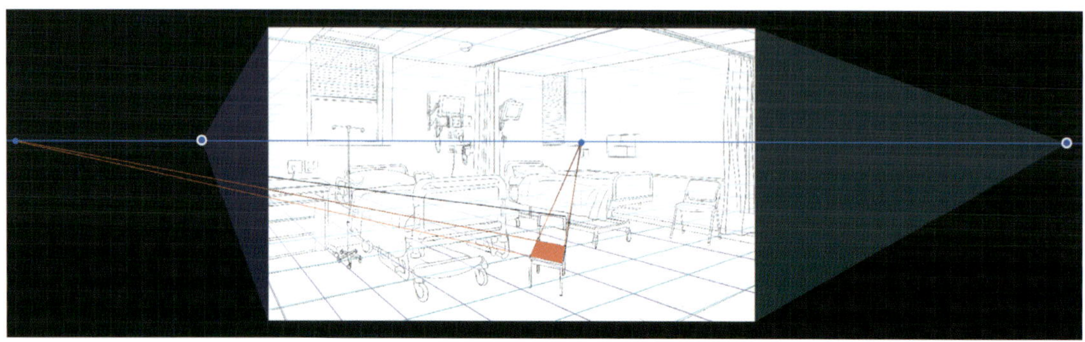

3점 투시는 좌우 1, 2점 외 위 아래로 점이 추가되는 상황을 말합니다. 쉽게 말해 시선이 아래에서 위로 보는 것과 위에서 아래로 보는 것입니다. 이중 하나를 3점 투시라 합니다. 투시는 소실점으로 향해 정렬되거나 조임현상이 있는데 그것이 아래로 향하던 위로 향하던 둘 중 하나입니다. 예시에서 보는 것과는 같이 1점 투시에서 바라보는 위치만 바꿔도 3점 투시로 변하는 것을 확인할 수 있습니다.

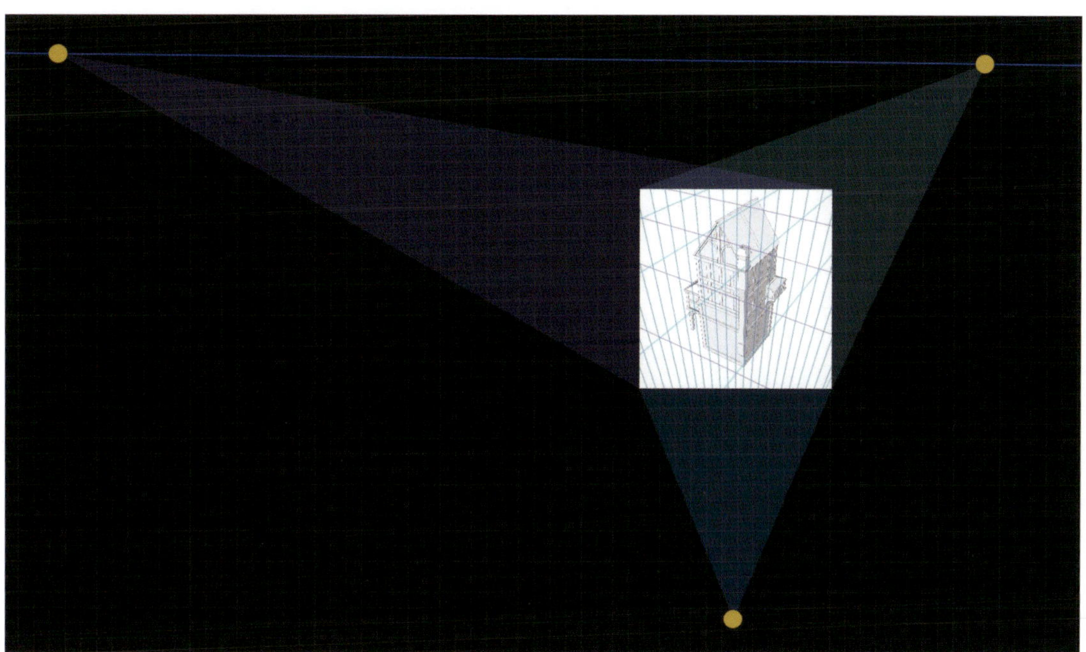

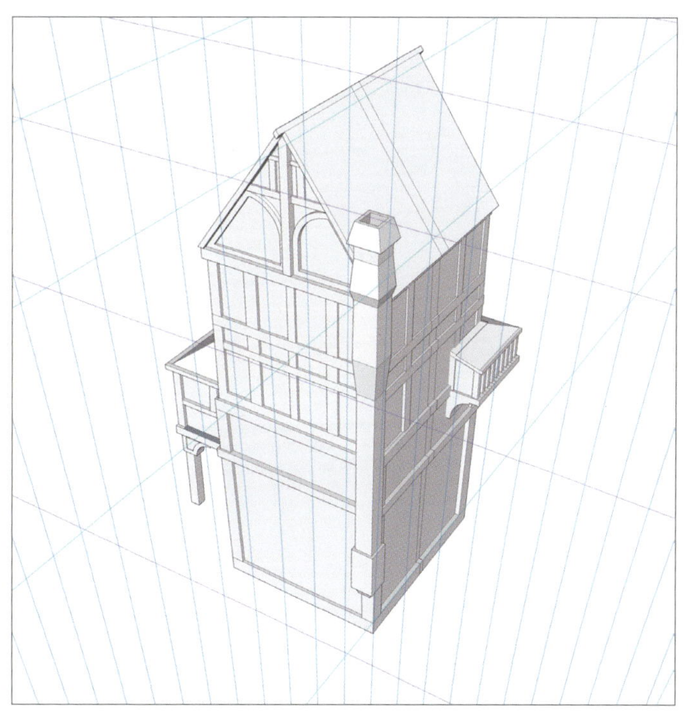

05 비틀어진 사물의 투시

투시는 바라보는 시선에 따라 사물을 그리는 방법이라 했지만 사실 그렇지 않은 경우가 있습니다. 예를 들어 건물이 제각각 다른 방향으로 배치되어있다면 각 점의 투시로 표현할 수 없게 됩니다. 어떤 사물이 바라보는 시선에서 다른 방향으로 돌아간 경우 그 사물은 다른 축의 영향을 받게 됩니다. 물론 바라보는 시선이 소실 이 라는건 유지됩니다. 하지만 틀어진 각도를 가진 사물은 고유의 다른 소실점을 갖게 되는 것입니다.

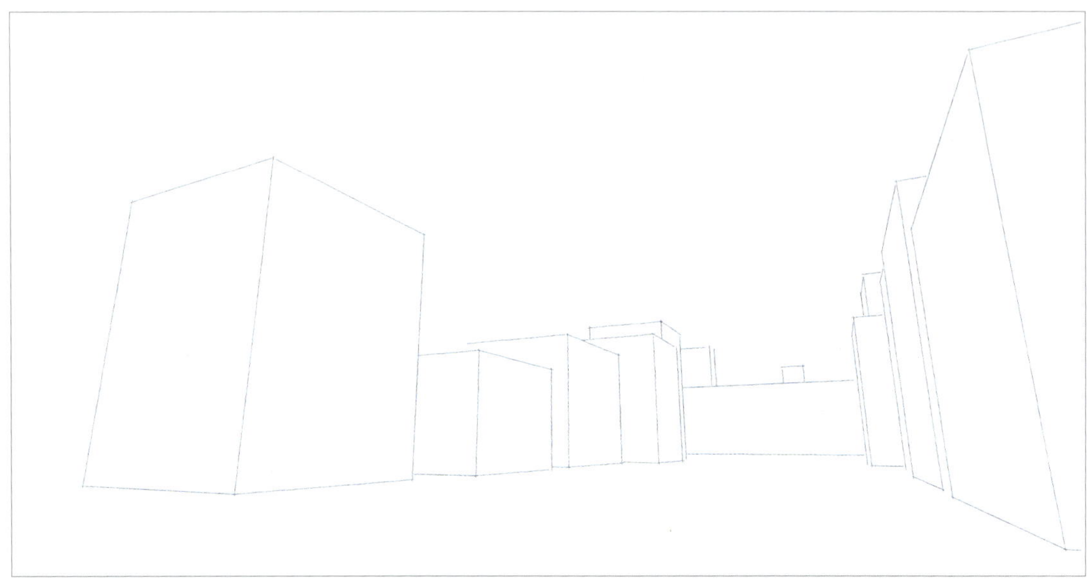

위 예시는 3점 투시로서 깔끔하게 정렬된 상태입니다.

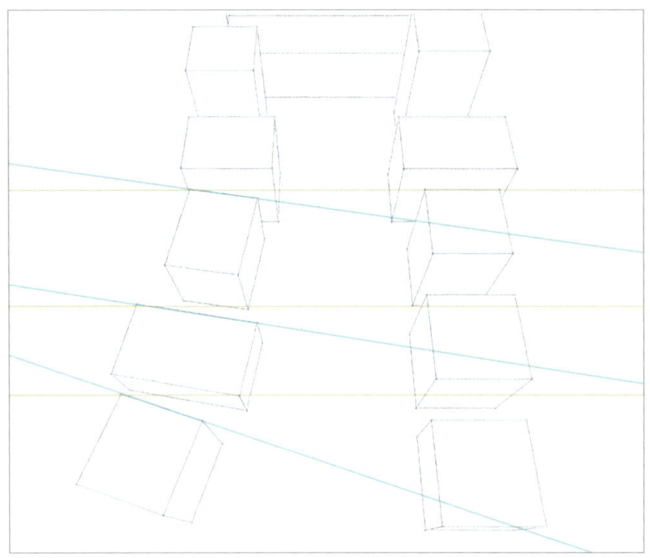

탑뷰에서 본 건물입니다. 앞에서 세 번째 건물부터 파란 선으로 각도로 놓아 보겠습니다. 이렇게 각도가 틀어지게 된 건물은 바라보는 방향에서 제외됩니다.

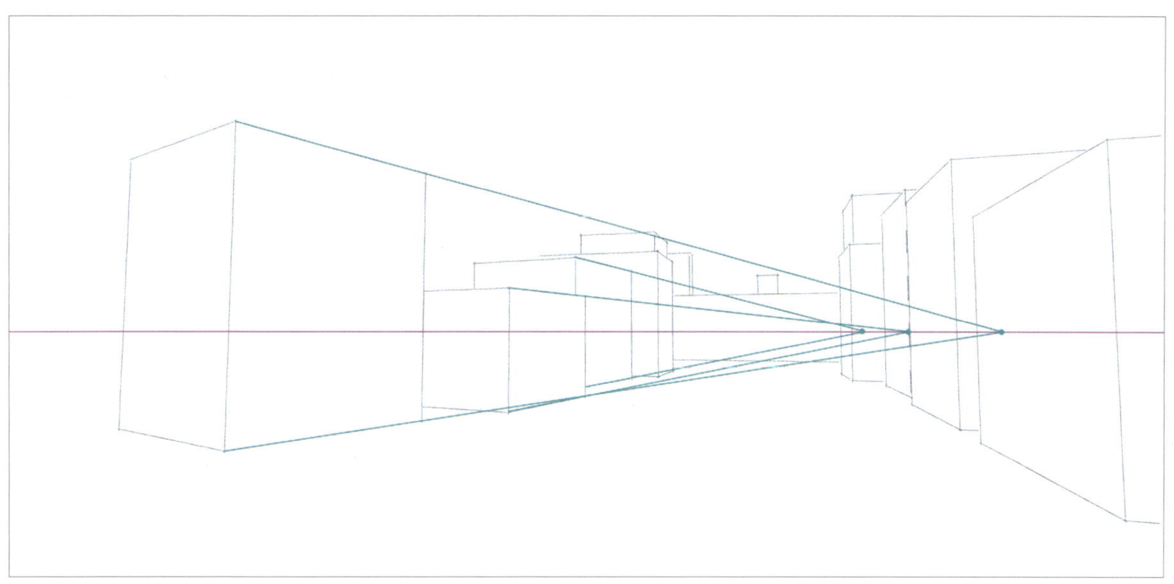

중앙의 붉은 선은 눈높이입니다. 그리고 파란 선은 틀어진 각도의 투시 선입니다. 특징을 찾아 본다면 중앙에 있어야 할 소실점들이 틀어진 각도의 비례해 따라 옆으로 이동해 있는 모습을 볼 수 있습니다. 이렇게 소실점의 위치를 이동 하면 다양한 각도로 건물을 표현할 수 있고 더욱 다양한 샷을 얻을 수 있습니다.

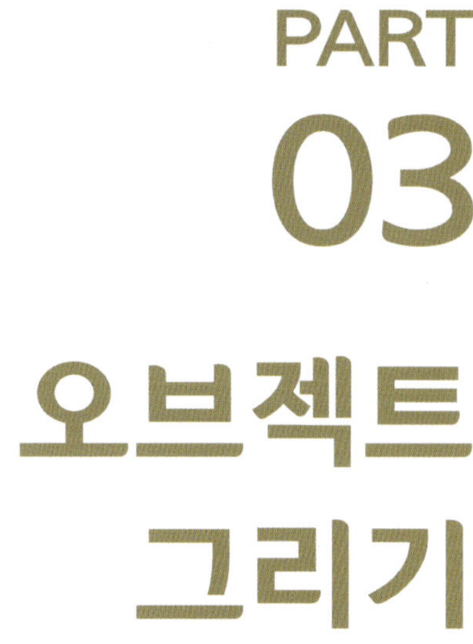

오브젝트 그리기

재질 표현

소품 그리기

어떤 공간을 표현하든 소품은 필수적으로 들어갑니다. 소품 그리기를 시작으로 비로소 배경을 그리기 시작했다고 생각하시면 됩니다. 작은 부분이지만 배경의 분위기에 많은 영향을 주는데 특히 공간을 연출하는 부분에 있어 많은 역할을 합니다. 미술 수업에 있어 가장 먼저 그리는 것 또한 소품입니다. 작은 소품부터 큰 공간까지 차곡차곡 표현력을 쌓아갑시다.

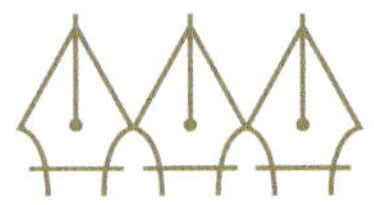

재질 표현

소품을 그리기 앞서 간단한 재질 표현부터 연습해보겠습니다. 나무, 금속, 돌 등 대표적인 재질 그리기 과정을 알아보겠습니다.

 **01** **나무 재질**

1

나무의 질감을 떠올리면 가장 먼저 나뭇결이 생각납니다. 나무는 빛을 많이 반사하지 않는 재질이기 때문에 빛 표현보다는 나무의 결을 떠올리는 것입니다. 그럼 나무의 중간 톤으로 나무판자의 실루엣을 그려봅니다. 이때 색은 너무 어둡지 않도록 합니다.

2

판자 형태의 톤이 준비되었다면 색을 첨가해야 합니다. 이 색은 나무 표면의 상황을 보여주는 것인데 어떤 물체든 정확하게 한 색으로 이루어지는 건 없습니다. 터치는 나무의 결 방향으로 터치하는데 낮은 오판시티의 브러시로 진행합니다. 무언가 살짝 변했다는 느낌만 있으면 좋습니다.

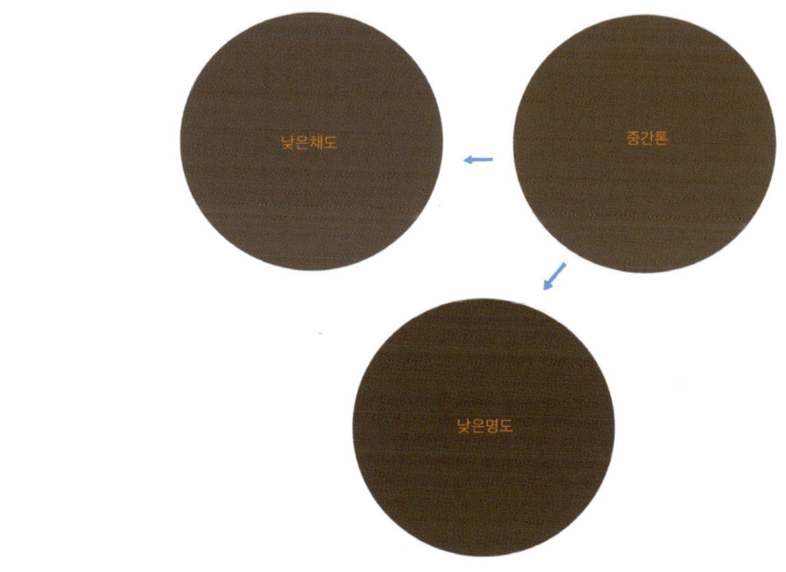

3

색 변화를 준 판자에 크게 꺾이는 부분에 어두운 명암을 더해줍니다. 이때 명암의 톤은 중간 톤에서 명도만 내려간 정도가 적당합니다. 이 명암을 너무 어둡게 하면 음영 속 재질 구분이 어려집니다. 또한 너무 밝으면 물체의 입체감을 느끼기 어려운 명암이 되기 때문입니다. 포토샵 작업이라면 레이어를 반드시 새로 생성해서 작업해 주시기 바랍니다.

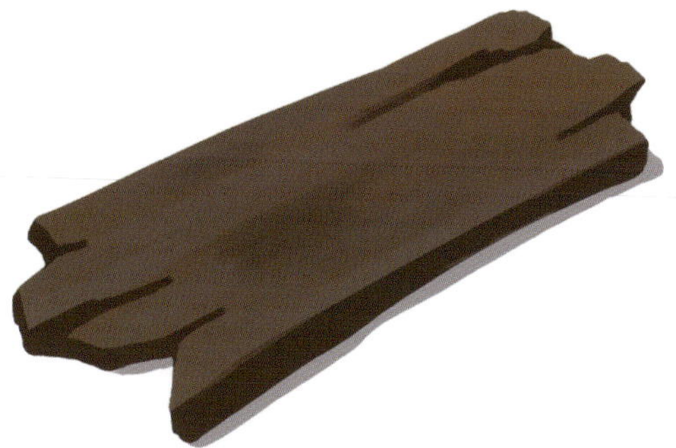

4

나무의 표면 색을 터치 후에 결을 그립니다. 명암 톤과 유사한 색으로 진행합니다. 여기서 나뭇결의 형태나 패턴은 연습이 필요합니다.

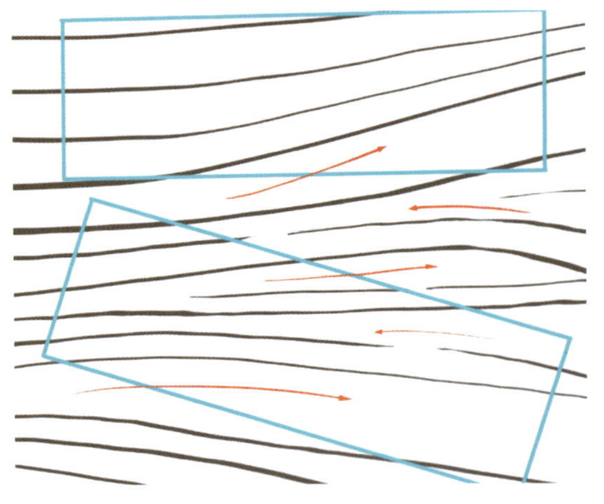

5

나뭇결의 방향은 예제와 같이 두 방향이 교차하는 느낌을 주고 그 결의 형태를 잘라 쓴다고 생각하면 좋습니다. 이렇게 이해하면 나무질감 그리기에 용이합니다.

6

이렇게 나뭇결을 그려준 후에 각 모서리 부분에 밝은 톤으로 터치합니다. 그리고 어두운 부분에 반사광을 추가합니다.

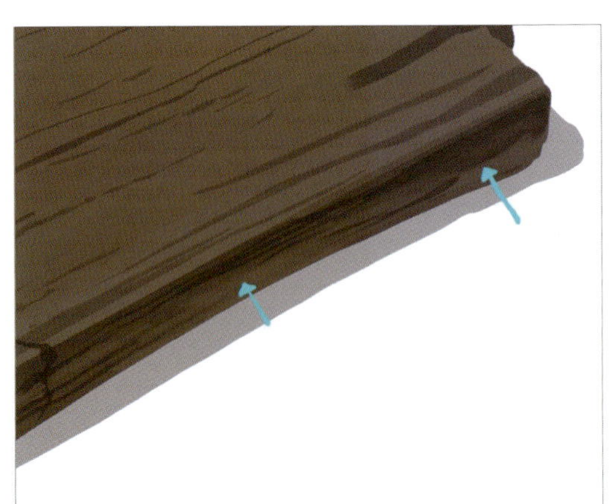

7

나뭇결 모서리와 꺾인 부분에 밝은 톤으로 하이라이트를 그립니다. 레이어를 따로 분리해 두고 그리면 좋습니다. 밝은 터치를 다시 긁어내듯이 지워내면 좋은 질감을 얻을 수 있습니다.

8

마무리로 나무 사이사이에 어두운 곳을 찾아 한 단계 더 강하게 터치합니다.

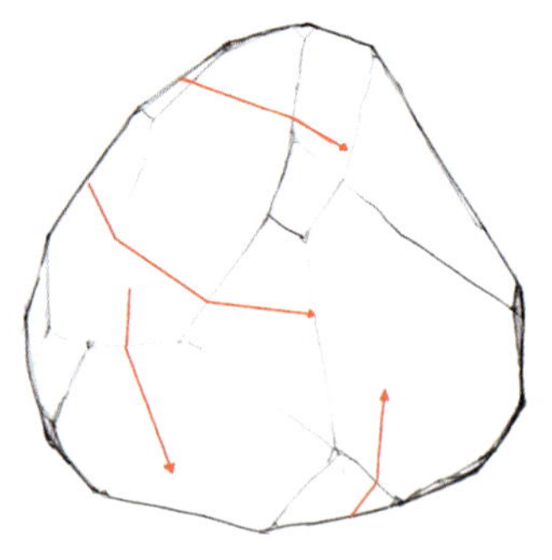

1

돌의 재질 특성은 표면의 반사가 약하다는 것입니다. 시작에 앞서 돌의 형태를 만들기 위해 간단한 스케치를 해 보겠습니다.

예제를 보면 단순한 조약돌의 실루엣이긴 하지만 그간에 선들은 각기 다른 각도로 흐르게 해야 합니다.

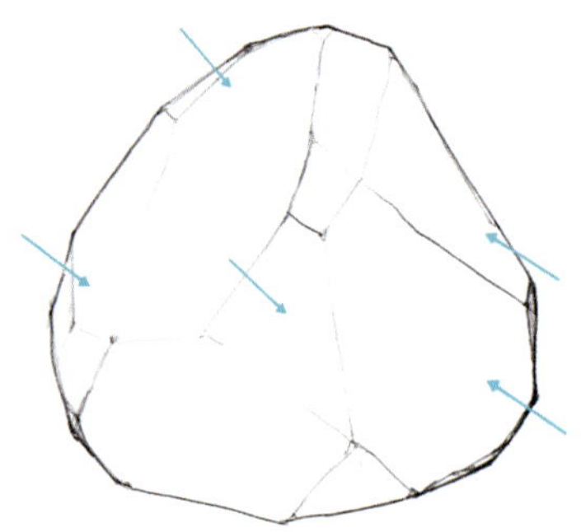

2

스케치를 마친 후 빛의 방향을 파악해야 합니다. 예제는 왼쪽에서 오른쪽으로 향하는 모습입니다.

크게 꺾인 부분이 중앙이고 오른쪽은 반사광의 영향이 있는 부분이라 생각하면 됩니다.

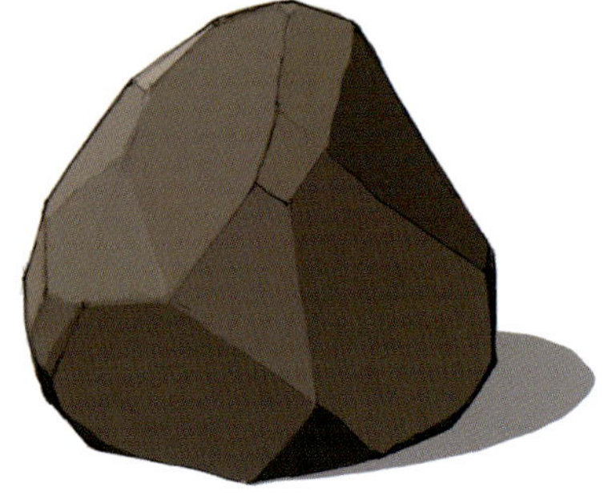

3

빛의 방향에 맞추어 톤을 배치해 보았습니다. 조금 어려워 보이긴 하지만 원리는 간단합니다. 주로 왼쪽 부분에 빛이 많이 노출시키고 오른쪽과 하단 부는 어둡게 처리합니다.

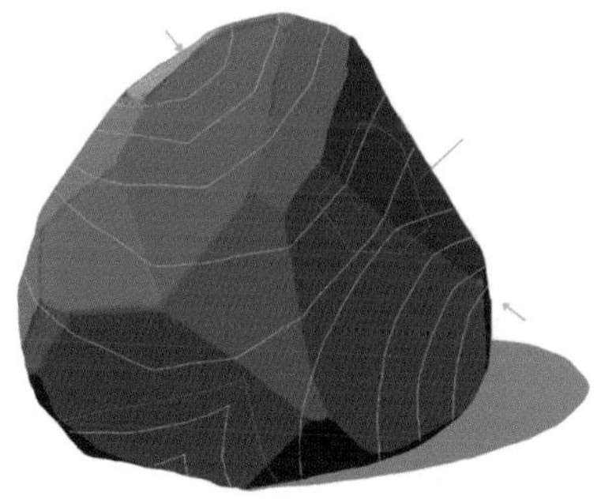

4

빛의 위치와 반사광의 위치를 표현해 보았습니다. 여기
서 붉은 선은 어두운 음영 위치이고 오른쪽 아래가 반사
광의 위치입니다. 현재 돌의 형태가 정확히 원형이 아니
기 때문에 좌측 아래에도 어두운 음영이 나타납니다.

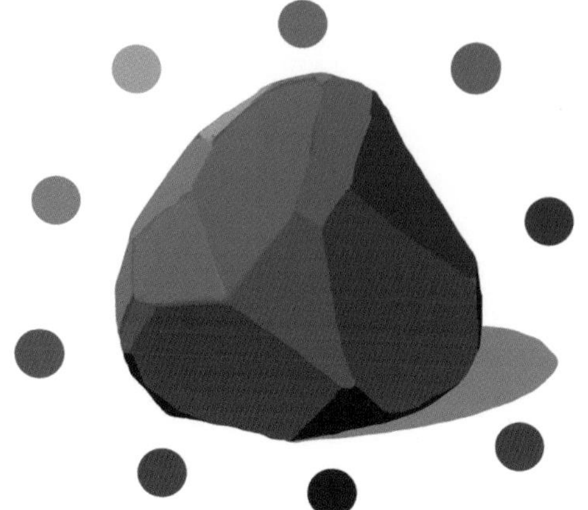

5

이렇게 서로 다른 각도의 형태에 명암을 표현하는 건 조금
힘들지 모릅니다. 하지만 빛의 위치와 형태의 각도만 잘
파악한다면 해결할 수 있습니다. 예제에서 가장 밝은 곳과
어두운 곳을 기준으로 나머지는 반사광의 영향입니다.

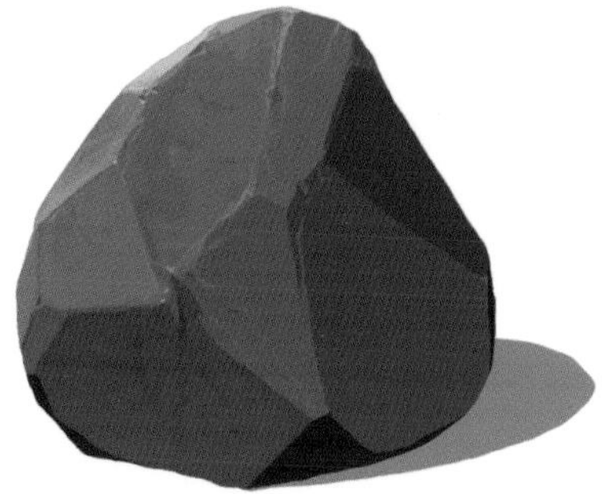

6

명암을 넣어준 후에는 현재 톤을 그대로 유지한 상태로
질감을 표현하기 시작합니다. 각 면의 색에서 약조금 어
두운 색을 먼저 터치 후 조금씩 지워주시기 바랍니다.

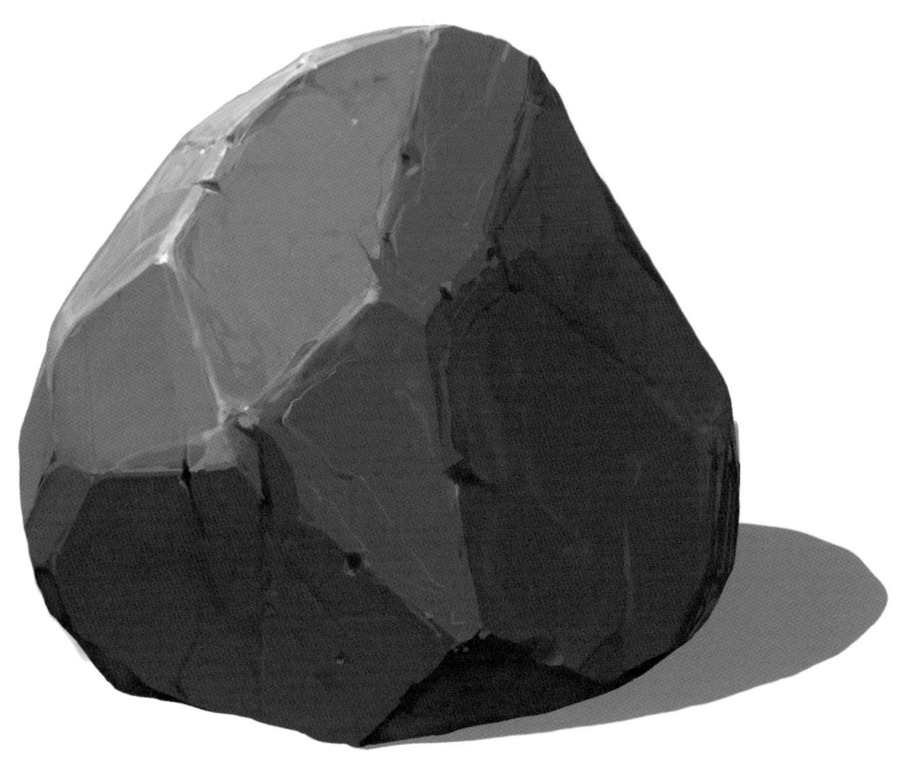

7

돌 재질을 표현하는 데 있어 중요한 점은 표면에 갈라진 느낌보다는 반사하는 빛을 가장 신경 써야 합니다. 약간의 빛 조절로 금속의 느낌으로 바뀔 수도 있기 때문입니다. 특히 모서리나 반사 부분입니다. 각 면이 가진 톤을 잘 유지하며 질감을 표현해 보세요. 그리고 어둡게 터치하면 반드시 밝은 부분도 추가해야 합니다.

1

금속의 특징은 빛을 많이 반사한다는 점이 가장 큰 특징입니다. 표면이 다른 물체들의 달리 더 반짝인다는 점입니다. 그러면 금속을 그리기 위해 중간톤을 정해 보겠습니다. 형태는 대장간에서 쓰는 모루로 정했습니다.

2

다소 어두운 톤을 중간톤으로 정했지만 여기서 조금 더 어두운 톤으로 빛의 반대 면을 표현합니다. 이렇게 대략 형체를 알아볼 수 있도록 기본 명암을 그립니다.

3

이번에는 밝은 톤을 이용해 빛과 가까운 면적을 터치합니다. 여기서 중요한 점은 명암의 단계입니다. 급하게 상승하지 않도록 주의하며 밝게 터치하는 것입니다. 후에 들어갈 하이라이트에 영향을 많이 줄 수 있습니다.

4

밝은 톤으로 터치한 후 모서리 부분을 강조합니다. 톤은 이전 단계이기 색보다 명도만 올려서 터치합니다. 이 작업도 전체 톤에서 너무 밝아진 않도록 합니다. 서서히 하이라이트를 향해야 합니다. 그래야만 자연스러운 반사 효과를 얻을 수 있습니다.

5

지금부터는 강하게 빛을 반사하는 하이라이트를 표현합니다. 주로 모서리나 빛과 같은 방향에 있는 부위를 밝게 표현합니다. 레이어를 반드시 새로 생성하고 터치해 주세요. 후에 반사 면에 질감을 표현할 때 유리합니다.

6

빛 효과는 밝은부분만 강조하기 보다는 반사광의 표현도 항상 연주해 두어야 합니다. 예제에서는 빛이 왼쪽에서 오른쪽으로 향하고 있습니다. 왼쪽에서 반대편 오른쪽 하단에 빛이 도달한 후에 다시 물체에 비추게됩니다. 그 부분을 다시 밝게 터치하는데 지금은 붉은색으로 처리하였습니다. 이 반사광의 색은 주변의 색이라고 인지하면 좋은데 가상으로 잡은 것이고 실제로 다른 색일 수 있습니다.

금속의 깨진 부분이나 마모된 흔적을 표현해주면 더욱 현실감있는 금속 느낌을 얻을 수 있습니다. 먼저 어둡게 터치해 파손의 흔적을 그리고 빛의 방향에 맞추어 하이라이트를 배치합니다.

8

단조로운 디자인이기 때문에 측면에 약간의 문양을 추가해 보겠습니다. 먼저 어두운 색으로 문양을 그려야 하는데 어두운 부분보다 남겨진 부분이 문양의 형태가 되도록 주의합니다.

9

측면에 그린 문양에 약간 밝은 톤을 이용해 주로 형태의 상단에 터치합니다. 이렇게 디테일을 한층 살려줍니다.

10

마지막으로 판 위에 모서리를 만들어 보았습니다. 금속은 대부분 이런 강한 반사의 느낌으로 표현합니다. 그런 느낌을 얻기 위해서는 처음 중간톤에서 어떻게 색의 단계를 이어 갈 것인지 생각해 보고 연습을 행합니다. 이 금속 그리기의 과정을 많이 반복해 보고 자신만의 빛 느낌을 찾아보시기 바랍니다.

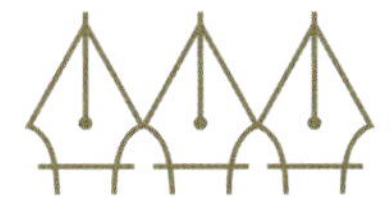

소품 그리기

여러 가지 재질 표현에 자신이 생겼다면 이제는 소품을 그려봐야 할 차례입니다. 가장 많이 쓰이는 오브젝트 3가지 정도를 그려 보고 명암 표현이나 형태 디자인에 초점을 맞춰 진행해 보겠습니다.

01 상자 그리기

1

상자는 사각 형태와 원형의 조합입니다. 상자의 원형에서 모서리를 위주로 두께를 늘리고 각 면의 연결부에 특징을 만들어 줍니다. 이러한 생각을 담아 예제와 같은 디자인으로 상자를 스케치해보았습니다.

2

상자 스케치를 마친 후 기초 명도와 빛 방향을 정합니다. 예제에서 본 빛은 왼쪽에서 오른쪽으로 향하고 있고 명도는 그레이 톤으로 너무 어둡거나 밝지 않게 채색합니다. 이 스케치한 레이어 하단으로 새로운 레이어를 생성하고 진행해야 합니다.

3

상자의 재질은 나무와 금속으로 이루어져 있으니 기본 톤 자체도 달라야 합니다. 금속 부분을 조금 더 어둡게 채색해 두면 다음 작업에 용이합니다.

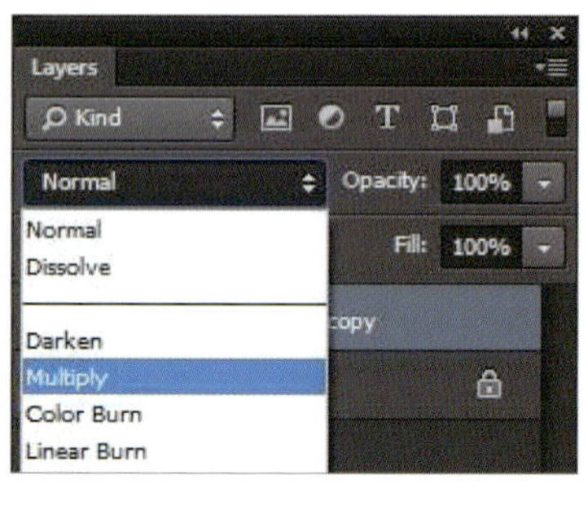

4

상자의 어두운 부분을 표현하기 위한 절차가 필요합니다. 레이어를 새로 추가하고 속성을 multiply로 바꿔줍니다. 같은 그레이 톤으로 명암을 그리는데 예제의 명암 위치를 주시해 주시기 바랍니다.

5

상자의 옆면은 어둡지만 반사광의 영향으로 다시 밝아질
수 있습니다. 이전 단계에서 multiply 레이어의 음영을
반사하는 방향으로 다시 지워봅니다. 그러면 자연스럽게
전의 기본 톤이 드러나면서 반사효과를 표현할 수 있습
니다.

6

overlay 레이어 속성을 이용해 색감을 맞추는 방식입니다. 이전
multiply 레이어 위로 새로 생성해 진행합니다. 재질별 색을 나눠야
하는데 나무와 금속을 기준으로 나뉘고 있으니 두 가지 컬러로 진행합
니다.

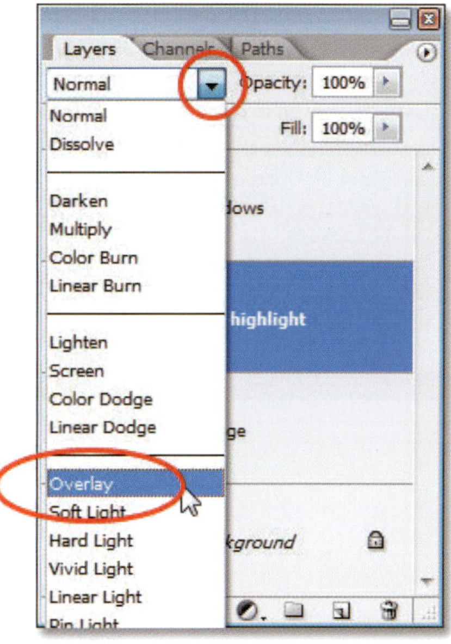

7

선 스케치를 제거 후 디테일 터치를 진행한 상태입니다. 디테일은 재질적인 부분도 있지만 물체들이 서로 분리하는데
집중해야 합니다.

8

나무 재질 표현이 끝나면 금속 부분으로 넘어갑니다. 금속 재질은 기본 톤은 어둡고 모서리는 밝게합니다. 밝은 색을 쓰기 전에 색의 단계를 천천히 끌어올려야 합니다.

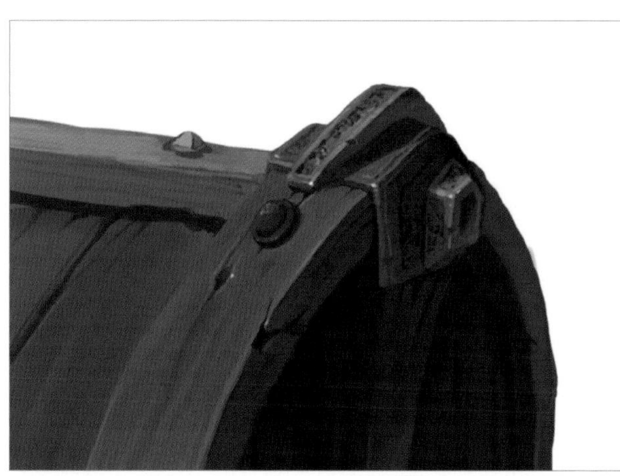

9

상자의 옆면은 어둡지만 반사광의 영향으로 다시 밝아질 수 있습니다. 이전 단계에서 multiply 레이어의 음영을 반사하는 방향으로 다시 지워봅니다. 그러면 자연스럽게 전의 기본 톤이 드러나면서 반사효과를 표현할 수 있습니다.

10

모서리를 강조하며 디자인을 마감하는 방식입니다. 이전 단락 '금속 질감 그리기'와 같은 방식으로 표현하였습니다.

의자는 주로 직선의 형태를 하고 있습니다. 이런 단순한 패턴에서 벗어나 유선의 디자인을 추가하고 문양을 추가하여 재미있는 소품을 그려봅니다.

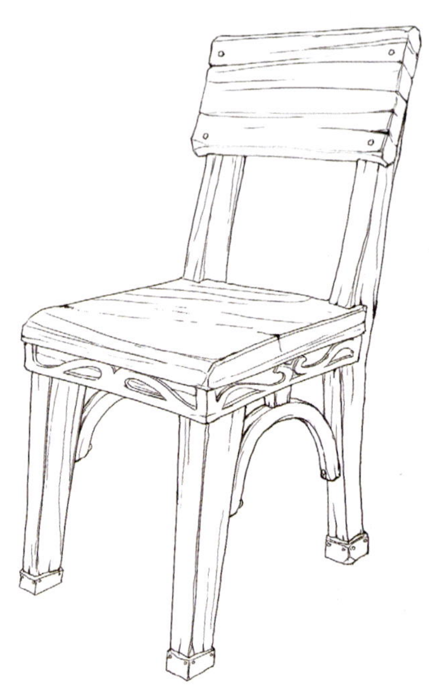

1

그림을 그리기 앞서 저자는 중간톤에 대해 자주 언급하고 있습니다. 중간톤 (기본색)이 앞으로 그려질 명암과 하이라이트의 색감에 많은 영향을 주기 때문입니다. 그러므로 신중하게 색을 지정해서 그림에 옮겨야 합니다. 이렇게 지정한 색은 예제에 표시해 두었습니다. 이 색으로 의자의 실루엣을 표현하고 빛 방향에 따라 그림자도 미리 그려 둡니다.

2

의자의 질감을 표현하기 앞서 빛의 방향과 명암의 위치 그리고 반사광의 양을 파악해 보겠습니다. 빨간색 표식이 빛의 위치입니다. 그리고 파란색이 반사광의 위치입니다. 빛은 직선으로 날아가 반대편에 다시 튕겨 나갑니다. 이런 현상은 자연스럽게 우리 눈으로 관찰됩니다. 이런 빛의 원리를 이해하고 명암을 표현해 봅니다. 예제에 적은 숫자는 빛의 양입니다. 1이 가장 밝은 부분으로 이해하면 좋습니다. 터치는 밝은 쪽은 그냥 두고 2와 3 부분만 터치합니다.

3

스케치했던 디자인대로 더 어두운 부분을 터치합니다. 이때 빛이 도달하지 못하는 부분부터 찾아 터치하면 됩니다. 의자의 나무질감을 표현할 굴곡이나 틈을 표현해 두면 좋습니다.

4

이전 단계에서 어둡게 표현한 부분을 한 번 더 어둡게 터치합니다. 이번에는 꺾인 면의 표현과 명암의 강도를 높이는 과정입니다.

5

마지막으로 밝은 부분을 표현하면서 마무리합니다. 갑자기 표현력이 많이 증가한 것처럼 보이는데 비교적 적은 양의 터치로 마무리한 것입니다. 예제를 자세히 보면 밝은 터치가 이전 어두운 터치 주변에 존재하는 것을 볼 수 있습니다. 모서리나 돌출된 부분 또는 상처 부위에 밝은 터치를 합니다.

마차 그리기

상자나 의자와 같은 간단한 소품을 그려 보았으니 이제 부피가 큰 마차를 그려보겠습니다. 마차는 직선과 유선형을 골고루 가추고 있어 디자인적으로 좋은 재료입니다. 관련 자료를 찾아보고 나만의 마차로 변형해 보시기 바랍니다. 예제의 디자인은 수레와 마차의 중간 정도로 생각했고 옆의 쇠고리는 지루함을 없애기 위해 꾸민 것입니다. 이렇게 스케치를 준비해 보았습니다.

1

스케치한 레이어 하단에 새로 레이어를 생성하고 중간 톤을 배색합니다. 크게 천막과 몸체로 나뉘고 있으니 두 가지 톤으로 배색하였습니다. 강조했듯이 색은 너무 어둡거나 밝지 않도록 주의 합니다.

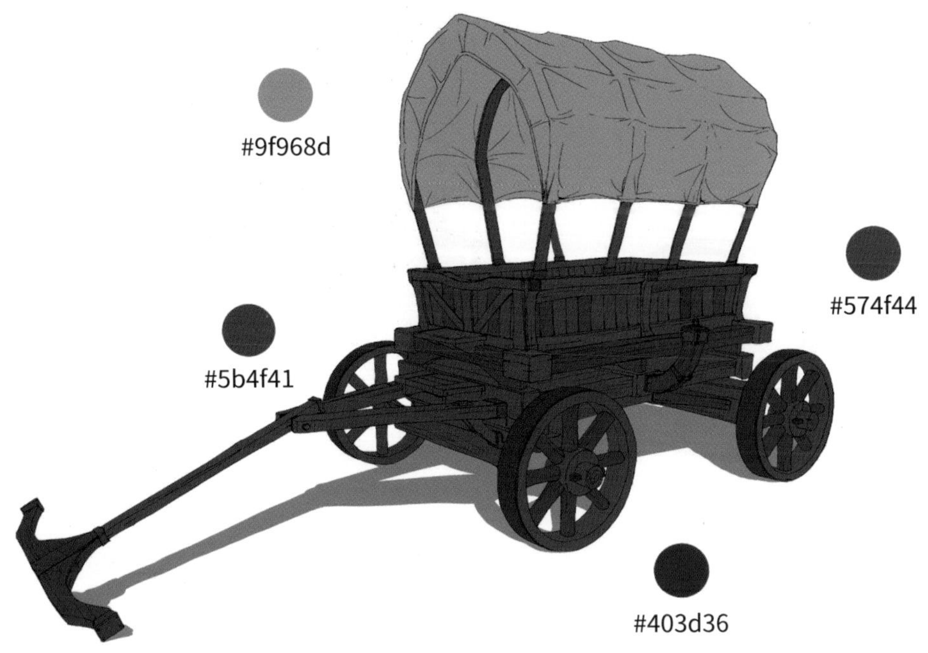

2

중간 톤을 정하고 이후에 더 어둡거나 밝은 부분을 강조하며 형태를 만들어갑니다. 그러면 처음 그려지는 중간 톤을 구체적으로 나누어 둔다면 이후 결과물의 색이 더 풍성해 보입니다. 예제를 보면 특히 나무 재질에 톤 변화를 많이 주었습니다. 부피가 가장 크기 때문이기도 하지만 나무 재질 자체가 여러 가지 색을 가지고 있기 때문이기도 합니다. 최초 기준 색에서 명도와 채도만 미세하게 바꿔도 변화가 보일 것입니다. 이 차이점을 이용해 다시 한 번 배색을 해보시기 바랍니다. 예제에 포토샵 컬러 좌표를 기입해 두었으니 참고 바랍니다.

3

빛을 표현하기 위해선 먼저 음영을 그려두는 게 좋습니다. 현재 과정은 그림자와 어두운 명암을 동시에 표시하는 것인데 색의 단계를 생략하고 일괄적으로 처리합니다. 방법은 새로운 레이어에 속성을 multiply로 지정하고 그레이톤으로 그립니다.

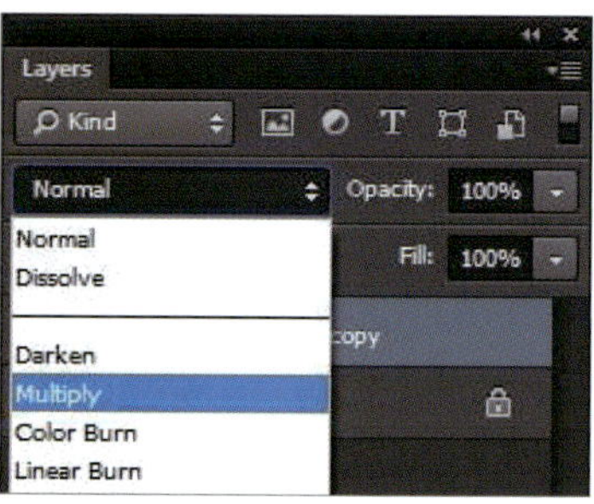

4

예제를 보며 빛의 위치를 상세히 알아보겠습니다. 빛은 오른쪽에서 비추고 있고 각도는 아래로 향하고 있습니다. 주로 하단부나 옆 측면이 어두운 것이 맞지만 더 자연스러운 느낌을 주기 위해서 밝게 표현할 수 있습니다. 하단 쪽은 주로 상단의 물체의 음영이라고 생각하고 그립니다.

5

스케치한 레이어를 잠시 닫아 두고 진행하겠습니다. 취향에 따라 선을 살리는 그림을 그릴 수도 있지만 재질 표현의 구체화를 위해 닫아 두겠습니다. 이번에는 반사광을 표현하겠습니다. 이전 과정에서 음영을 그렸습니다. 그 해당 레이어를 ctrl+클릭하고 영역을 지정하고 새로 레이어를 만들고 반사 표현을 합니다. 예제에서 보듯이 왼쪽에 반사광을 그려 보았습니다. 브러시는 에어 브러시로 부드럽게 화이트 계열 블루 그레이로 가볍게 채색합니다.

6

해당 색감에서 어두운 톤으로 음영을 포함 재질과 형태를 구체화합니다. 요령은 현재 색을 스포이드로 피킹한 후에 컬러 피커를 열고 수직 아래로 이동하며 색의 명도를 조절합니다.

어두운 색 위주로 질감을 표현했다면 이제 밝은 톤으로 모서리나 꺾인 면을 강조합니다. 밝은 색을 찾는 방법은 현재 색을 피킹하고 컬러 피커에서 위로 조금씩 이동시키며 3단계 정도로 천천히 명도를 올립니다. 명도가 올라갈수록 채도도 조금 증가시킵니다. 사실 이런 과정을 통해 사물을 표현해야 합니다. 이전 단계에서는 어두운 부분을 일괄적으로 표현하고 밝은 부분으로 넘어갑니다.

예제에서 보여주는 색의 단계를 참고하며 그려봅니다. 하이라이트의 색단계를 포토샵 컬러 좌표로 표시해두었습니다.

실내 그리기

실내 그리기를 통해 공간 속 사물에 반응하는 빛이나 양감을 이해하는 과정입니다.

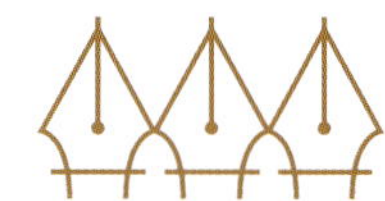

실내 그리기

그림을 처음 배울 때 접하는 것은 사물을 묘사하는 것이 그 시작일 것입니다. 그 사물들이 모여 실내가 되고 더 나아가 자연이 되며 이 세상 뭐든 표현하게 될 것입니다. 단순한 도형 형태를 하고 있는 사물을 그릴 수 있다면 이제 실내를 그리는 것이 그 다음 순서라고 생각합니다. 실내 안에 존재하는 사물은 야외에 있을 때와 차이가 있습니다. 그 이유는 빛의 차이가 있기 때문입니다. 실내라는 한정된 공간과 제한된 빛으로 표현하기 때문에 빛의 양과 명암의 강도를 배우는데 좋은 재료가 될 것입니다.

01 1점 투시 실내 그리기

1

가장 널리 사용되는지 투시법인 1점 투시로 실내 그리기를 해보겠습니다. 우선 가운데 1점을 찍고 모든 사물을 형태를 나열합니다. 스케치를 하는데 있어 주의해야 할 점은 눈높이입니다. 예시를 보면 알 수 있듯이 중앙선을 기준으로 위아래로 구분되어 있습니다. 윗선의 물체는 밑면이 보이며 더 높이 올라가면 밑면이 더 많이 드러납니다. 반대로 중앙선 아래로는 윗면이 보이고 내려갈수록 더 윗면이 많이 보입니다.

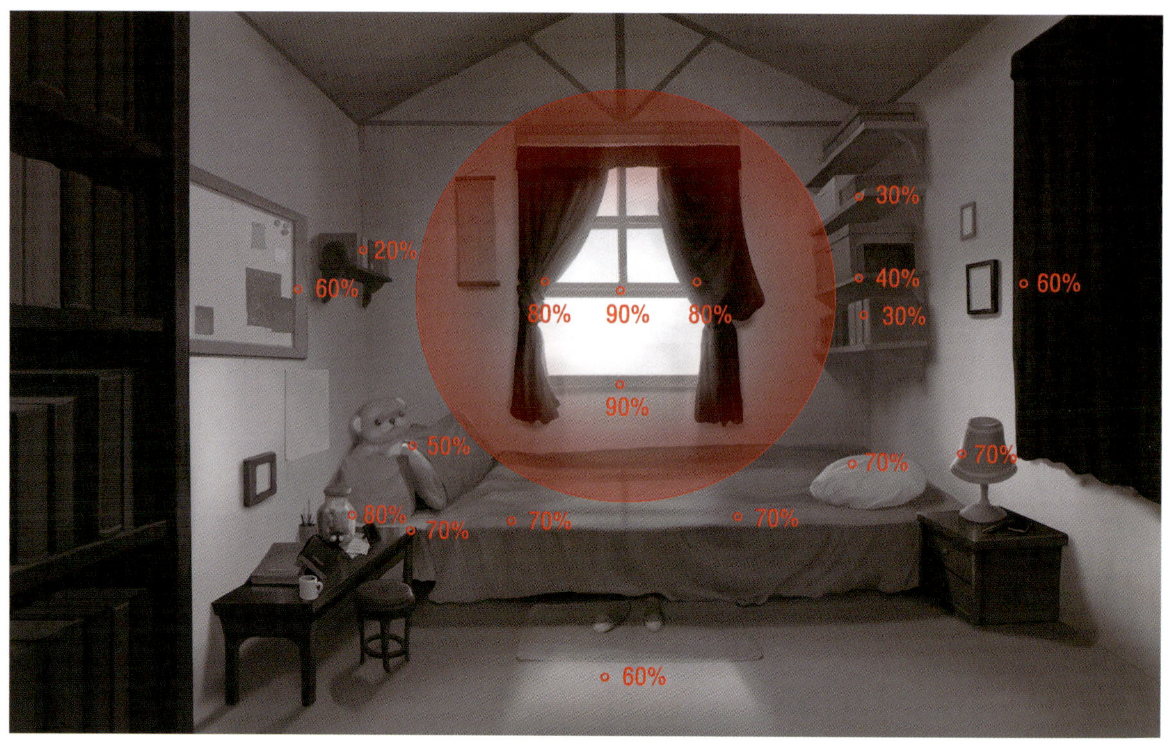

2

그림을 그리기 앞서 실내의 빛에 대해 알아보겠습니다. 현재 예시의 빛의 상황은 조명은 꺼져있고 창문에서 오는 빛과 반사광의 영향으로 공간을 비추고 있습니다. 실내의 그릴 때 명암의 강도를 정하는 중요한 점이 이것입니다. 조명이나 자연광의 방향이나 각도에 의해 실내 안의 소품의 명도가 결정됩니다. 실내 빛의 가장 중요한 점은 구석이나, 빛을 등지고 있는 곳을 어둡게 표현하고 또는 먼 거리를 더 어둡게 표현하는 것입니다. 예시에 표시된 빛의 양은 %로 표시해 두었습니다. 수치가 높을수록 빛이 강하게 비치는 곳입니다. 창문을 보면 90%정도로 보이는 아주 밝은 수치를 보입니다. 그 이유는 창문이 빛의 출발지점이기 때문입니다. 여기서 잠시 의문이 들 수 있습니다. 수치가 다 다르게 표기되어 있는데 그 이유가 궁금할 것입니다. 빛의 시작점인 창문에서 멀어질수록 수치는 낮아집니다. 즉 빛의 영향권에서 멀어지고 있기 때문입니다. 한 가지 더 특이한 점은 빛과 가까운 좌 우측에 선반인데 빛과 가깝지만 낮은 수치를 나타내고 있습니다. 그 이유는 창문에서 나오는 빛의 면적은 좁고 수평의 좌우 보다는 중간 지점의 벽이나 바닥에 먼저 닿기 때문입니다.

3

우리가 공간 안에서 사물을 볼 수 있는 이유는 빛이 사물에 반사되는 현상 때문입니다. 밝은 색을 가진 물체는 빛을 많이 반사하는 것이고 반대로 어두운 색을 가진 물체는 빛을 조금만 반사하고 있다고 생각하면 됩니다. "이런 과학적인 원리를 왜 알아야 하는 것인가?" 라고 생각할 수 있습니다. 하지만 원리를 알고 그린다면 더 재미있고 실력 향상에 큰 도움이 됩니다. 그럼 이번에는 반사광에 대해 알아보겠습니다. 어쩌면 반사광이 우리에게 더 익숙할 수 있습니다. 왜냐하면 대부분 사물을 볼 때 반사광을 항상 보고 있다고 할 수 있기 때문입니다. 만약 반사광이 없다면 사물들의 옆면이나 뒷면을 볼 수 없을 것입니다. 빛은 한 방향으로 나아가 어딘가에 반사해 물체의 옆면이나 다른 곳을 비추기 때문에 자연스럽게 물체의 형태를 인지할 수 있습니다. 현재 예시의 파란 부분이 반사하는 빛이라고 가정하고 그림을 관찰해 봅니다. 어두운 옆면이나 뒷면이 완전히 검은색으로 보이지 않는 까닭은 창문에서 오는 빛이 반대 벽에 맞고 사물의 반대편을 비추고 있기 때문이고 이 반사광은 주광보다는 강도가 약하고 주변의 색을 투영 시키기도 합니다.

4

실내그리기 첫 단계는 벽과 천장 그리고 바닥을 분리해 그라데이션 터치하기입니다. 가장 먼저 정면 벽을 그린 후에 빛의 위치로부터 점점 어두워지도록 터치합니다. 실내에서 가장 어두운 곳은 천장입니다. 그리고 코너 쪽이 어둡고 하단 구석이 어둡습니다. 이런 방식을 적용해 그라데이션한다면 예시와 같은 모습이 될 것입니다. 이때 기본 컬러는 너무 어둡지도 밝지도 않은 톤으로 시작하는 것이 좋습니다. 너무 어둡게 시작하면 어두운 부분이 블랙으로 보일 수 있고 너무 밝게 하면 색감이 뜨는 현상이 일어납니다. 적정한 기준선을 정하는게 앞으로 그려나갈 실내 그리기에 좋은 출발이 될 것입니다.

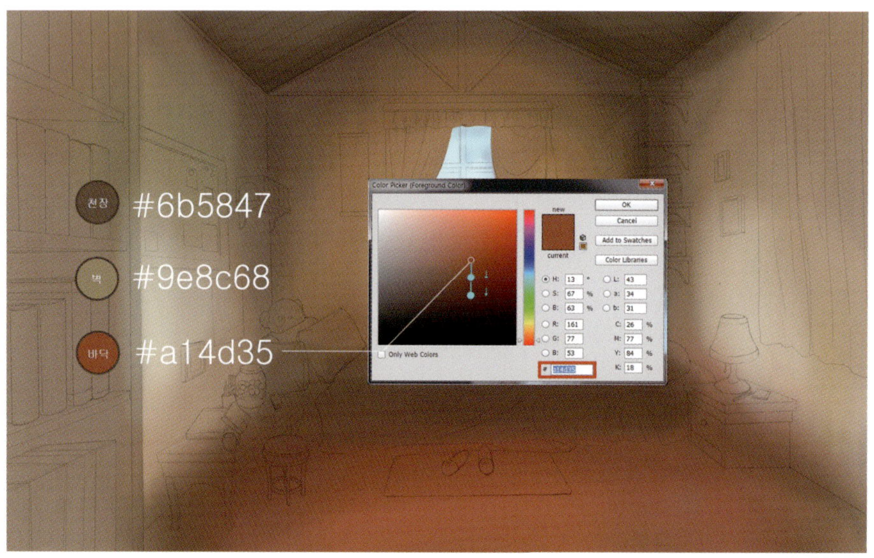

5

빛의 위치를 알았다면 명암의 단계 색이 궁금해질 것입니다. 예시를 보면 중간톤(기준 색감)을 지정한 것을 볼 수 있습니다. 왼쪽 세 가지 색이 중간 톤이고 컬러 좌표가 있습니다. 컬러 피커를 열고 조금씩 하향시키면 자연스러운 단계를 만들 수 있습니다.

6

벽과 천장을 구분시킨 후 사물의 재질 색을 그립니다. 스케치해둔 레이어를 확인하면서 꼼꼼히 면을 채워 주세요. 이 때 주의점은 주변 환경과 어울리는 톤으로 지정해 채색해야 한다는 점입니다. 이전 단계에서 벽과 바닥을 그렸는데 이 명도와 맞지 않는 색으로 그리면 균형이 무너지게 됩니다. 꼭 비슷한 온도의 색감으로 사물을 그려 주세요. 사물의 색은 개인 취향대로 그려도 좋습니다. 단 너무 어둡거나 너무 밝지 않도록 주의합니다.

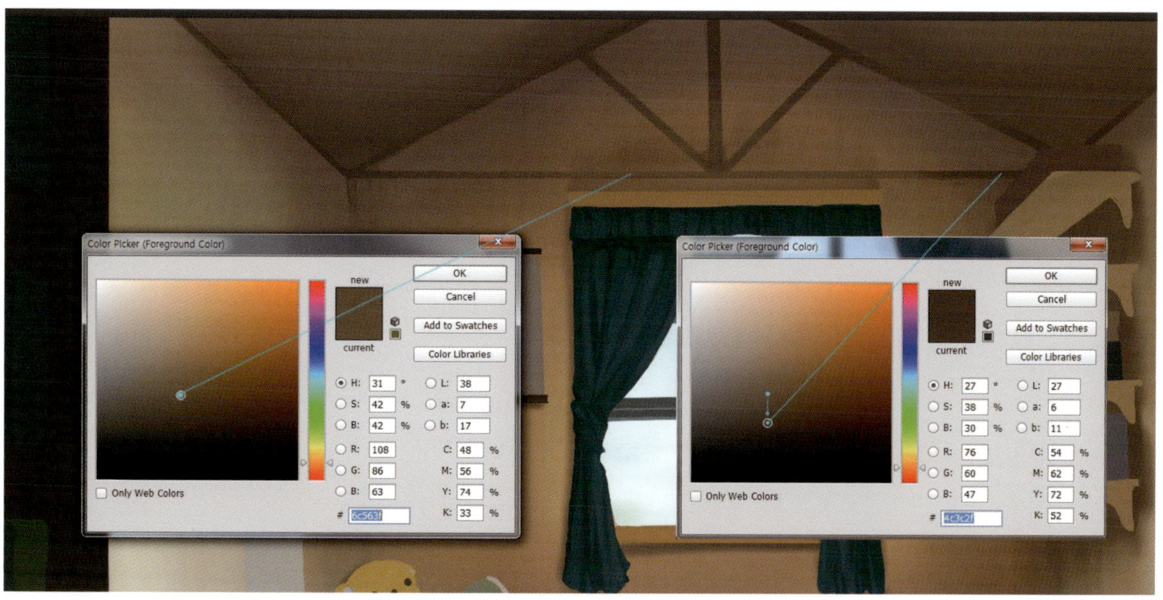

7

기본 배색이 끝났다면 이제 명암을 그려 줄 차례입니다. 보통 상단부부터 진행하는 것이 좋고 어두운 색부터 터치하는 것이 그림의 분위기를 만드는 데 용이합니다. 천장 부분에 나무 장식의 터치로 예를 들자면 기본색은 왼쪽 컬러 피커에 위치해 있습니다. 어두운 색으로 변경하고 싶다면 우측 컬러 피커의 참고대로 아래로 조금씩 하향시키는 방법으로 터치해 보시기 바랍니다.

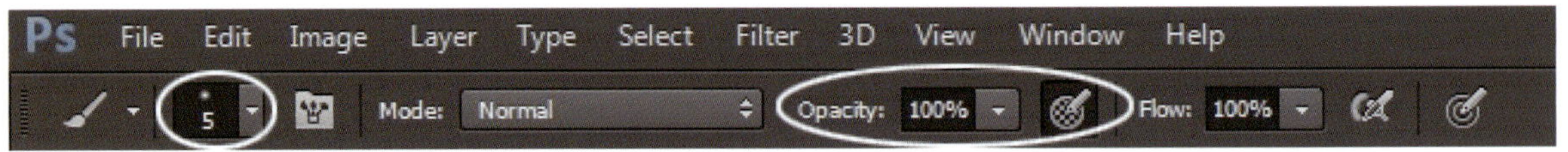

8

필자가 터치할 때 브러시 모드는 예시와 같이 진행하고 있습니다. 일반적인 베이직 브러시에서 우측 감압모드를 켜고 하는 편입니다. 이렇게 하는 이유는 면 단위로 그리는 습관을 만들고 손의 힘 조절로 필력을 만드는 데 도움도 되고 뒷 색과 자연스럽게 섞이는 느낌이 들기 때문입니다.

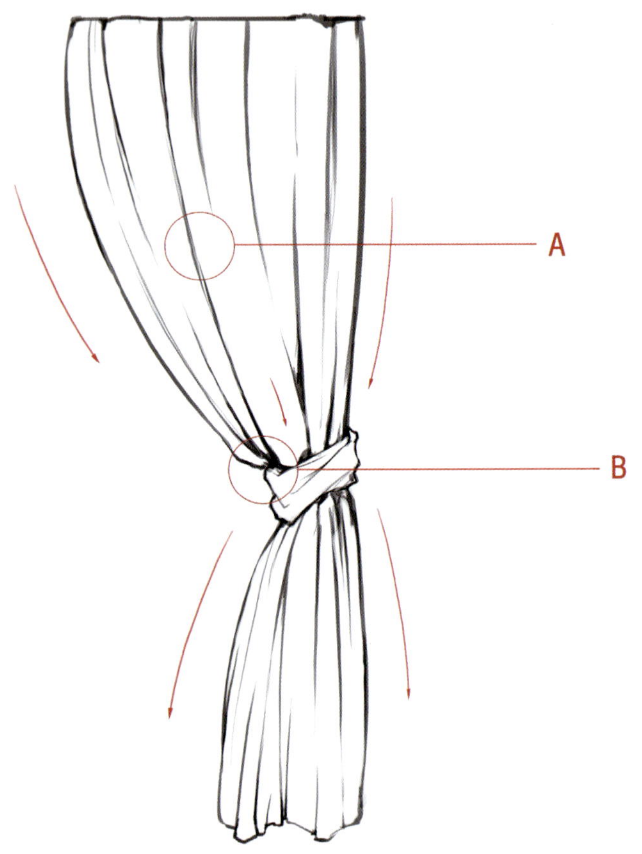

9

실내 중앙에 커튼을 그리는 방법에 대해 알아 보겠습니다. 커튼은 사실 그리기 어려운 편에 속하는데, 부드러운 천 재질로 되어있고 주름도 많이 있기 때문에 신경을 써야 할 부분이 다소 있습니다. 하지만 원리를 알고 그린다면 그리 어렵지 않고 재미있게 그릴 수 있습니다. 그러면 커튼의 가장 중요한 부분인 주름을 넣는 방법을 알아보겠습니다. 예시를 보면 화살표 방향으로 흐르는 결을 볼 수 있는데 이 결 방향을 유심히 관찰할 필요가 있습니다. 상단 부분을 보면 주름의 넓이가 하단보다 넓고 가운데 밴드 부분에 주름이 촘촘히 들어간 것을 알 수 있습니다. 그 이유는 중간에 밴드로 묶여있는 밴드가 직선으로 흐르는 주름의 흐름을 바꿔주고 있기 때문이고, 이 느낌이 자연스럽게 나와야 합니다. A위치에서 B위치로 향하도록 합니다.

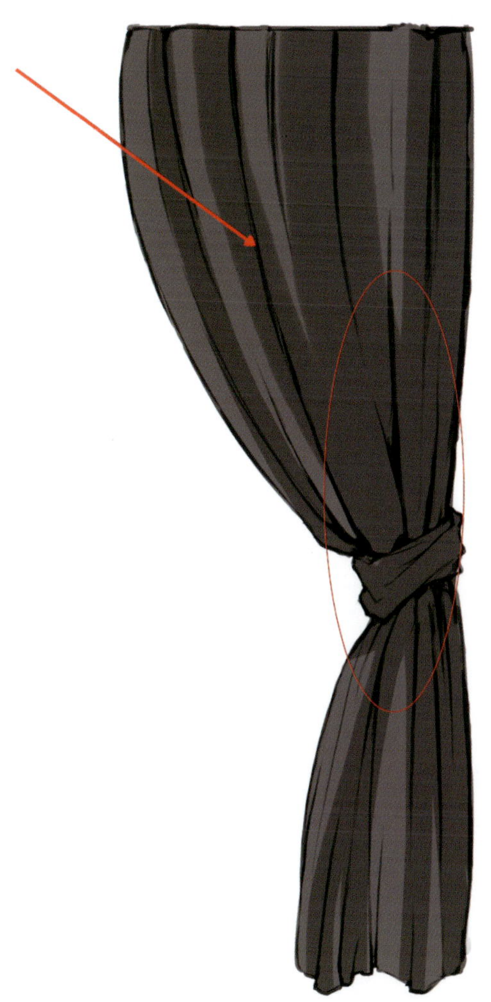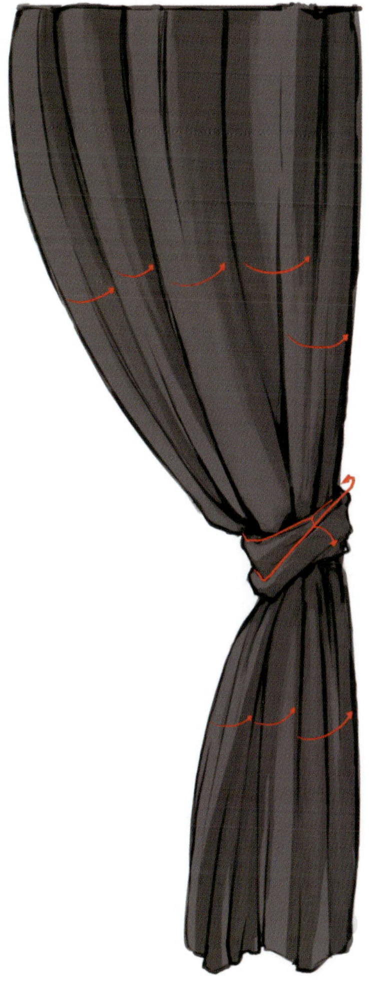

10

커튼의 다음 단계로 넘어가기 전에 예시를 잠시 봐주시기 바랍니다. 우측을 보면 커튼의 덩어리 형태를 볼 수 있습니다. 라운드 화살표 방향을 보시면 상단에 5개 정도의 덩어리가 있습니다. 특이한 점은 그 덩어리 안쪽의 선들입니다. 덩어리의 경계를 구분하는 것 같지만 자세히 보면 다른 쪽으로 향하기도 합니다 이것이 커튼의 가장 주요한 부분입니다. 명암의 역할은 천의 음영을 보여주는 것이고 선의 역할은 강하게 접힌 면의 경계입니다. 위에서 시작하는 선이 끝까지 밑부분까지 내려가는 선보다는 서로 결을 방해하지 않고 위치하고 있습니다. 다음 좌측 예시를 보시면 커튼의 음영을 표시하고 있습니다. 이 예시는 빛의 방향을 정하고 가장 큰 덩어리를 구분하는 단계입니다. 이후 우측 예시처럼 밝은 면을 추가로 터치하며 마무리합니다.

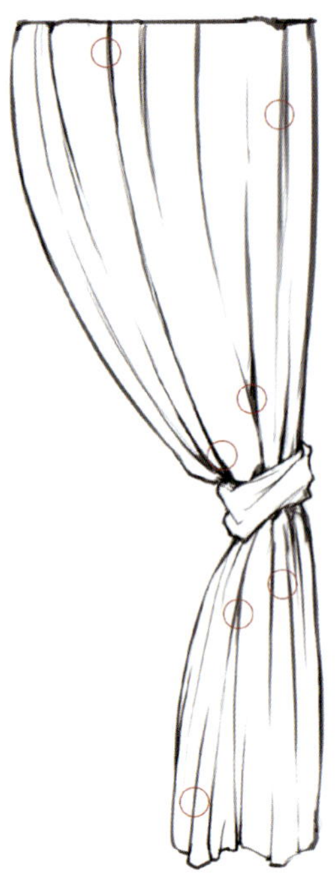

11

마지막으로 커튼을 그릴 때 주의점입니다. 예시에 많은 선들이 있는데 이 선들이 같은 크기로 반복되거나 어딘가에서 두 선이 만나 x자가 되는 등 결에서 이탈하지 않도록 주의하며 그립니다. 예시의 커튼 주름의 흐름을 잘 기억하고 매번 연습하면 좋은 결과물을 만들 수 있습니다.

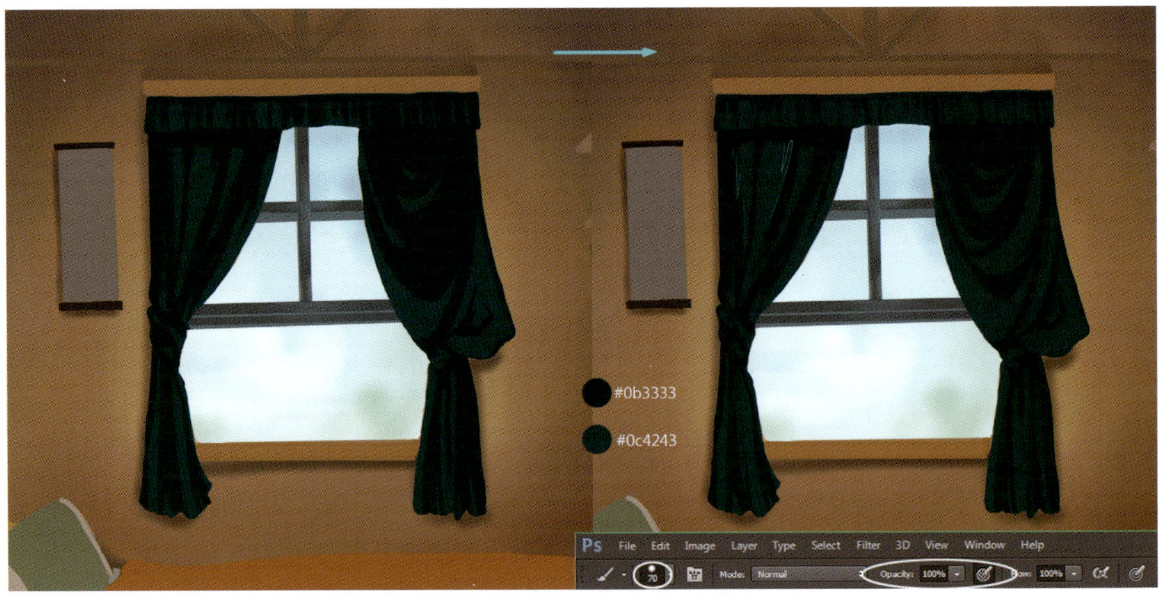

12

실제 커튼을 그리는 과정으로 들어가 보겠습니다. 예시 좌측을 먼저 보시면 단순한 면으로 명암을 구분한 것을 알 수 있습니다. 예시의 컬러 좌표를 참고해 기본 중간 색과 어두운 색을 구분해 커튼의 큰 음영 흐름을 만들어 둡니다. 이 때 레이어는 새로 생성해 진행해 주세요. 그리고 우측 예시를 보면 밝은 면이 더 구체화된 것을 알 수 있습니다. 이 과정은 레이어를 새로 생성해 어두운 색으로 그린 후에 다시 지우면서 형태를 다듬은 것입니다. 이렇게 커튼의 양감이 잘 살아날 수 있도록 그려야 합니다.

13

단순한 음영을 조금 더 구체적인 주름 형태로 표현한 모습입니다. 첫 단계에서 음영을 넓게 그려 두었기 때문에 디테일로만 주름을 더 추가해도 형태의 흐름이 무너지지 않고 있습니다. 처음에는 예쁜 형태를 만들기 힘들 수 있으니 레이어를 따로 관리해 몇 번이고 계속 시도해 줍니다. 음영 느낌이 너무 거칠지 않도록 부드럽게 그리는 것이 좋습니다.

14

커튼의 형태가 어느정도 잡혔다고 생각한다면 다음은 밝은 부분을 추가해야 합니다. 밝은 톤은 예시의 컬러 좌표로 표시해 두었습니다. 이 색으로 현재 중간 톤 부위에만 추가로 밝은 터치를 합니다. 사실 커튼은 면을 그라데이션 하듯 그리는 것보다는, 면과 면을 교차 시키면서 계속 색을 섞이게 하는 방법으로 표현해 나가는것이 좋습니다. 터치가 너무 많아지면 무거운 느낌이 들어 커튼보다는 돌덩이처럼 보일 수 있습니다.

15

커튼 주변에 나무 턱이 있는데 빛 방향을 고려해 어두운 터치와 밝은 터치를 추가합니다. 창문에서 오는 빛의 영향으로 상단부 밑면에 밝은 터치를 하고 하단부 턱에는 윗면을 터치합니다. 나머지 정면에 보이는 면에는 좌우로 어둡게 터치합니다.

16

실내 공간은 주로 구석진 곳이 어둡습니다. 그림의 우측 선반이 그 경우인데 예시를 보시면 좌측이 기본색만 배색되어있는 상태이고 우측에 어두운 색으로 터치하며 명암을 추가하였습니다. 여기서 특징은 밝은 색을 전혀 추가하지 않았습니다. 어두운 색만 추가해 정리한 상태입니다. 어두운 색도 단계가 있어야 하는데 안쪽으로 들어갈수록 더욱 어두워지도록 해야 합니다. 그림자의 각도는 빛이 향하는 방향과 맞춥니다.

17

예시의 좌측에 탁자가 있습니다. 여러 소품들이 있지만 큰 사물인 탁자를 먼저 그려 실내의 분위기를 조금 더 풍부하게 만들어 봅니다. 실내의 빛은 항상 시선에서 먹고서 또는 구석으로 들어가는 곳을 어둡게 하는 것이 좋습니다. 빛이 강하게 비치고 있는 부분이 가장 가까운 곳 또는 모서리입니다.

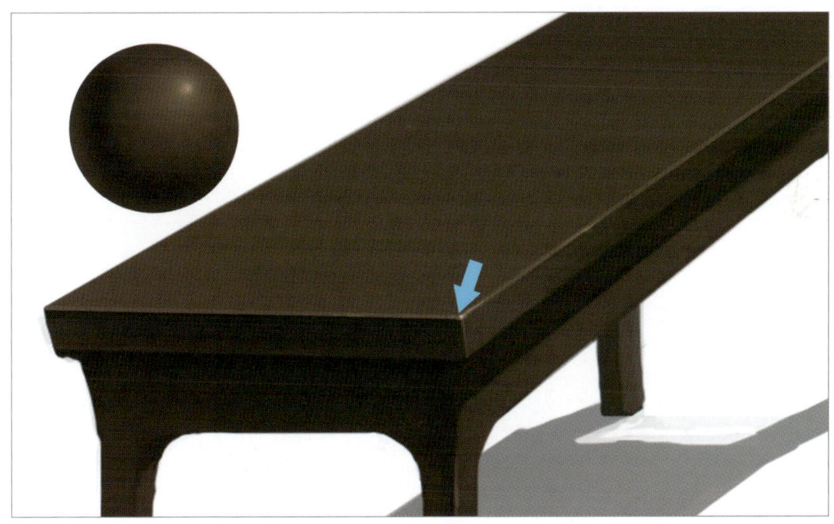

18

탁자는 모서리 쪽 표현이 중요합니다. 모서리쪽으로 서서히 밝아지도록 터치를 합니다. 이것이 하이라이트인데 이런 경우는 컬러의 명도만 올리기보다 채도를 포함해 증가시키는 것이 좋습니다.

실내 공간은 주로 구석진 곳이 어둡습니다. 그림의 우측 선반이 그 경우인데 예시를 보시면 좌측이 기본색만 배색되어있는 상태이고 우측에 어두운 색으로 터치하며 명암을 추가하였습니다. 여기서 특징은 밝은 색을 전혀 추가하지 않았습니다. 어두운 색만 추가해 정리한 상태입니다. 어두운 색도 단계가 있어야 하는데 안쪽으로 들어갈수록 더욱 어두워지도록 해야합니다. 그림자의 각도는 빛이 향하는 방향과 맞춥니다.

20

소품 중에 가구나 단단한 물체들은 표현하기 어렵지 않지만 유연한 재질의 이불이나 커튼 등은 조금 난이도가 있다고 생각합니다. 유연한 물체는 그만큼 다루기 어렵습니다. 터치가 너무 많거나 효과적인 터치를 하지 못하면 좋은 결과물을 얻을 수 없기 때문입니다. 예시의 좌측에 곰 인형과 침대 커버 등이 있습니다. 이 소품들은 천 재질로 되어있고 특징은 구김이나 주름이 있다는 점입니다. 이 주름을 표현하는 것이 가장 중요한 부분입니다. 잠시 예시의 주름 방향을 관찰해 보시기 바랍니다.

21

천의 표면에는 잔잔한 주름이 있습니다. 주름을 터치로 표현하는 것이 가장 먼저 연습해야만 하는 부분입니다. 위의 예시처럼 부드럽게 터치를 연결하는 것이 중요점입니다. 현재 예시에서 중간 쯤 밝은 톤으로 전반적인 굴곡을 만들고 좌우로 움직이며, 다음 단계의 어두운 톤을 이용해 깊은 주름으로 연결합니다. 예시에서 보듯 대략 3가지 정도의 명도차를 느낄 수 있는데 이 색으로 굴곡을 따라 움직입니다. 각 색 마다 레이어를 따로 관리해 주면 좋습니다.

22

천 재질 그리기 다음 단계는 겹치기와 구김입니다. 부드럽게 면의 재질을 표현하는 데 성공했다면 더 강한 면의 움직임을 그릴 차례입니다. 예시를 유심히 보시면 강한 주름의 음영이 마치 물결치듯이 그려져있습니다. 실제로 물을 그리는 방법과 유사합니다. 터치할 때 주의점은 부드러운 명암 단계가 표현되어야 한다는 것입니다. 하지만 터치가 계속 겹쳐서는 안 됩니다. 그리고 주름이 일정한 형태로 반복되지 않도록 주의합니다.

23

첫 단계는 전체적인 빛 방향에 맞춰 명암의 단계를 만드는 것입니다. 이때는 최대한 부드러운 터치로 진행해야 합니다. 두 번째로는 주름을 잡는데, 잔주름보다는 큰 주름부터 만들어 주어야 하고 이후 작은 주름으로 연결해 나갑니다. 브러시 모드는 기본 브러시에 감압은 활성화시키며 필압은 꺼둡니다.

24

실내의 소품들은 대부분 중간 톤에서 더 어두운 색으로 양감을 더해주고 밝은 색으로 빛을 강조해 입체감을 더해주는 과정으로 그립니다. 하지만 현재 예시는 빛이 창문에서 들어오는 상황입니다. 나머지 부분은 대부분 반사광 등의 영향입니다. 창에서 내리쬐는 직사광선이 그려지면 더 리얼함을 느낄 수 있습니다.

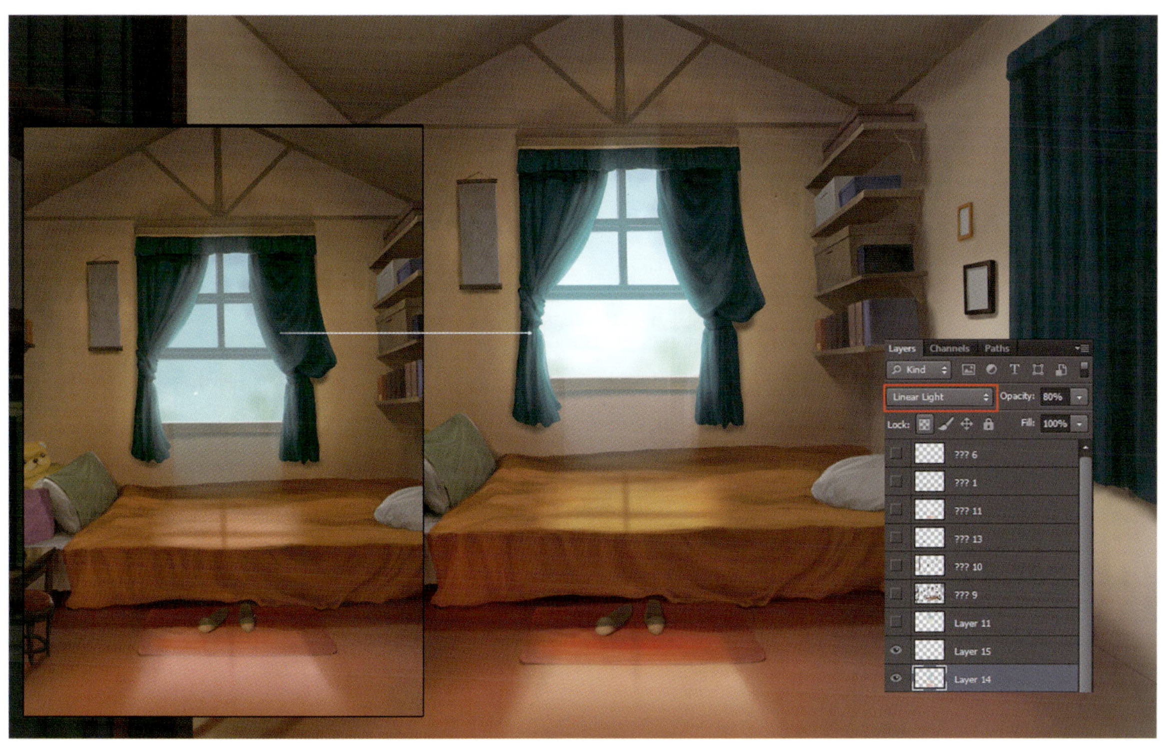

25

이제 빛을 표현해 보겠습니다. 현재까지 진행된 레이어의 가장 상단에 레이어를 새로 생성하고 레이어 속성은 linear light로 바꿉니다. 좌측이 실제 컬러톤이고 오른쪽이 레이어 속성을 변경하면 강하게 빛의 효과를 낼 수 있습니다.

26

공간을 표현하는 것은 주어진 빛 조건 안에 구조물과 사물을 표현하는 것입니다. 처음에는 조금 서툴러도 이 균형을 유지해 나가는 것이 중요합니다. 그 균형이라 함은 빛이 내부에서 반사하는 상황을 인식하고 어디서 어디로 흐르는지 표현하는 것입니다. 그 흐르는 빛에 맞춰 어둡게 또는 밝게 사물의 기준 색을 배치한 후에 그 명암을 빛의 각도에 맞춰 그립니다. 그리고 항상 유념해야하는 부분은 사물과 사물을 서로 분리해주는 것입니다. 여기서 분리는 뒷면의 색채와 앞의 구분입니다. 지극히 당연한 말 같지만 이것이 지켜지지 않으면 그림의 분위기가 제대로 잡히지 않을 수 있습니다. 무언가 어둡게 그렸다면 다음에는 반드시 그것보단 밝게 그리며 사물이나 다른 형상이 나올 수 있도록 해야 합니다.

02 2점 투시 실내 그리기

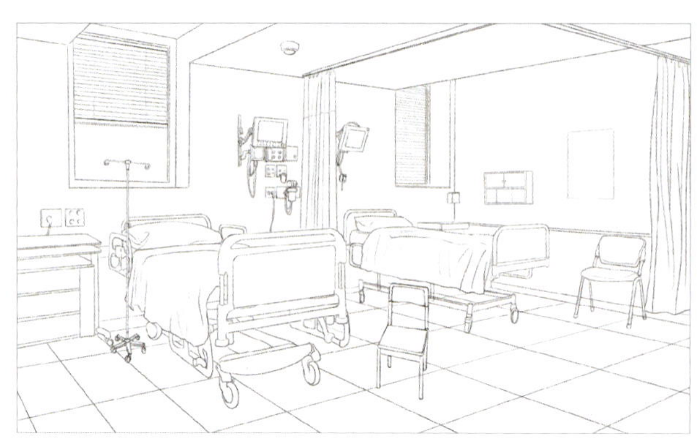

1

실내는 바라보는 각도에 따라 다양한 투시법이 적용됩니다. 벽을 정면으로 바라보고 사물을 배치하면 1점 투시가 되고 측면으로 바라본다면 2점 투시로 전환됩니다. 2점 투시의 특징은 좌우로 왜곡이 생기는데, 이런 현상은 원근의 원리로 적용됩니다. 예시처럼 좌측에 거리감이 있고 또는 우측도 거리를 느낄 수 있다는 것입니다. 이런 투시법을 적용해 실내 그리기에 대해 알아보겠습니다.

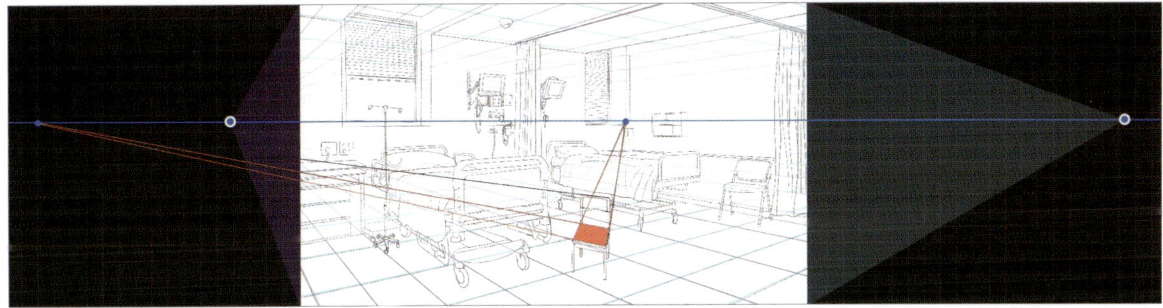

2

예시에 적용된 2점 투시를 더 자세히 알아보겠습니다. 수직선을 제외한 좌우 평행 선상에 있는 두 개의 소실점에 사물을 나열하는 방법입니다. 두 소실점의 거리가 서로 다른데 이런 경우는 우측면이 더 많이 보이기 때문입니다. 시점에 따라 소실점의 거리가 달라진다는 점을 기억해 주시기 바랍니다. 그리고 사물이 소실점의 영역에서 벗어나 비틀어진 경우는 예시의 빨간색으로 표시한 이미지의 경우입니다. 이때는 좌우 소실점 사이 중앙선에 다시 선을 긋고 면을 정렬시키면 됩니다.

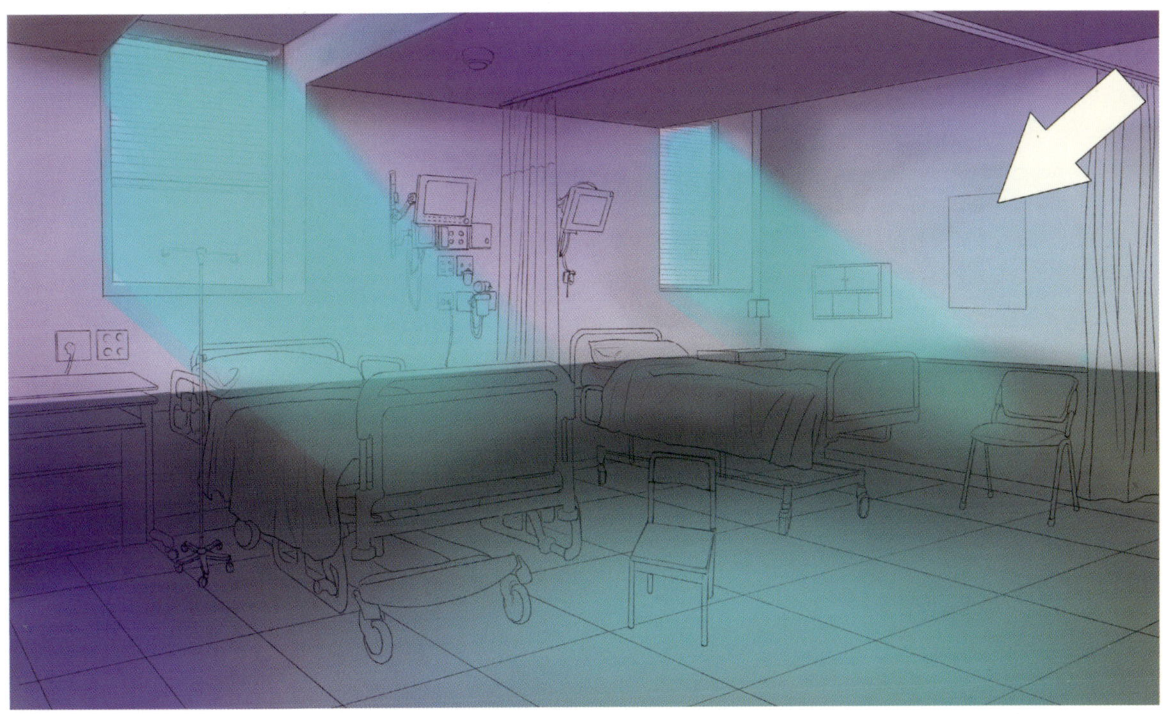

3

실내에서는 비교적 빛의 이해가 어렵지 않습니다. 폐쇄된 공간에서 빛은 단조롭게 움직이기 때문입니다. 예시에는 창문에서 빛이 들어오고 있고 반대편에도 빛이 있습니다. 이런 경우는 메인 라이트가 두 개이기 때문에 사물들의 옆면이나 윗면 사방이 밝아질 수 있습니다. 하지만 차이점은 있는데 윗면이 가장 빛에 많이 반응할 것입니다. 빛이 주로 위에서 아래로 향하고 있다는 것이 그 증거입니다. 이 예시의 상황에 맞춰 그릴 때는 가장 어두운 곳이 그림자나 하단이 될 것입니다.

4

현재 예시의 빛 상황입니다. 흰색 선으로 빛의 파형을 그려두었는데 구석이나 천장으로 점차 어두워지는 것을 알 수 있습니다. 그리고 어두운색과 밝은 경계에 서로 색의 영향을 줍니다.

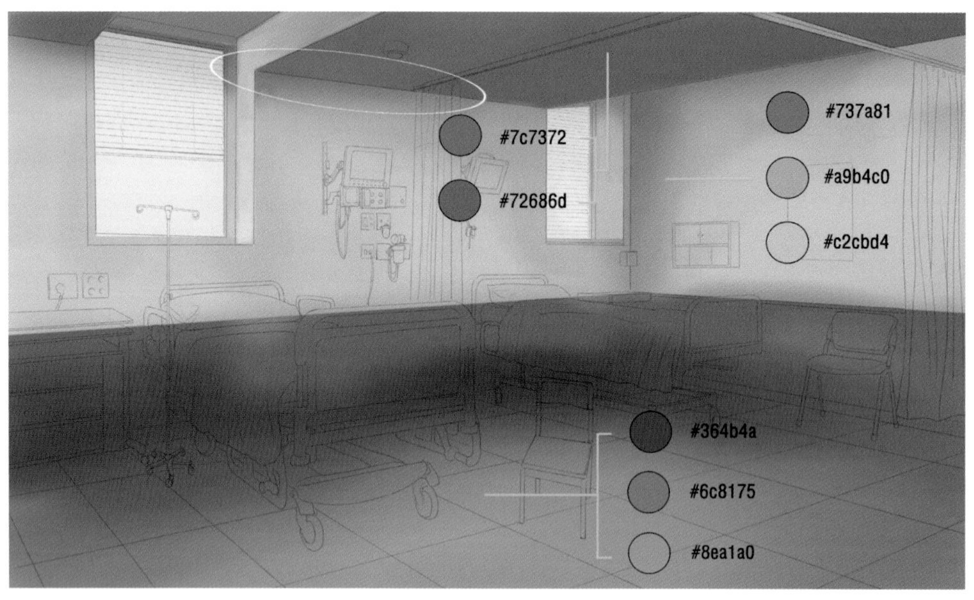

5

이해를 돕기위해 컬러 좌표를 표시해두겠습니다. 가장 밝은 색에서 어두운 색 3가지 정도로 구분해두었습니다. 천장 부분에 동그라미는 색의 반사입니다. 저자가 많이 쓰는 방식인데 부드러운 분위기를 연출하기 위해서 천장의 색을 조금 첨가했습니다.

6

벽과 바닥을 구분하는 마감재와 창문틀을 그리는 과정이 필요합니다. 구간의 경계를 확실하게 나누어줍니다.

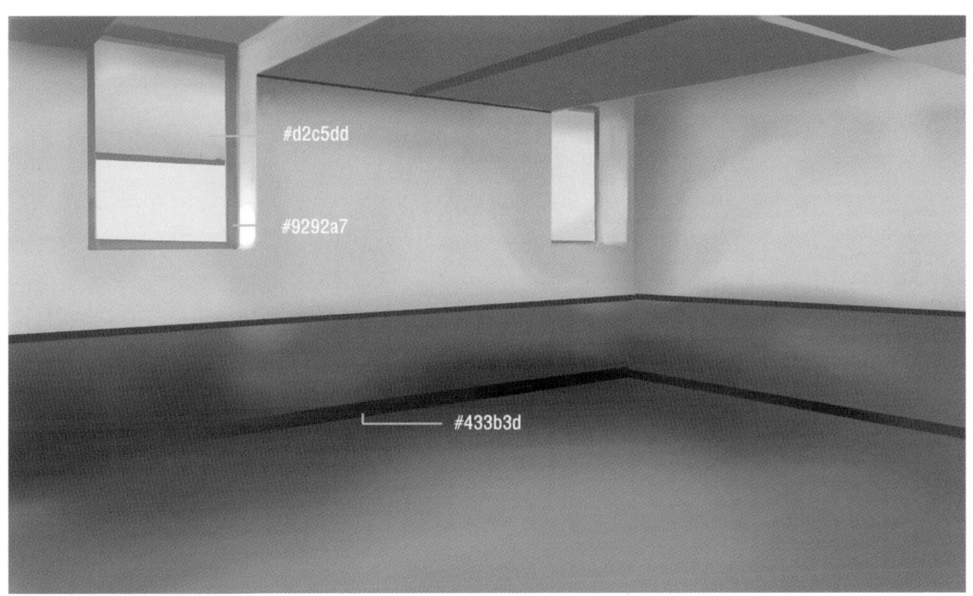

7

추가된 형태의 컬러 좌표를 중간지점의 톤만 제시하겠습니다.

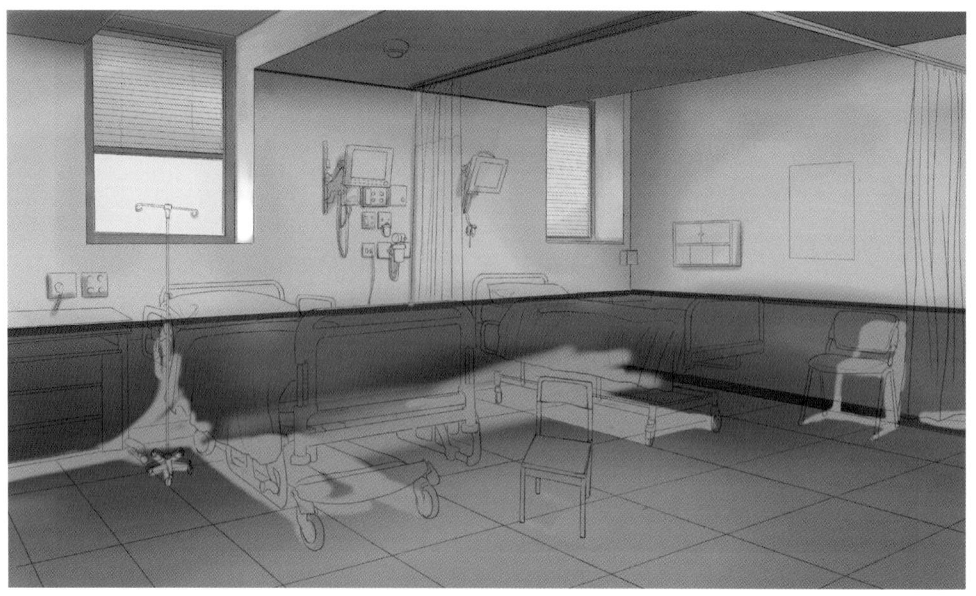

8

잠시 스케치한 레이어를 켜보겠습니다. 미리 스케치한 레이어를 최상단으로 이동시키고 다시 스케치 레이어 바로 아래에 새 레이어를 생성합니다. 그리고 각 소품들의 그림자 영역을 그레이 톤으로 그립니다.

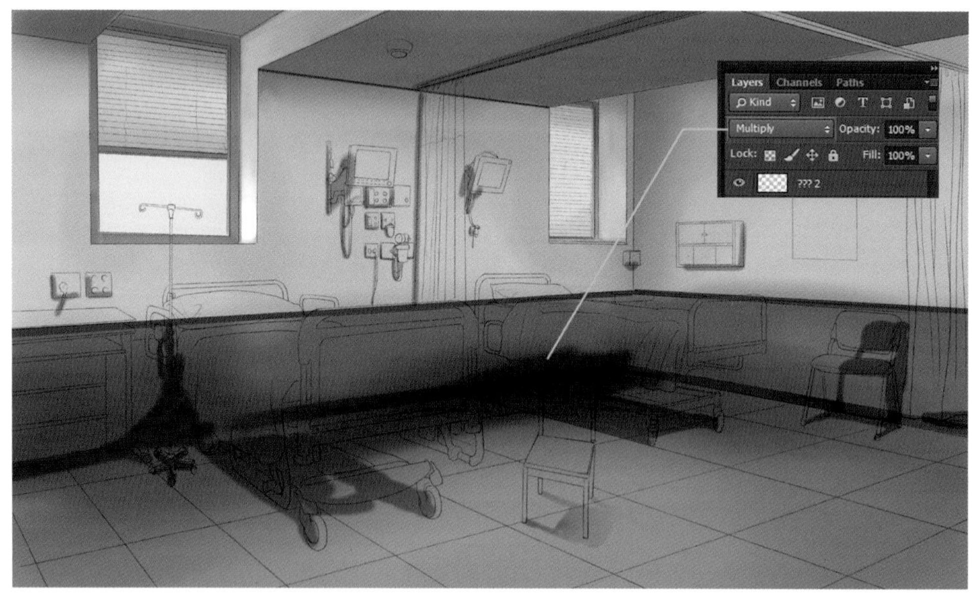

9

그레이 톤으로 그림자를 그린 후에 해당 레이어를 multiply로 바꿉니다. 배경 일러스트 작법서 1편에서 나온 내용이고 이것은 색을 바탕색과 합친 어두운 톤을 만듭니다. 이렇게 그림자를 만들어 줍니다.

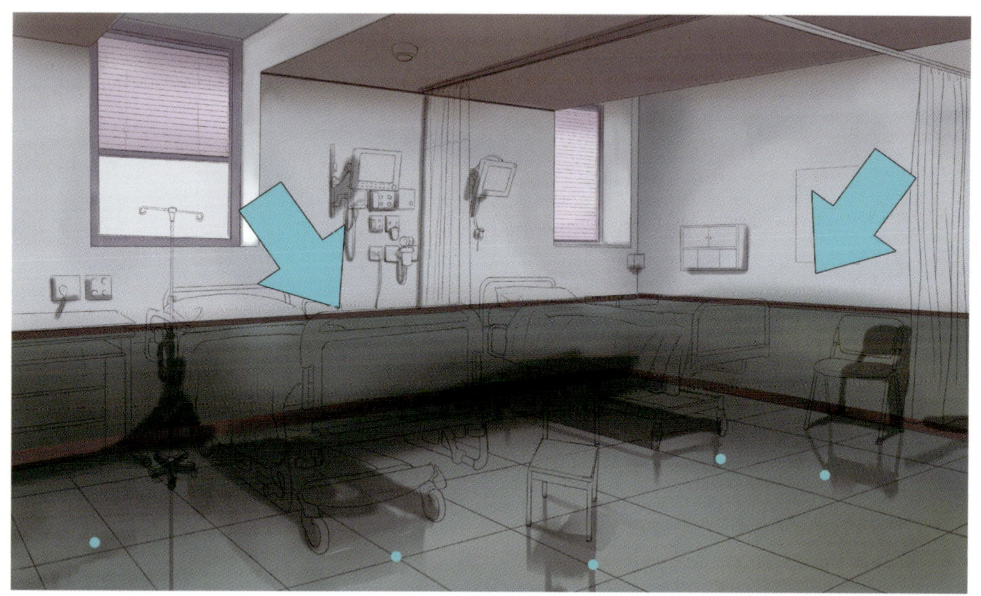

10

현재 실내의 빛은 두 군데에서 오고 있습니다. 창가 쪽과 커튼 쪽에서 향하고 있어서 그림자도 이중으로 생길 수 있습니다. 전 단계의 그림자보다 조금 더 약한 강도로 아래 방향으로 드리워 줍니다. 과정은 이전과 동일합니다.

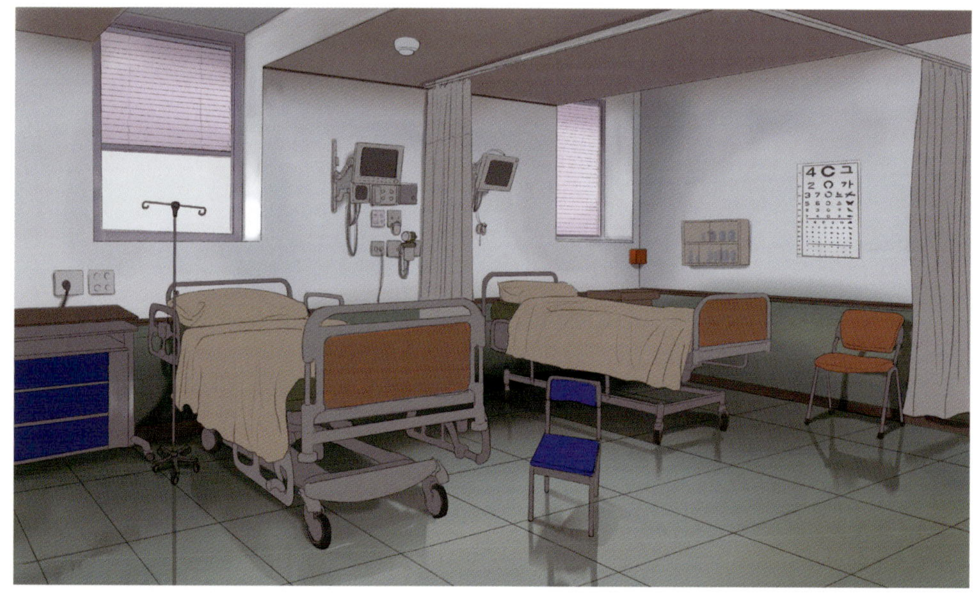

11

바닥의 그림자를 완성하고 난 후 소품들의 기본 배색을 합니다. 색감은 벽과 바닥 주변에 맞추는데 색의 종류보다는 명도가 중요합니다. 현재 실내의 사물들이 같은 빛의 영향을 받고 있기 때문에 비슷한 명도로 그림을 그리기 시작해야 합니다. 그 명도를 맞춘다는 것은 컬러 피커 기준으로 볼 때 벽의 색의 비슷한 수준이면 좋습니다.

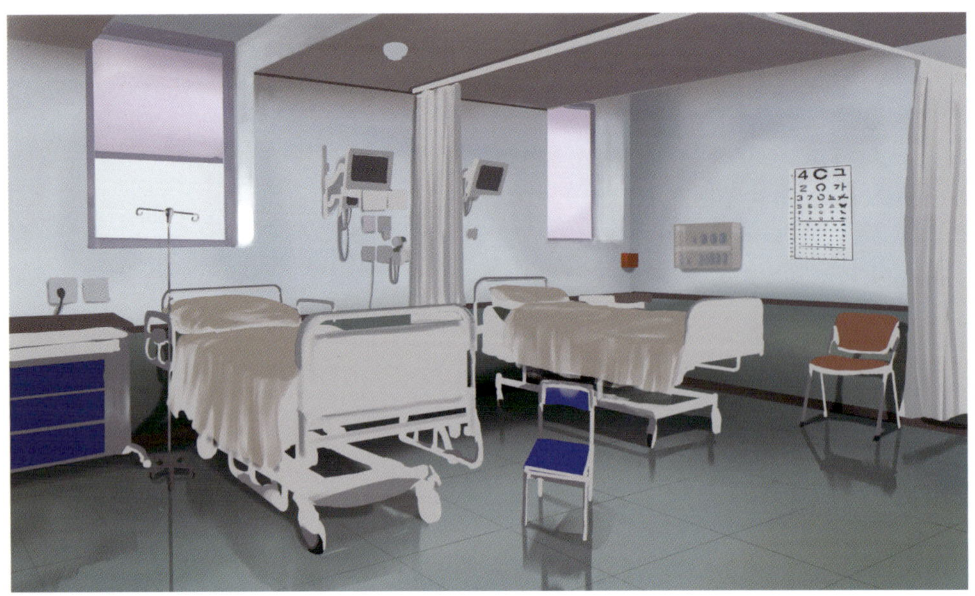

12

소품들의 배색이 끝났다면 이제 음영을 만들어 보겠습니다. 이전 바닥의 그림자를 만들 때 했던 방법과 동일하게 그레이 색으로 먼저 어두운 곳을 찾아 터치합니다. 예시와 같이 창문쪽이 더 강한 빛이라고 가정하고 그 반대편을 그립니다.

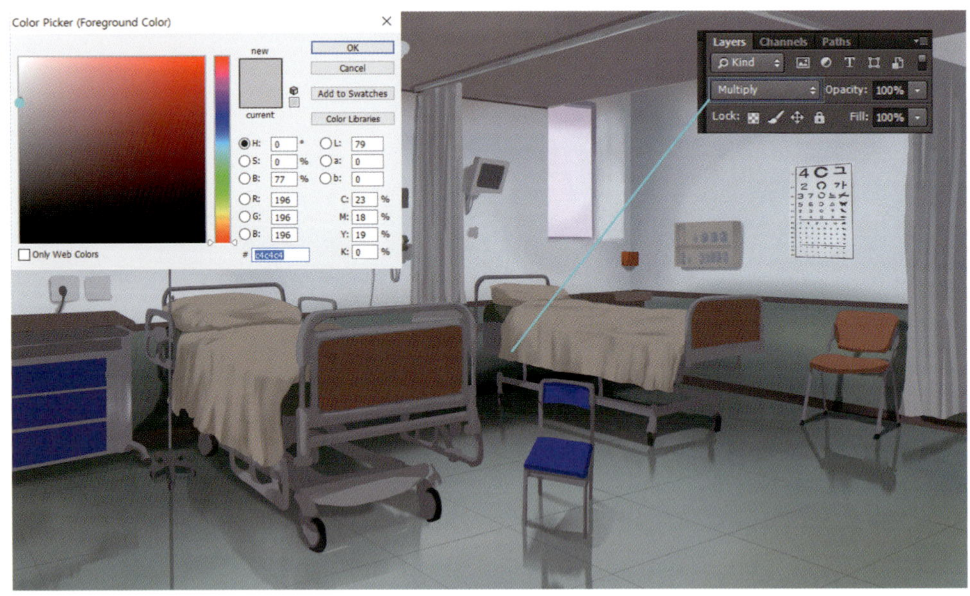

13

그레이 색으로 어두운 터치를 후에 해당 레이어를 multiply로 바꿉니다. 그 결과 예시와 같이 자연스럽게 색의 차이가 생기며 입체감이 나기 시작합니다. 이 작업 단계에서 음영을 이용해 최대한 형태를 많이 만드는 것이 좋습니다. 천의 주름이나 금속의 형태를 최대한 많이 표현합니다.

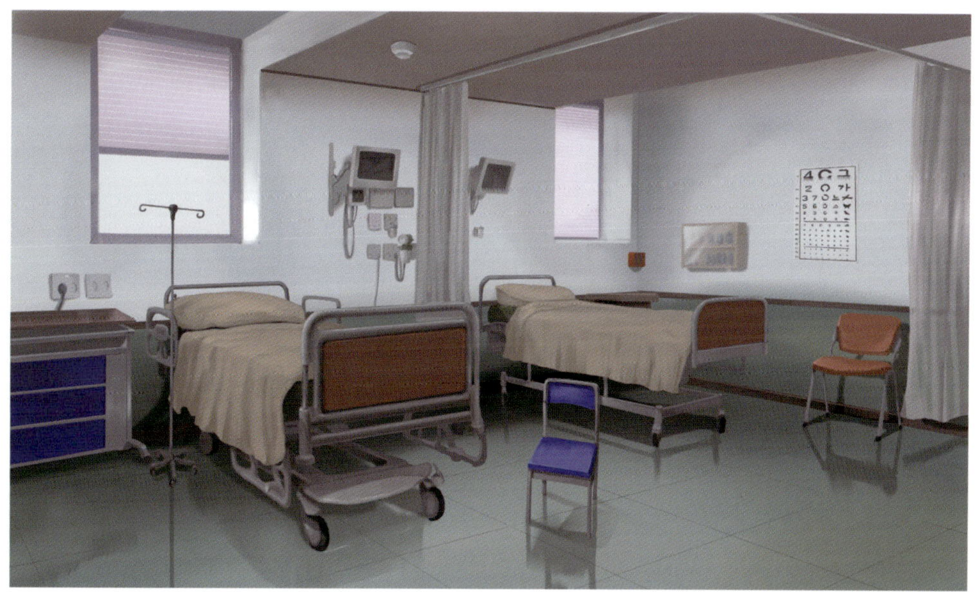

14

이전 단계에서는 단순히 음영의 톤 단계를 만들었다면 이번엔 조금 더 구체화하는 작업입니다. 새로 레이어를 생성하고 직접적인 터치를 합니다. 사실 이전 단계는 이렇게 터치를 더 편하고 집중할 수 있게 도와주는 단계라고 보시면 됩니다. 이제 brush모드에서 alt키를 누르고 원하는 중간 톤을 찍어 면의 전체를 늘려줍니다. 이전 예시와 비교해 보면서 계속 관찰해 주시기 바랍니다.

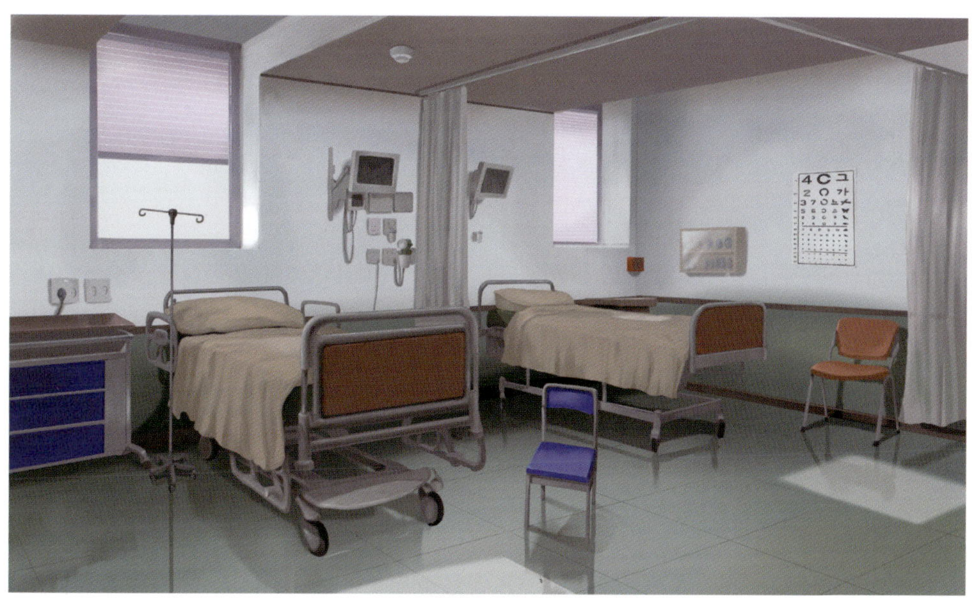

15

창문에서 나오는 빛이 강하게 침대 쪽으로 비추고 있고 주변은 반사광이나 간접광의 영향으로 은은한 빛 느낌이 듭니다. 그렇다면 그 상황을 더욱 강조해 확실히 전달력있는 그림으로 만들어야 합니다. 예시와 같이 침대와 바닥에 창문의 빛이 비치고 있습니다.

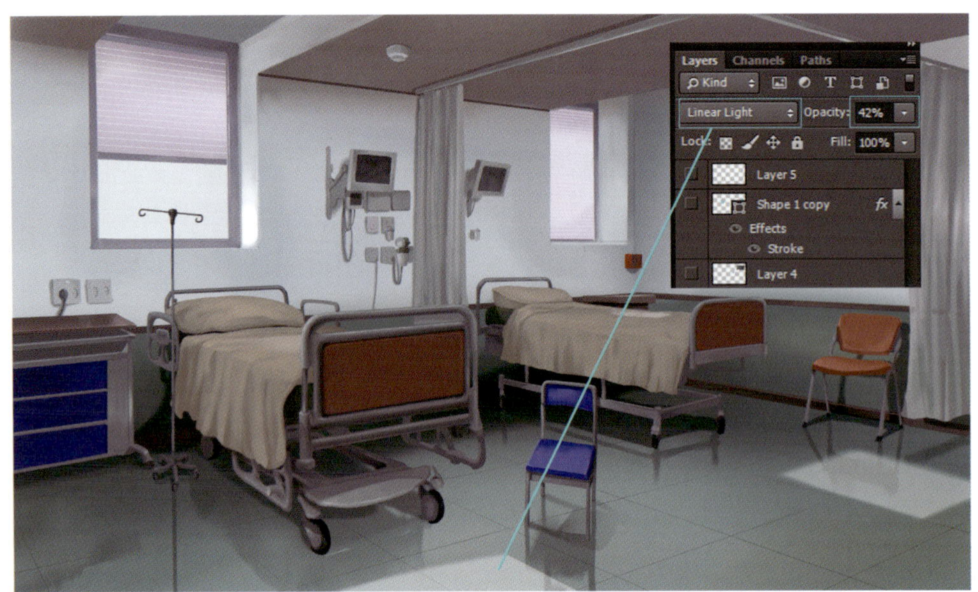

16

창문의 빛 효과는 레이어 linear light를 이용해 그리면 좋은 효과를 얻을 수 있습니다.

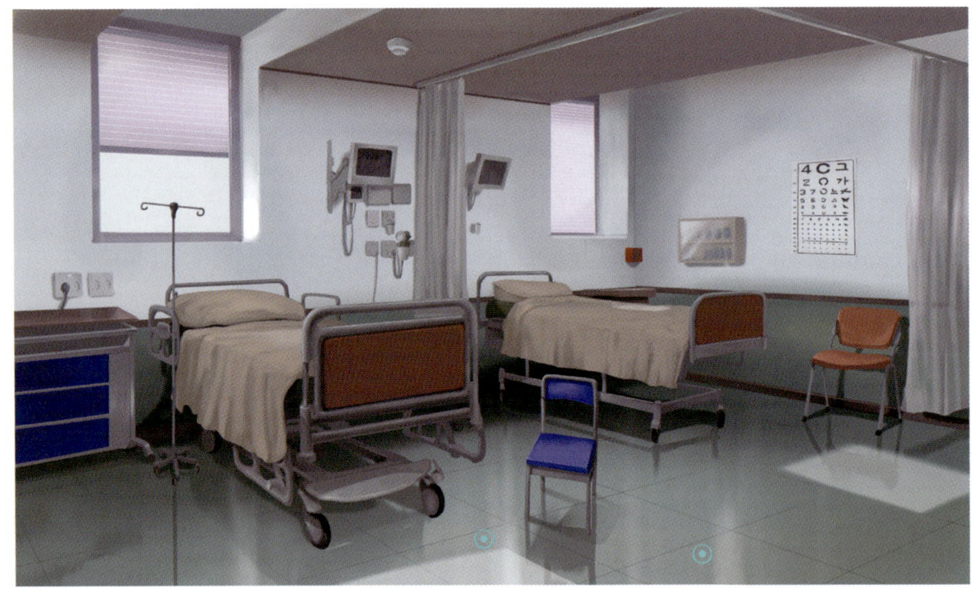

17

사물의 표면이 매끄러운 재질로 되어있다면 빛의 강하게 반응하게 됩니다. 이런 경우 수직으로 반사하는 빛이 바닥에 맺힐 수 있는데 이것을 표현해주면 더욱 현실감 있는 샷을 얻을 수 있습니다.

바닥에 비치는 빛을 만들어 보겠습니다. 먼저 새로운 레이어를 생성한 후 브러시로 길게 이미지를 만들어 줍니다. 이때 주의할 점은 이 터치의 크기와 위치가 서로 다르게 하는 것이 좋습니다.

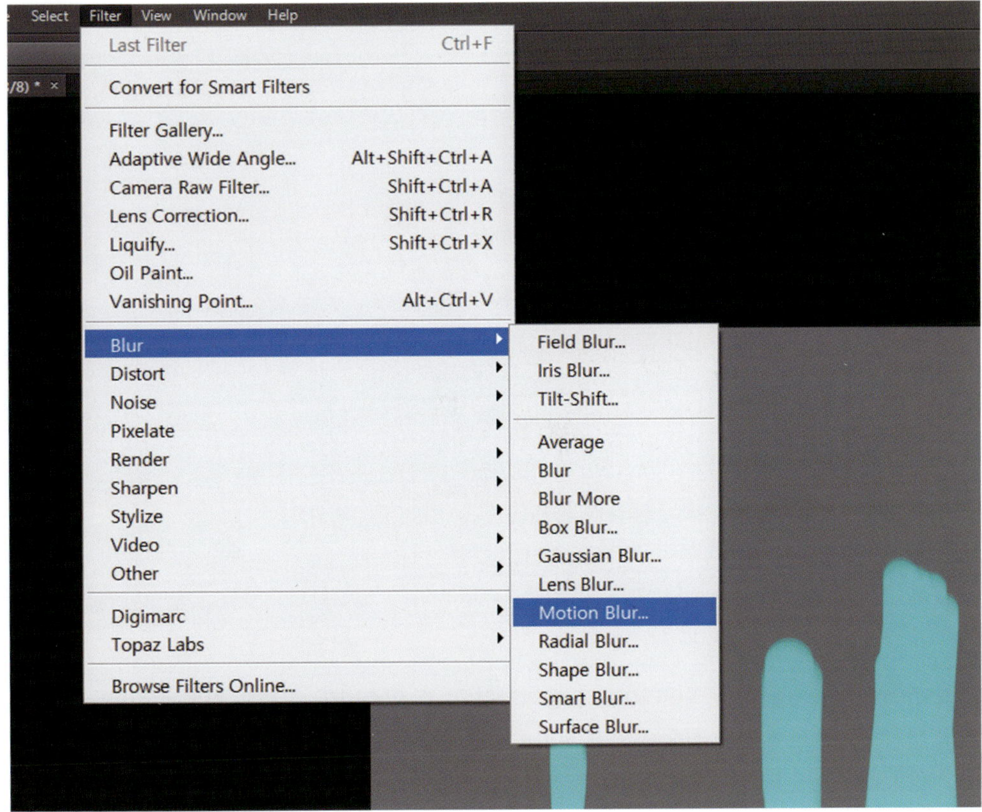

19

그림의 마지막 단계는 항상 하이라이트 만들기라고 할 수 있습니다. 그림의 화룡점정이라 할 수 있는데 이런 하이라이트 터치가 그림의 시선을 집중 시키고 날카로움을 강조해 보다 완성도를 높여줍니다. 주로 모서리나 원형 중에 빛과 가까운 부분이나 금속판에 그립니다. 각 재질의 색에 화이트가 많이 첨가되는 느낌으로 그립니다.

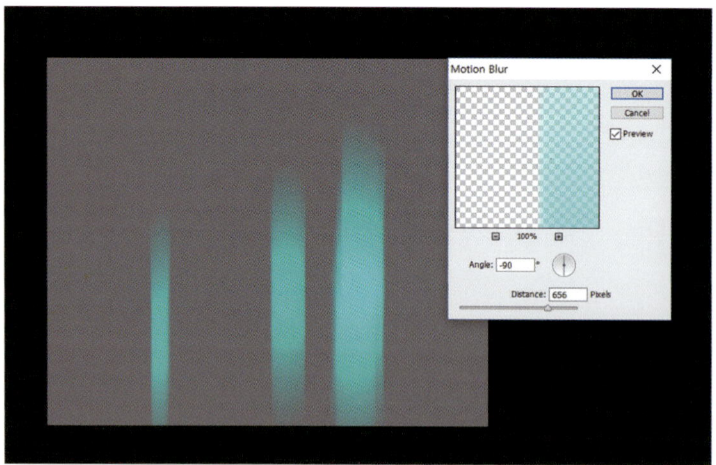

20

필터를 누르면 blur 박스가 나오는데 이때 방향은 수직 90도에 맞추고 원하는 만큼 효과를 적용합니다.

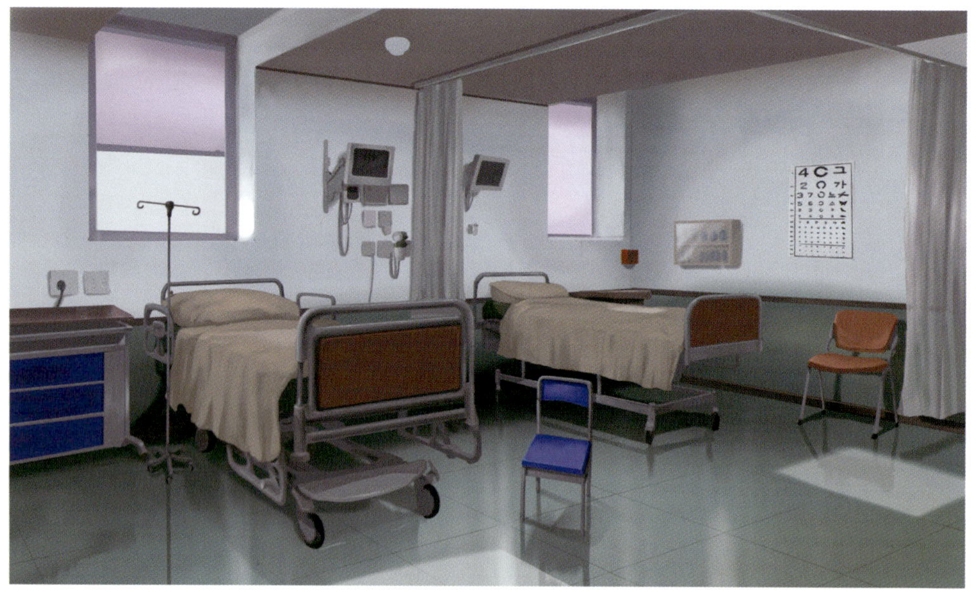

21

그림의 마지막 단계는 항상 하이라이트 만들기라고 할 수 있습니다. 그림의 화룡점정이라 할 수 있는데 이런 하이라이트 터치가 그림의 시선을 집중 시키고 날카로움을 강조해 보다 완성도를 높여줍니다. 주로 모서리나 원형 중에 빛과 가까운 부분이나 금속판에 그립니다. 각 재질의 색에 화이트가 많이 첨가되는 느낌으로 그립니다.

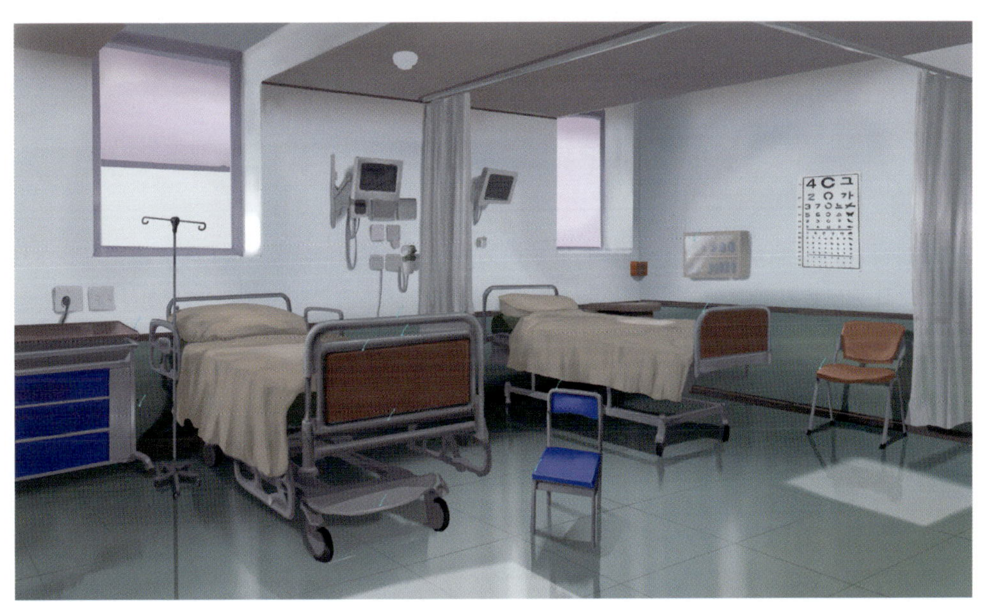

22

유리-금속-플라스틱-나무 순서로 하이라이트가 강한 재질입니다. 이에 맞게 강도를 조정합니다.

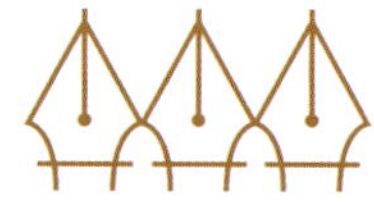

실내 라이트(room light)

배경을 그릴 때 가장 어려운 부분은 대부분 빛이라고 이야기합니다. 빛을 이해한다는건 매우 어렵게 느껴지지만 실내 공간의 빛은 비교적 단조롭기 때문에 쉽게 공부할 수 있습니다. 한정된 공간안에 빛이 반응하는 물체만 인식하면 됩니다. 하지만 실내에서도 반사광이 존재하기 때문에 신경 쓸 부분도 조금 있습니다. 예시를 보며 차근차근 알아가 봅시다.

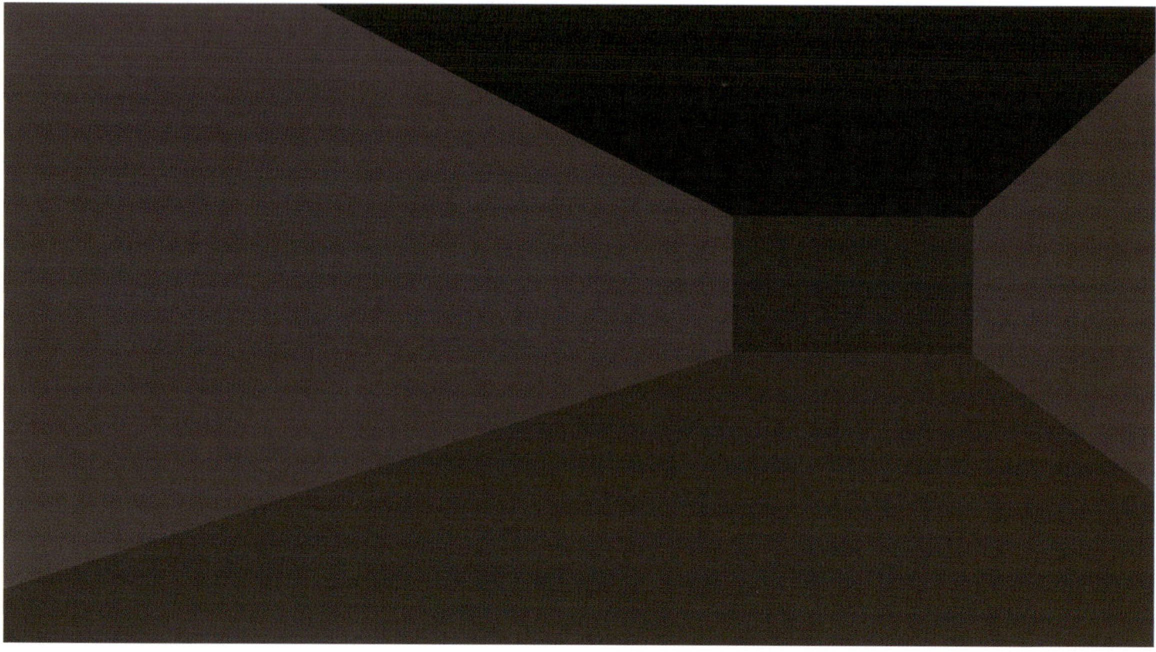

1

<배경 일러스트 작법서 1>에서 나왔던 내용 중 빛의 성질에 대한 내용이 있는데 실내의 빛은 인공조명에 의해 공간을 밝힙니다. 인공조명의 성질은 자연광보다는 한정적이지만 아무래도 빛의 범위에 차이가 있기 때문일 것입니다. 예시를 보시면 현재 빛이 하나도 없는 상태로 두었습니다. 이 공간에 여러 가지 빛과 물체의 반사를 알아보도록 하겠습니다.

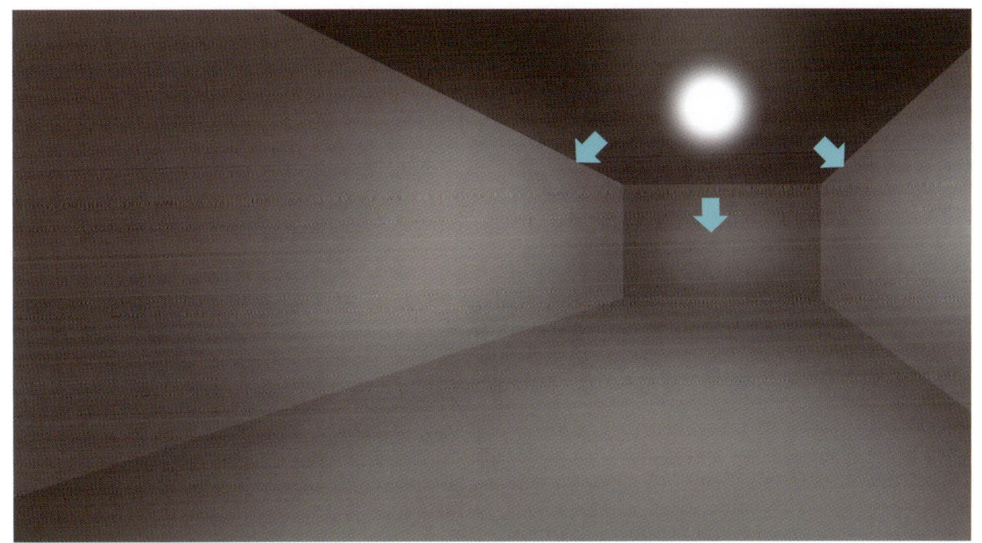

2

대부분 실내는 조명이 위쪽에 배치되어있을 것입니다. 위에서 아래로 향하는 빛은 가까운 쪽부터 강하게 비치고 구석이나 먼 거리는 약화됩니다. 그 영향으로 하단 구석이나 먼 거리가 어두워지는 것이고 천장은 대체로 많이 어둡습니다. 조명의 빛이 시작되는 위치가 위에서 아래로 향하기 때문에 자연히 천장은 빛과 반대되기 때문에 어두워집니다.

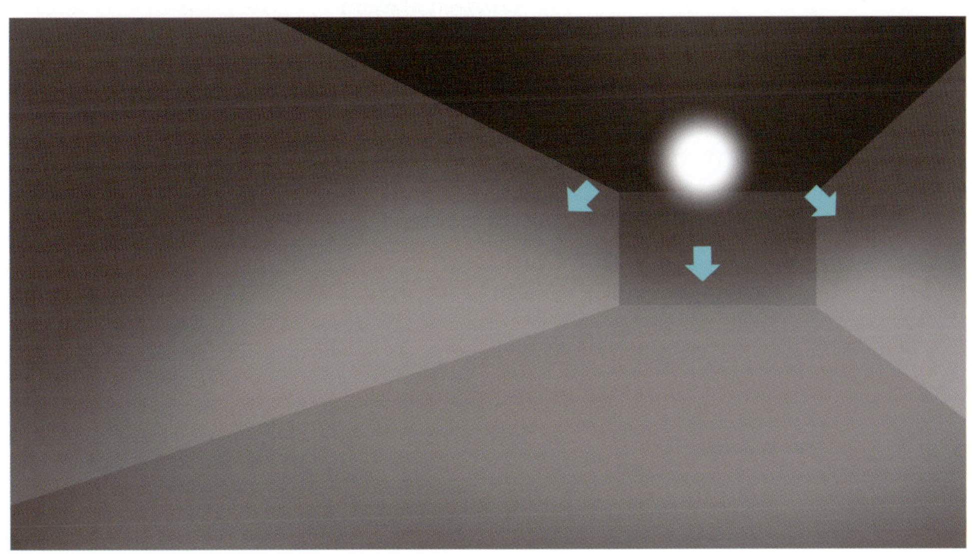

3

조명의 위치가 바뀌면 실내의 빛 반응 또한 달라집니다. 만약 하단으로 조명 위치가 내려온다면 예시와 같은 빛의 반응이 생기는데 천장 쪽 구석이 더 어두워지는 것을 볼 수 있습니다.

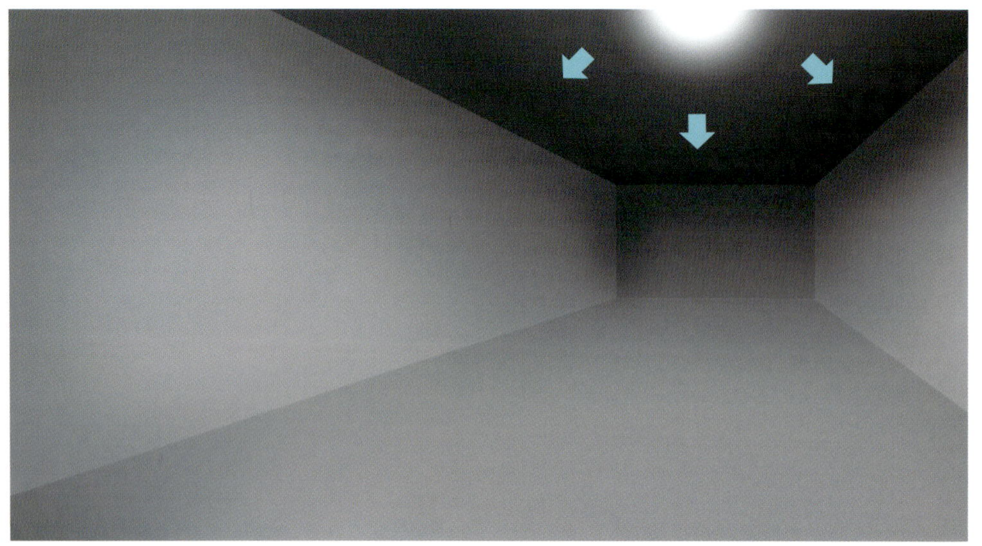

4

조명이 앞쪽으로 배치된다면 이렇습니다. 먼 쪽의 벽이 많이 어두워지는데 앞쪽 빛의 영역이 더 많아지는 것을 알 수 있습니다.

5

넓은 실내에서는 대부분 여러 개의 조명이 있을 것입니다. 두 개 정도로 배치한다면 예시와 같이 마치 원형의 모양으로 보일 것입니다.

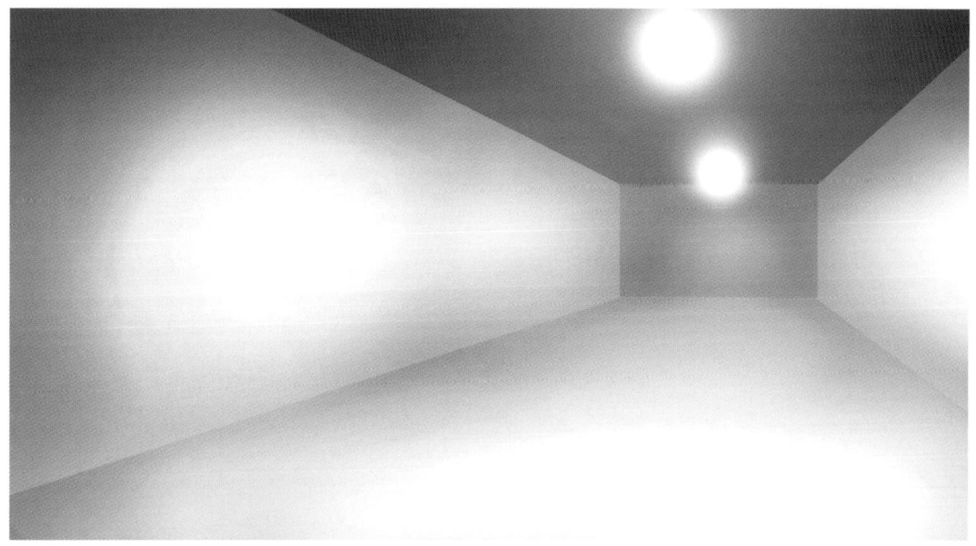

6

두 개의 조명이 배치된다면 사실 그 강도는 두 배가 될 것이고 공간의 밝기가 많이 증가할 것입니다. 빛의 위치와 방향 그리고 강도를 고려해 실내 그리기를 시작해야 합니다.

7

실내에 창문이 있다면 창문에서 향하는 빛은 창의 형태에 따라 달라질 것입니다. 바깥의 빛 각도는 태양의 위치라고 생각하면 되고 시각을 표현하기도 합니다.

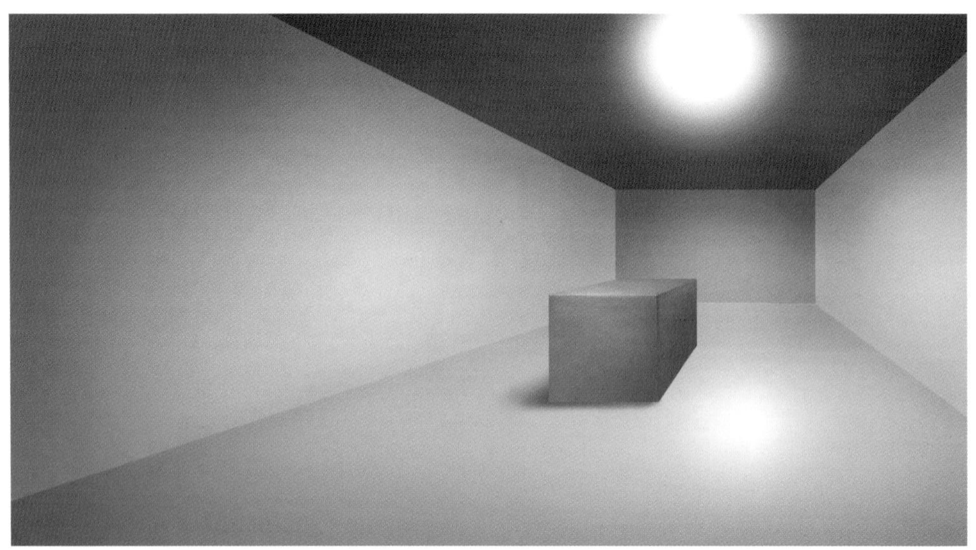

8

조명의 위치에 따라 벽과 바닥 천장을 채색을 해봅니다. 그리고 중앙 위치에 박스를 하나 추가해 보겠습니다.

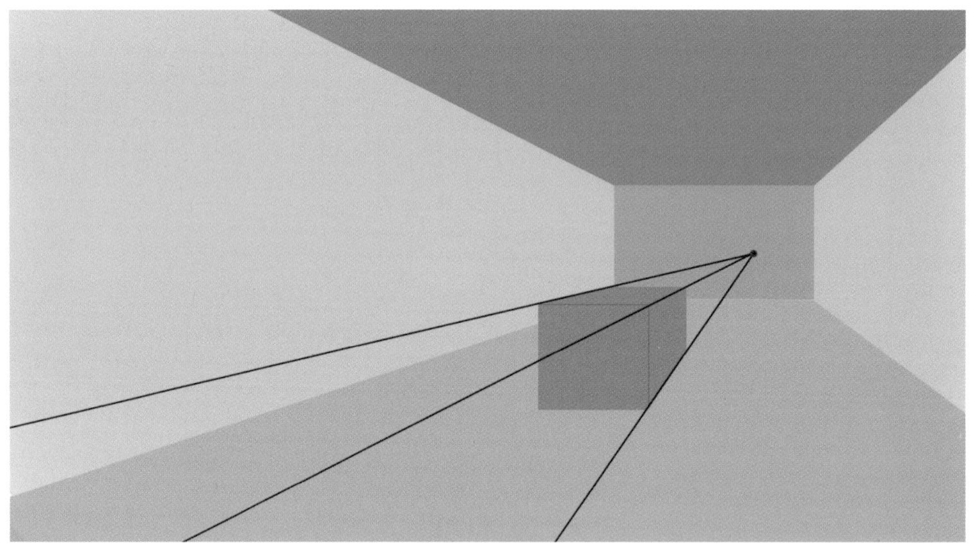

실내 안 박스의 투시

9

박스의 그림자 방향을 파악해 보면 중앙에서 약간 왼쪽으로 향하는 것을 알 수 있습니다. 이것은 조명보다 사물이 조금 왼쪽에 위치하고 있기 때문입니다. 이제 박스에 컬러를 넣는데, 주변 환경과 어울리는 명도로 채색해야 합니다.

10

박스의 빛 영향을 알보겠습니다. 내려오는 조명 빛에 a면이 빛의 영향을 가장 많이 받는 위치이고 b면에는 반대편의 반사빛에 반응합니다. c보다 약간 더 밝게 보일 수 있는데 이것은 빛이 직접 닿지 않는 면이지만 정면 시점에서 많이 보이는 상황에서는 그렇습니다. 그리고 c는 좌우가 좁은 벽에 있기 때문에 빛도 한정적일 수 있고 이런 경우는 3면 중 가장 어두운 것이 좋습니다.

11

이번에는 벽 위쪽에 위치한 사물을 그릴 때 빛 반응을 알아보겠습니다. 역시 그림자의 방향을 먼저 파악해 보면 조명의 위치가 앞쪽 위에 있기 때문에 양쪽 각이 전부 안쪽을 향합니다.

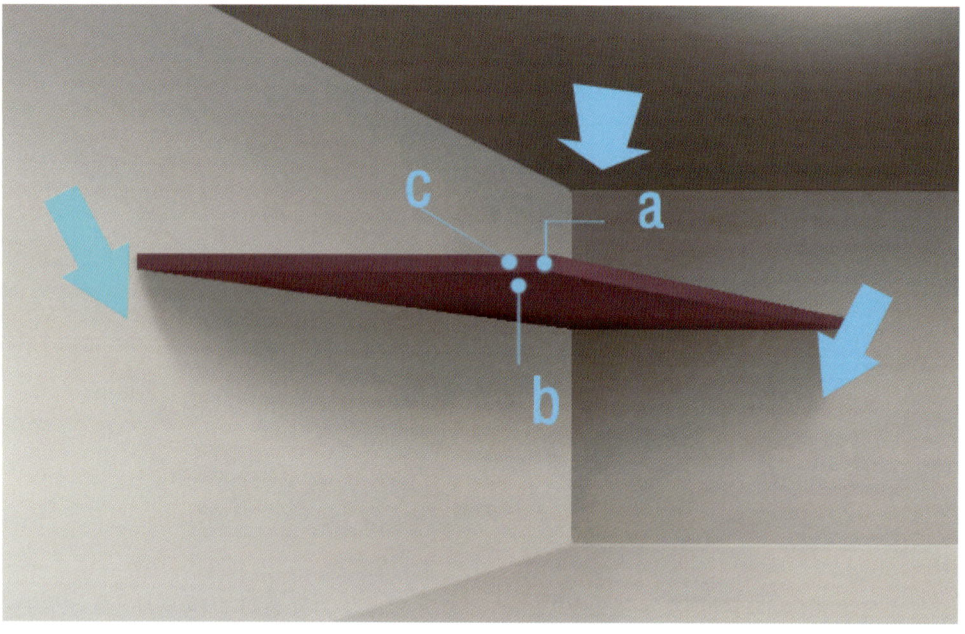

12

사물의 각 면의 명암 차이를 알아보겠습니다. a면이 가장 밝은데, 빛의 위치 상 중앙에서 먼저 만나기 때문입니다. c는 약간 어둡지만 밑면인 b보다는 밝습니다. b는 빛을 직접적으로 만나지 못하고 바닥에서 오는 반사광의 영향만 받아 어둡습니다. 이때 밑면이 완전히 검은색으로 보이지 않는 이유는 반사광이 있기 때문입니다.

13

대부분 실내의 소품들은 벽에 많이 존재합니다. 빛의 위치를 파악한 후에 사물의 명도가 어느 정도로 보일지 잠시 상상해 봅니다. 지금 이 공간에 박스 하나가 벽에 있다면 어떻게 보일지 그림자는 어느 방향으로 나타날지 생각해봅니다. 그러면 벽에 높은 박스 하나를 그려 보겠습니다.

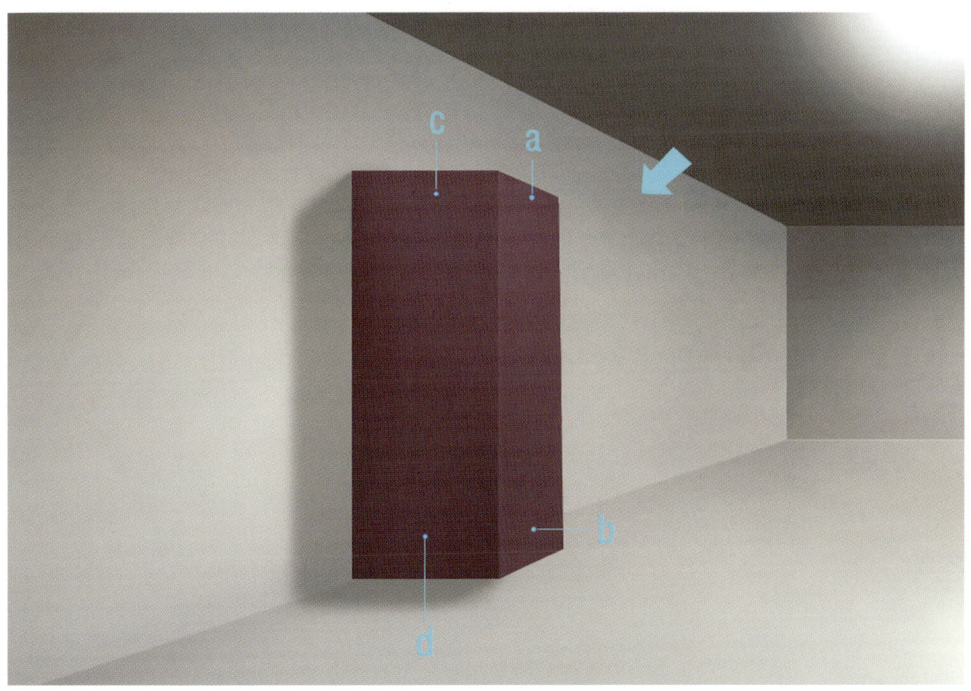

14

a면이 가장 밝은데 빛과 가장 가깝기 때문이고 b는 그중에 약간 어둡습니다. 여기서 a와의 차이점이 생기는 이유는 빛과의 거리 때문입니다. 어떤 사물을 그리든 이 빛의 거리에 의거해 그려야합니다. c는 밝지만 a보다 약간 어두워 보입니다. 똑같이 빛의 영향권에 있지만 a가 더 가까워 보이기 때문에 약간의 차이를 주어 입체감을 더해 줍니다. d는 가장 어둡다고 할 수 있는데, 가장 하단 구석이기 때문입니다. 이렇게 실내의 빛에 대해 알아보았습니다.

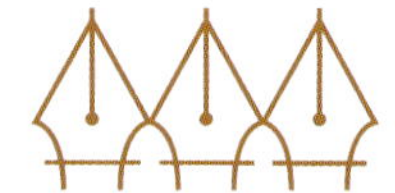

교실 그리기

실내에서 가장 많은 소품과 빛 상황을 보여주는 것은 교실이라고 생각합니다. 교실에는 많은 창문과 소품들이 비치되어있어 거리와 빛의 상황에 맞추어 그려나가야 합니다. 어두운 곳과 밝은 곳만 잘 표현해도 좋은 분위기를 얻을 수 있습니다. 쓰임새 많은 교실 그리기를 알아보겠습니다.

1

스케치에 앞서 투시를 짚고 넘어 가보겠습니다. 예시의 교실 스케치는 2점 투시법이 적용된 상태임을 알 수 있습니다. 중앙 시점(파란 선)을 기준으로 윗면과 아랫면을 분리하고 빨간 선을 중심으로 좌우 2점으로 분리됩니다. 이 선을 가이드로 모든 사물을 정렬합니다.

2

준비된 스케치 레이어는 항상 상단에 두고 작업을 하고, 때에 따라 투명도를 낮추며 드로잉 가이드로 이용합니다.

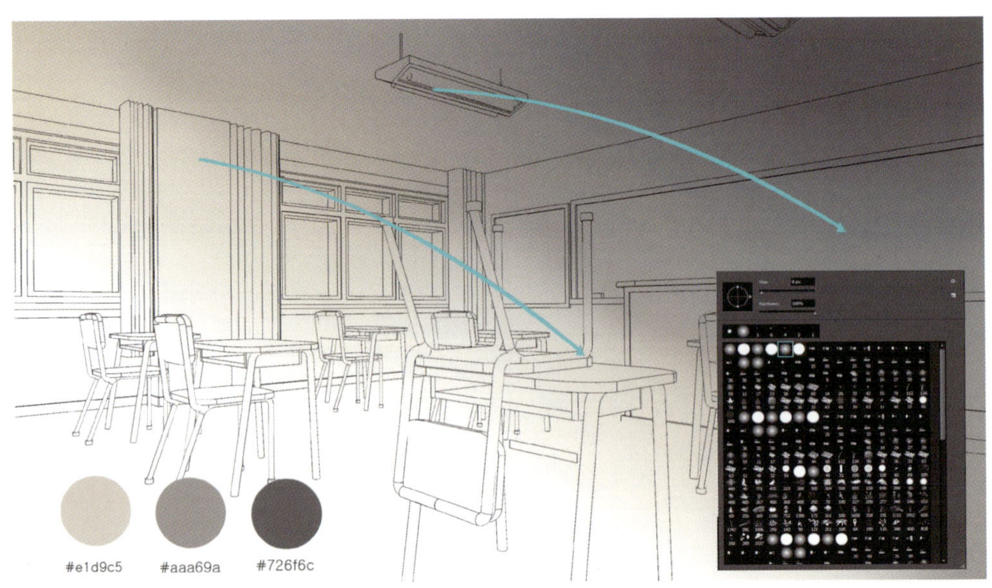

3

먼저 빛의 방향을 정하고 천장과 벽을 분리해야 하는데 예시와 같이 에어 브러시를 이용해 화살표 방향으로 그라데이션합니다. 이때 색감은 3가지 정도로 나누어 주면 좋은데 채도가 다소 낮은 따뜻한 색으로 시작하면 좋습니다. 컬러의 좌표를 참고해 컬러 피커를 확인하고 터치를 시작해봅니다.

4

빛 방향을 정한 후에 벽으로 순서를 옮깁니다. 벽은 조금 어둡게 하는게 좋은데, 밝게 보이는 면적보다 어두운 구석이 더 많기 때문에 어둡게 시작하면 터치를 최소화할 수 있습니다. 그리고 약간 밝은 터치를 예시와 같이 추가합니다. 기둥은 반사광 정도로 보면 되고 벽쪽은 직접광입니다.

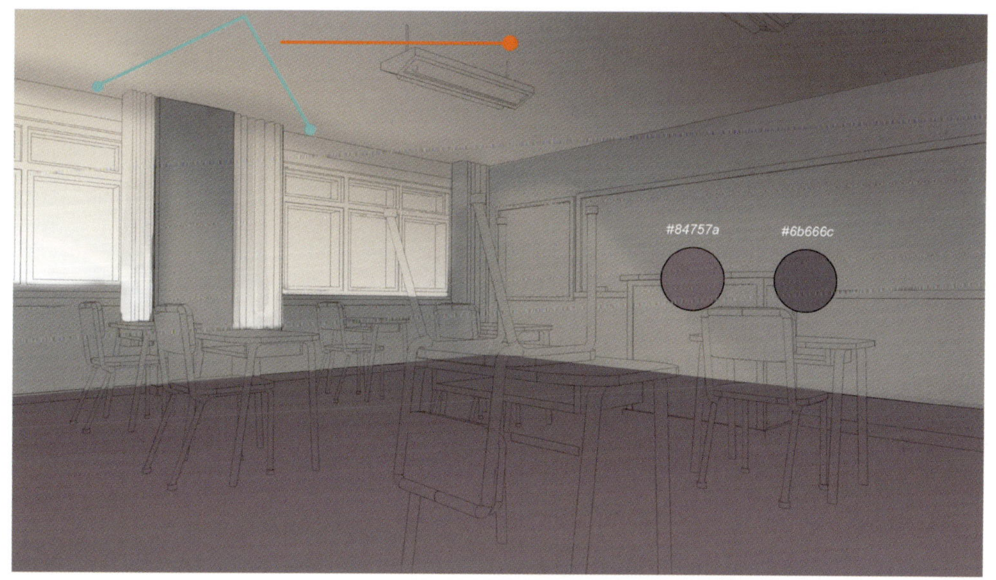

5

바닥의 색을 예시와 같이 지정하고 먼 쪽을 어둡게 그라데이션합니다. 더불어 천장 구석에 어두운 부분을 추가로 터치합니다. 색은 빨간색으로 표시한 부분인데 중간쯤 어두운 색이면 좋습니다.

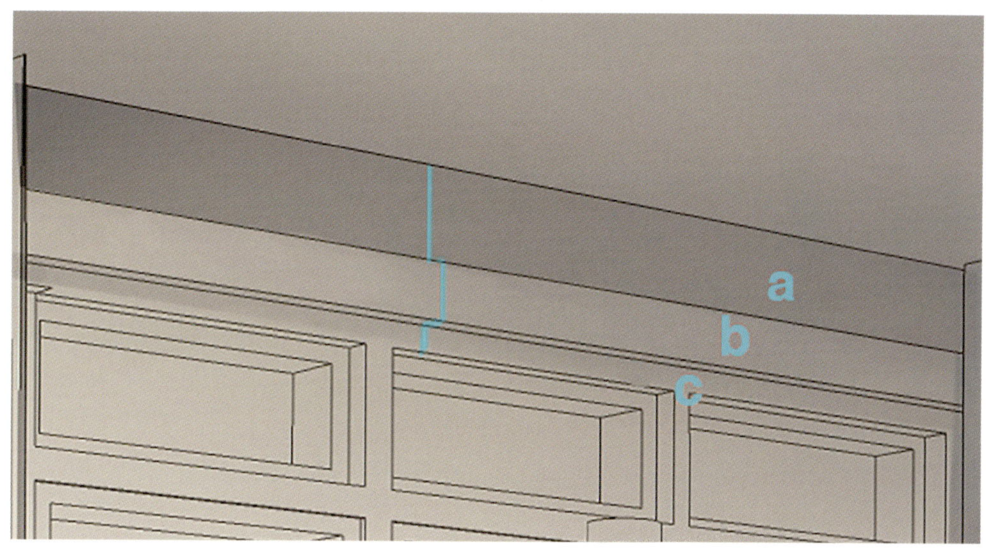

6

빛의 양이 많은 창문 주변에는 반대로 많이 어두운 곳도 공존합니다. 빛을 바라보는 그 뒷면은 어둡기 마련이지요. 예시를 보시면 벽의 턱을 피해 어둡게 터치한 것이 보입니다. a가 가장 어둡고 b는 밝아지고 c에서 다시 어두워집니다.

7

창문 쪽이 상당히 밝기 때문에 상대적으로 실내 안이 어두워 보입니다. 그 환하게 빛나는 창 너머 빛의 느낌을 표현해 줘야 합니다. 현재 빛은 왼쪽에서 오른쪽으로 향하고 있습니다. 그 표현을 위해 왼쪽을 화이트에 가깝게 두고 오른쪽으로 블루 톤을 약간 보여줍니다.

8

창문 너머에 나무를 그려 야외의 풍경을 살려줍니다. 나무는 덩어리 정도만 느껴질 수 있도록 구름처럼 그려지면 됩니다.

9

바깥 풍경을 그린 후에 창문틀을 그립니다. 밝은 부분은 빛이 들어오는 안쪽 면에서 대각선으로 내리쬐는 느낌으로 그려줍니다. 이후 창문 아래턱을 만들어 주고 하단 면을 어둡게 처리합니다. 동시에 커튼을 추가하고 어두운 색으로 주름을 그려 넣습니다.

10

이전 단계에서 바닥을 다소 어둡게 그라데이션 해두었습니다. 이번에는 밝은 빛 효과를 만들어 줘야하는데 이때 빛은 바닥에 수직으로 떨어지게 하는게 좋습니다. 이 에어브러시를 이용해 수직으로 부드럽게 터치합니다.

11

바닥에 밝은 터치를 한 후에 다시 어두운 터치를 해야합니다. 이 어두운 터치의 위치는 사물이 투영되는 위치나 기둥이나 턱을 표현한 것입니다. 책상의 스케치를 확인해 보면서 수직으로 터치하며 흔적을 남겨줍니다.

12

천장과 바닥의 경계에 어두운 색이나 마감재를 그려 확실히 분활해줍니다.

13

현재 교실은 2점 투시를 적용해 진행하고 있습니다. 투시에 맞추어 바닥 선과 천장의 선을 추가합니다.

14

바닥 선을 그은 다음 예시와 같이 밝은 선을 빛 방향의 반대편에 그립니다.

15

교실에서 빠지지 않는 소품인 칠판을 그릴 차례입니다. 작은 칠판과 큰 칠판 2개가 있는데, 창문에 가까운 쪽부터 서서히 오른쪽으로 어두워지도록 그라데이션 합니다. 이때 칠판은 하드 브러시를 이용해 터치의 흔적을 약간 남기면 더 사실적인 질감을 얻을 수 있습니다.

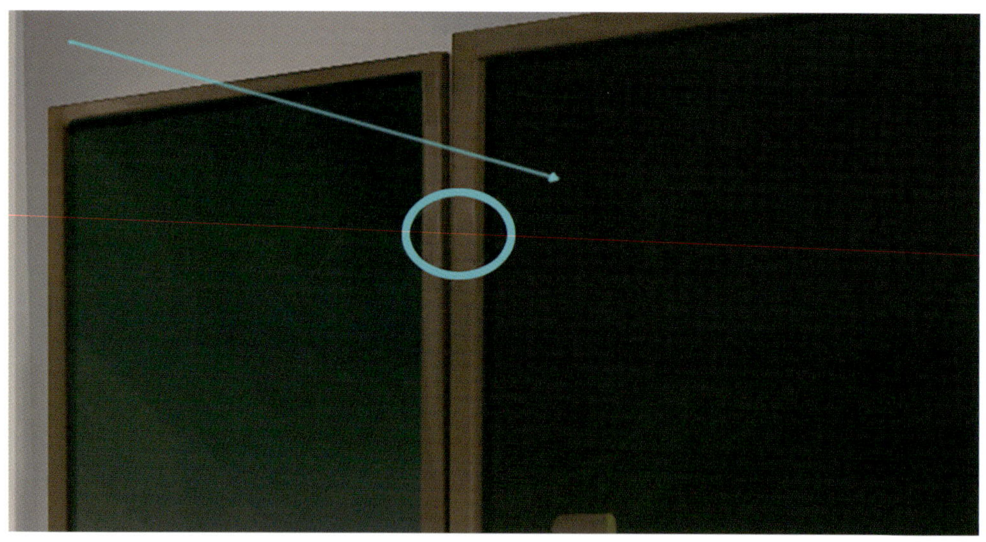

16

칠판의 틀 중간쯤에 밝은 터치를 더해주고 어두운 판에 분필 흔적을 조금 추가해 줍니다. 밝은 블루 톤을 투명도를 낮추고 얇게 그어줍니다.

17

작은 칠판은 게시판 정도로 보이니 간단한 메모지나 전단을 그려 보겠습니다. 여기서 주의할 점은 너무 하얀 색으로 종이를 표현하면 다소 뜨는 기분이 들 수 있으니 블루 그레이 계열의 어두운 색으로 시작해 주시고 상단부터 어둡게 합니다. 종이 위 글자는 불확실하게 그려 넣는게 좋습니다.

18

교탁 주변 단상을 그려보겠습니다. 칠판의 나무 프레임과 동일한 색감으로 하단에 예시와 같이 판을 그려줍니다.

19

가까운 쪽에 더 밝은 터치를 추가하고 결 방향으로 쓸어내리듯이 터치합니다.

20

스케치한 책상과 교탁의 기본 색을 그려 줍니다. 교탁과 책상의 명도차를 조금씩 다르게 하면 보다 분위기를 더 풍성하게 만들 수 있습니다.

21

기본색을 입힌 책상에 재질이 다른 금속 부분을 따로 그레이 톤으로 조금 어둡게 그립니다. 여기서 색의 명도 차가 너무 심하게 벌어지면 원하는 결과물의 다르게 나올 수 있으니 주변과 비슷한 명도를 유지하는 것이 포인트입니다.

22

책상의 안쪽 면과 구석 그리고 그림자를 모두 한 톤으로 유지해서 일괄 터치합니다. 이런 방법의 장점은 더 어둡게 들어가는 다음 단계의 명암 표현에 용이하고 색의 균형이 잘 잡힙니다.

23

책상의 윗면에 빛 반사 효과를 수직으로 터치하고 금속 부분이 원형으로 보이도록 가운데 부분을 밝게 터치합니다.

24

바닥 위에 사물이 있다면 반드시 그림자도 있을 것입니다. 책상의 그림자를 그리는데 창문 쪽에서 오는 빛 각도에 맞추어 사선으로 그림자를 표현합니다. 이때 그림자의 색은 그레이로 터치하고 레이어를 multipli로 바꾸고 투명도를 조금 내립니다.

25

교탁의 어두운 명암을 그릴 때도 옆면과 그림자를 동시에 그려 넣습니다.

26

교탁의 중간 부분에 빛 효과를 결 방향대로 터치하고 아래턱 부분은 선 하이라이트로 표현합니다.

27

조명은 천장과 떨어져 있는 구조이고 고리가 있습니다. 이 고리에 비치는 그림자는 수직으로 나타나기도 합니다. 각인 삼각형의 구조를 가지고 있고 빛 방향 반대편을 어둡게 그려줍니다.

28

형광등의 어두운 뒷 부분을 더 강조하고 하이라이트를 그려 원형 느낌을 줍니다.

29

실내에 내리쬐는 멋진 햇빛을 표현한 그림들이 많이 있는데 쉽게 그리는 방법을 알아보겠습니다. 먼저 화이트 정도의
색으로 빛 각도에 맞추어 길게 사선으로 그려 넣습니다. 물론 레이어는 새로 생성합니다.

30

빛 각도를 표현한 후에 레이어를 overlay로 변경합니다. 이렇게 바꾸면 뒷 색의 명도와 채도가 자연스럽게 섞이면서
자연스러운 빛 느낌이 납니다.

31

마지막으로 바닥에 강한 빛 효과입니다. 이 작업은 레이어 속성을 overlay로 바꾸고 그레이로 터치하면 뒷 색과 자연스럽게 섞이면서 강한 명도를 얻을 수 있습니다.

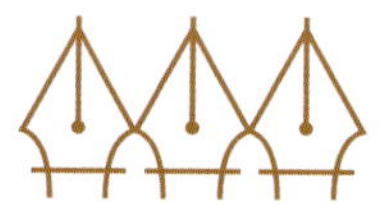

3점 투시 실내 그리기

실내 컨셉에서 가장 많이 사용하는 투시법은 3점 투시입니다. 실내에서 바라보는 우리의 시점은 하단이나 상단에 서 보게 되는데 이때 적용되는 투시입니다. 사물을 가장 사실적으로 바라보는 기법입니다. 3점 투시를 이용해 스케치 하나를 준비해 보았습니다. 컨셉은 중세 판타지로 하고 높게 바라보는 시점으로 하였습니다.

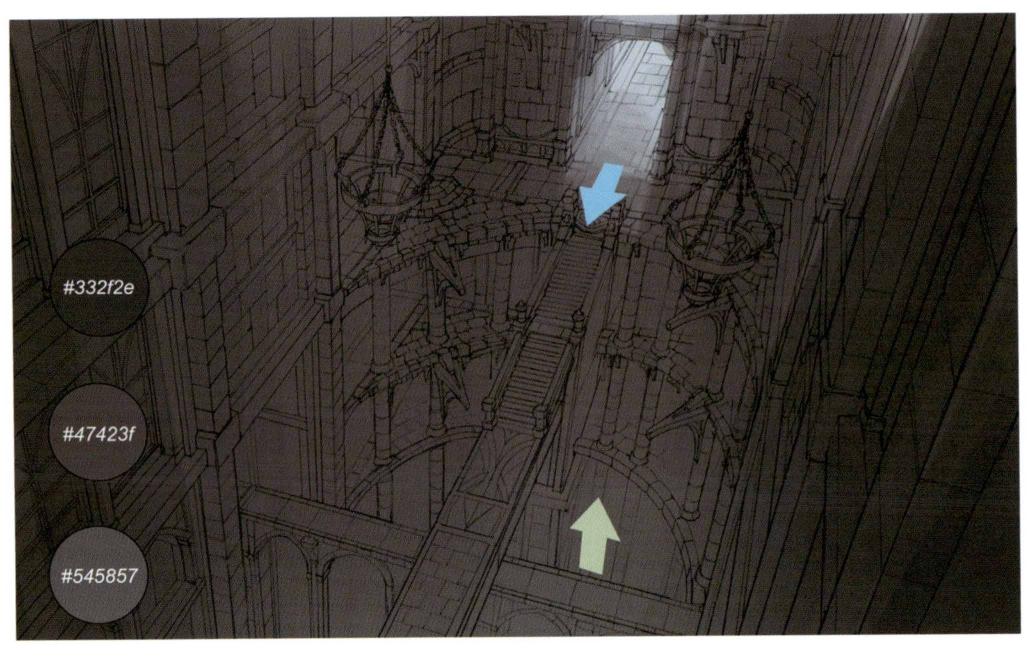

1

현재 실내 빛은 정면에서 오는 빛과 아래에서 올라오는 빛 두 가지입니다. 이 두 개의 빛을 기준으로 모든 사물을 표현해 나갈 것입니다. 예시와 같이 수직 투시 방향을 고려해 위 아래를 구분해 그라데이션합니다. 컬러 좌표를 기준으로 진행해 주세요.

2

기본적인 빛 방향을 정한 후에 블랙의 강도만 추가해서 어두운 구석을 일괄적으로 터치합니다. 이렇게 어두운 부분만 추가해도 어느 정도 윤곽이 들어나기 때문에 그림의 계획이 잘 잡힙니다.

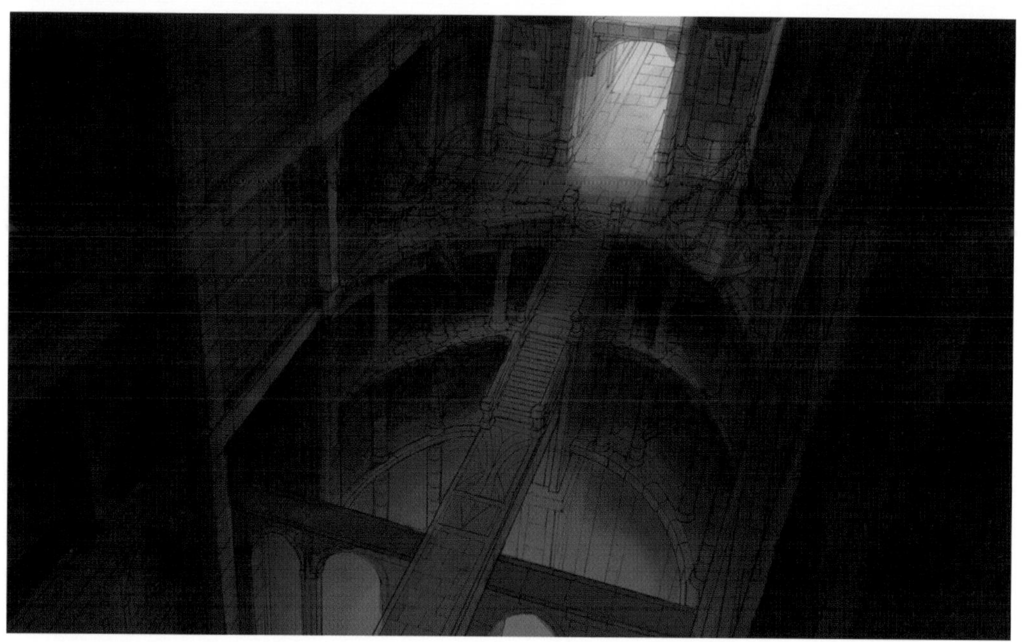

3

하단에 교각이 있는데 이 부분은 어두운 색으로 터치하며 원근감을 만들어 줍니다.

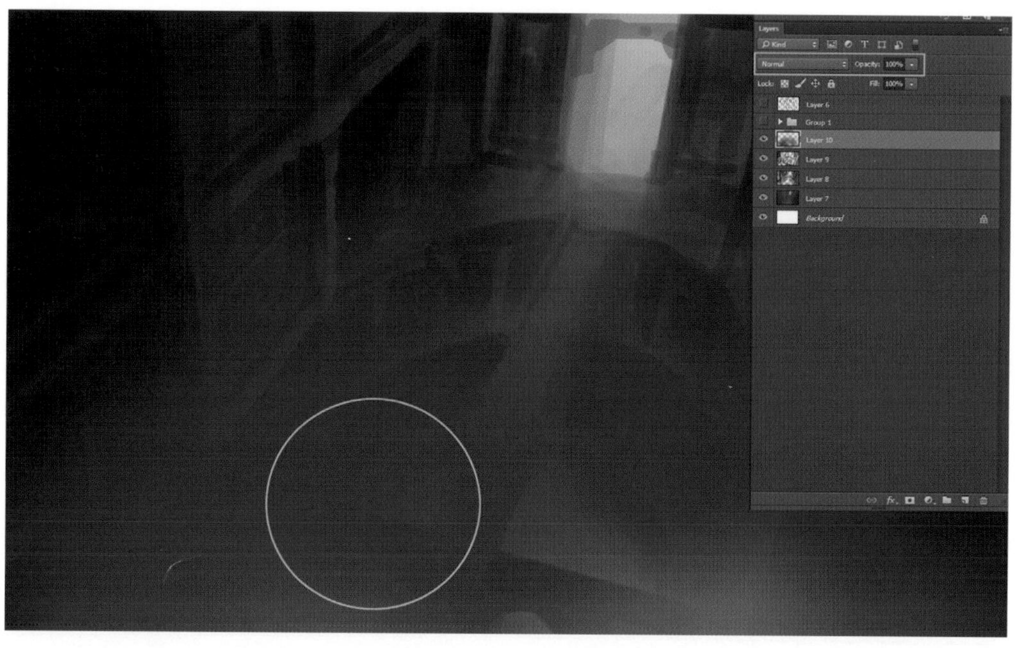

4

넓은 실내에서는 야외와 같이 공기의 느낌이 필요합니다. 이것은 공간의 온도나 공기질 또는 반사광의 영향을 표현합니다. 예시의 구조상 원 거리는 하단의 구멍입니다. 이곳이 공기 감을 추가할 곳입니다. 현재 입구 쪽 밝은 톤 정도를 하단 면에 터치합니다.

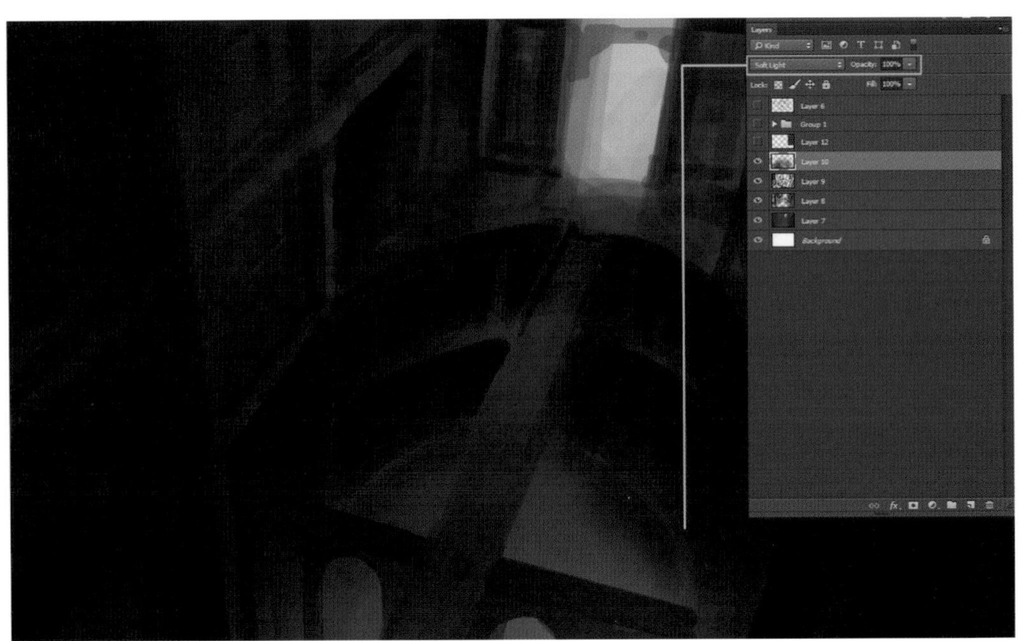

5

이전 단계에서 공기 감을 위해 터치한 레이어를 soft light로 바꾸어줍니다. 이렇게 하면 뒤의 색과 섞이게 되는데 약간의 채도와 명도가 증가합니다.

6

soft light로 할 수 있는 건 또 있는데 보조 조명의 색입니다. 주변에 횃불 같은 조명이 있다고 가정하고 붉은 색을 조금 더 추가합니다.

7

그림의 순서는 정해진 것은 아니지만 효과적인 순서는 있습니다. 어두운 색으로 먼저 형태를 만드는 것이 그 예인데 최대한 많은 표현을 합니다. 밝은 면을 더 추가하고 싶은 생각이 들기 마련인데 그냥 남겨둡니다. 그리고 어두운 톤으로 형태를 다듬어 나갑니다.

8

어두운 색을 이용해 형태를 그릴 때 우선으로 생각해야 하는건 사물의 분리입니다. 예를 들어 벽이 기둥과 분리되거나 양식이나 벽돌입니다.

9

좌우 동일하게 어두운 색만 가지고 사물의 양감을 표현합니다.

10

정면의 벽을 좌우 동일하게 터치하고 밝은 면도 표현합니다. 여기서 밝은 부분은 물체의 윗면에 집중될 것입니다.

11

그림을 진행할 때는 근처의 사물부터 차근차근 진행하면 됩니다. 현재 벽을 완성했고 계단 쪽으로 이동합니다. 물론 어두운 부분만 추가합니다.

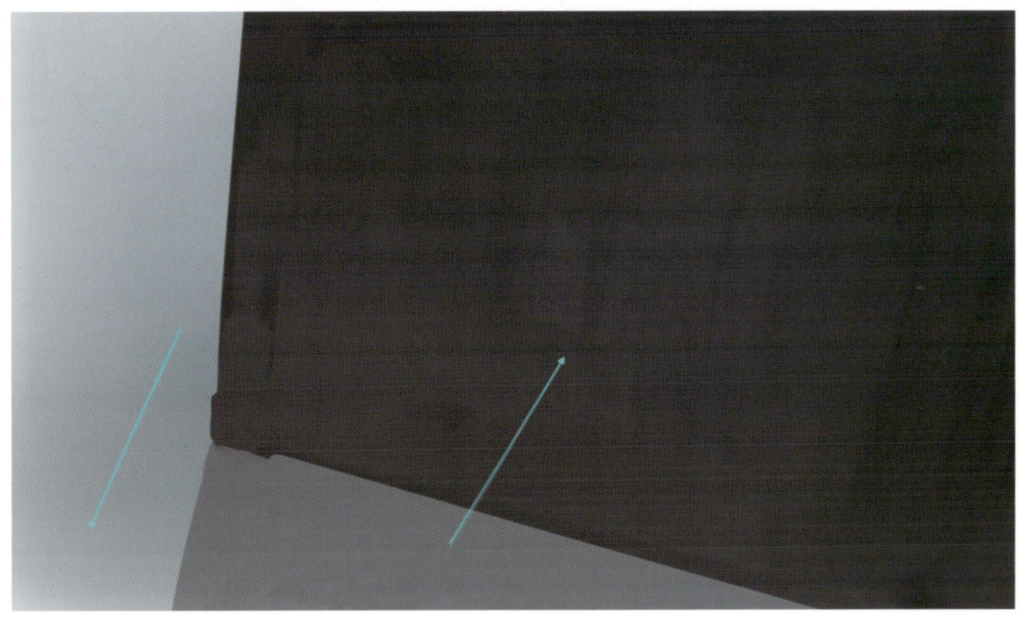

12

잠시 벽을 표현하는 과정을 알아보겠습니다. 빛을 등지고 있는 벽은 조금 어두운 느낌으로 시작합니다. 어두운 벽이라 해도 하단 쪽은 조금 밝게 그려야 하는데 반사광 때문입니다.

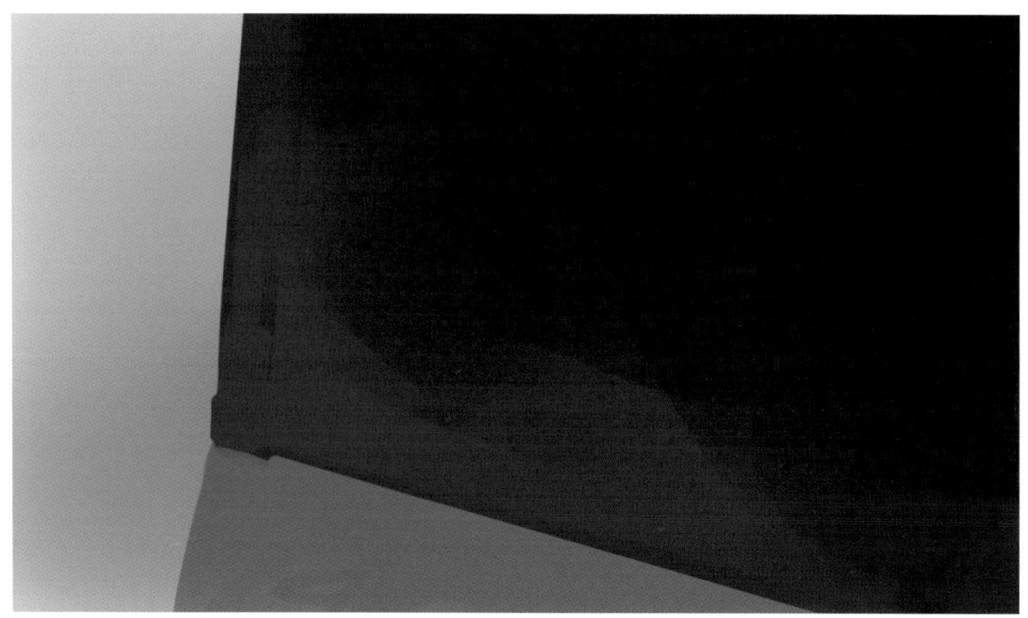

13

벽면에 벽돌이나 돌 질감을 그려야 하는데 편하게 그릴 수 있는 방법을 알아보겠습니다. 먼저 레이어를 하나 새로 생성 후 상단부터 현재 벽면보다 어둡게 터치합니다. 조금 거칠게 터치하는 것이 좋습니다.

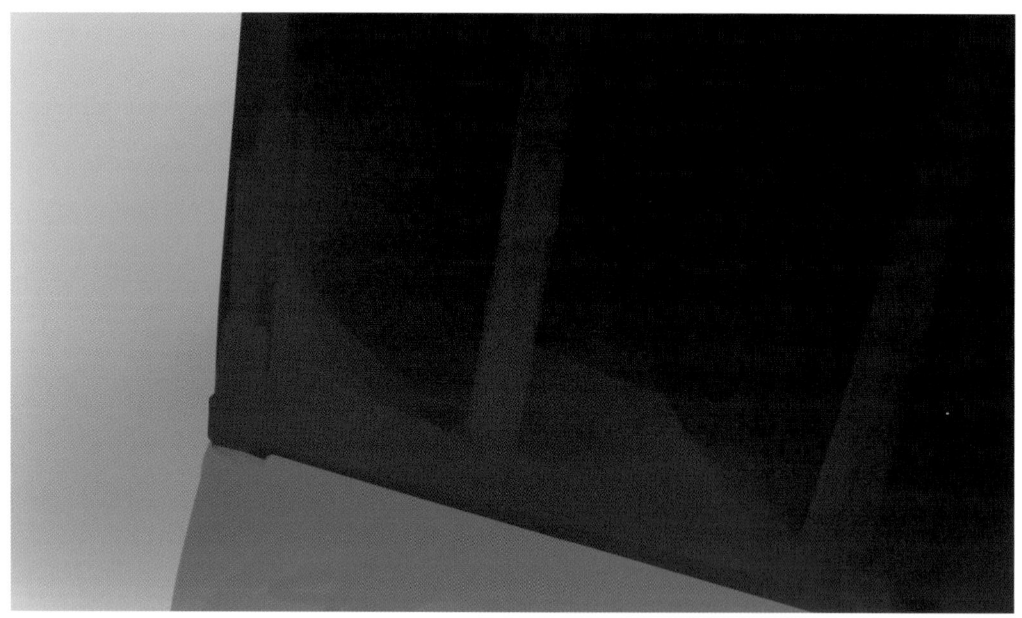

14

어두운 면을 지우면서 형태를 만드는 방법입니다. 지우는 강도를 이용해 약간의 질감을 얻으며 진행합니다. 먼저 기둥부터 그려봅니다.

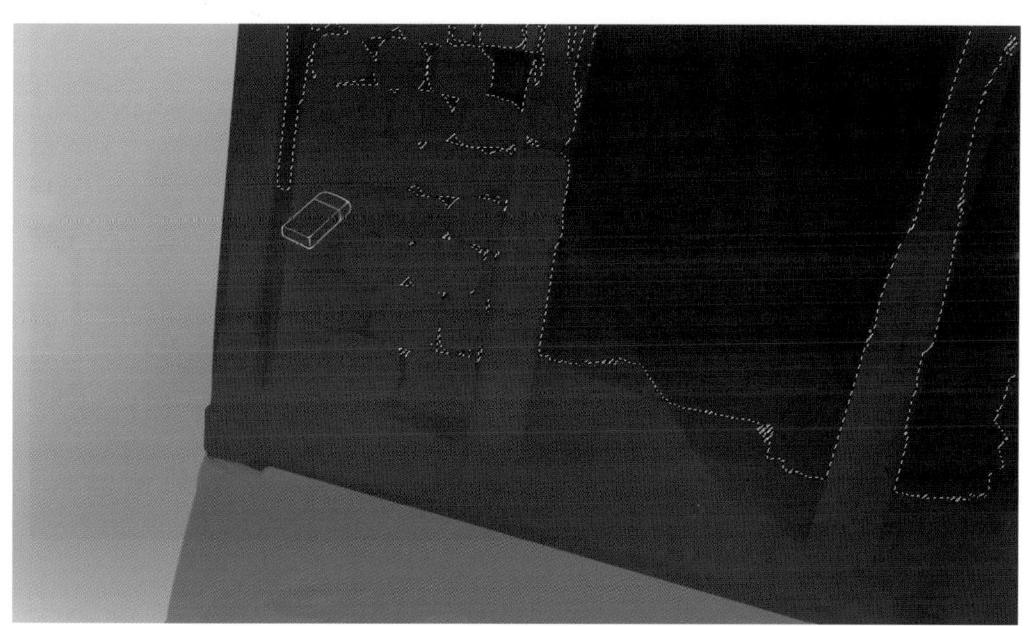

15

벽돌도 마찬가지로 지우개 툴로 지우면서 서서히 형태를 드러나도록 합니다.

16

벽돌을 그리는 과정에서 같은 강도로 지속적으로 그려 나가면 다소 부자연스러운 느낌이 날 수 있기 때문에 불규칙하게 그리는 것이 좋습니다.

17

이어 벽의 질감을 표현할 차례입니다. 주로 벽돌의 모서리나 선 주변에 어두운 터치를 첨가해서 더욱 자연스러운 돌의 질감을 표현합니다.

18

벽돌의 경계를 나눠주는 어두운 선이나 면의 윗면을 밝게 터치합니다. 여기까지 벽 그리기를 알아 보았습니다.

19

전체 그림에서 좌측 중경으로 넘어가도록 하겠습니다. 이 부분도 어두운 색을 이용해 기둥과 양식을 분리해 줍니다.

20

벽돌이나 기둥의 칸을 나누고 꺾인 면을 어둡게 터치합니다.

21

어느 정도 그림의 윤곽이 드러나기 시작했다면 다시 빛을 파악해 봐야 합니다. 녹색은 외부에서 유입되는 빛이라면 노란색은 실내의 천장에서 비치는 빛이고 파란색은 역광입니다. 물론 횃불도 들어가지만 가장 큰 빛 영향권을 파악한다면 이렇게 세 가지로 나눕니다. 이제부터는 중요한 터치가 들어가야 하는데 각 빛의 방향에 맞춰서 강도를 정해야 합니다. 각 빛의 영향권에 있는 위치를 파악해 봅니다.

22

다시 입구로 돌아가 터치를 이어갑니다. 계단 난간을 중심으로 주변의 밝은 면을 추가해 나갑니다. 난간의 모서리가 가장 밝고 빛을 등지고 있는 부분은 어둡게 그려야 합니다.

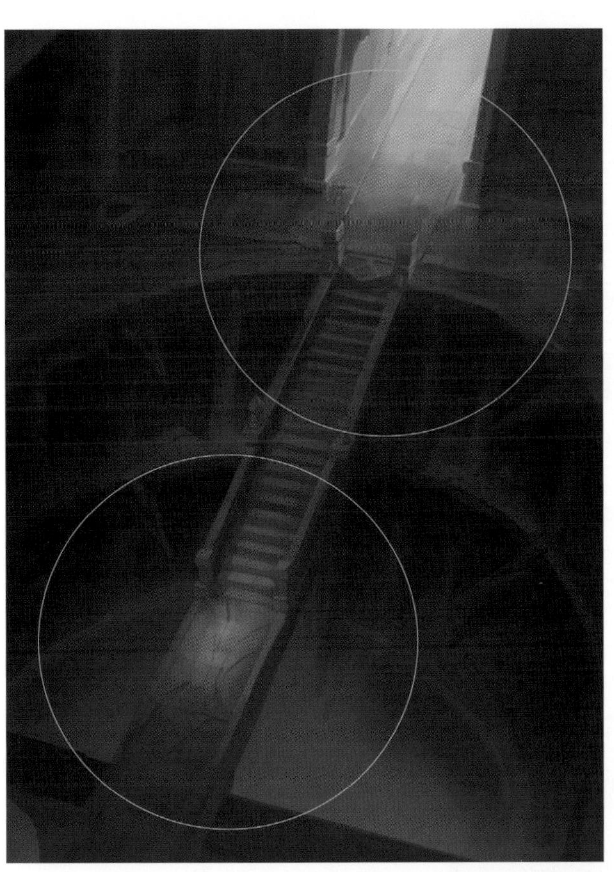

그림의 중심에 있는 계단은 유일하게 두 개의 빛 영향을 받고 있습니다. 색감의 변화에 맞춰 계단의 음영을 추가합니다.

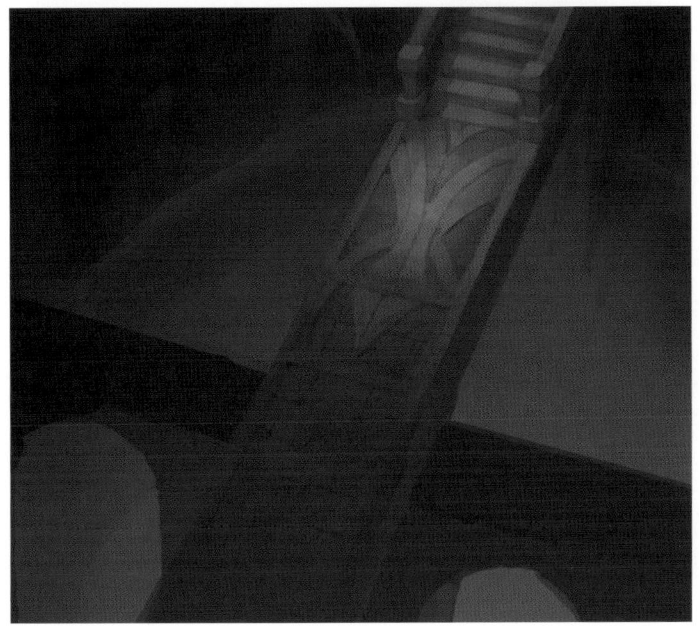

24

계단 난간의 빛은 따뜻한 색 계열로 터치하고 하단 부 역광은 블루 계열 색으로 배치합니다.

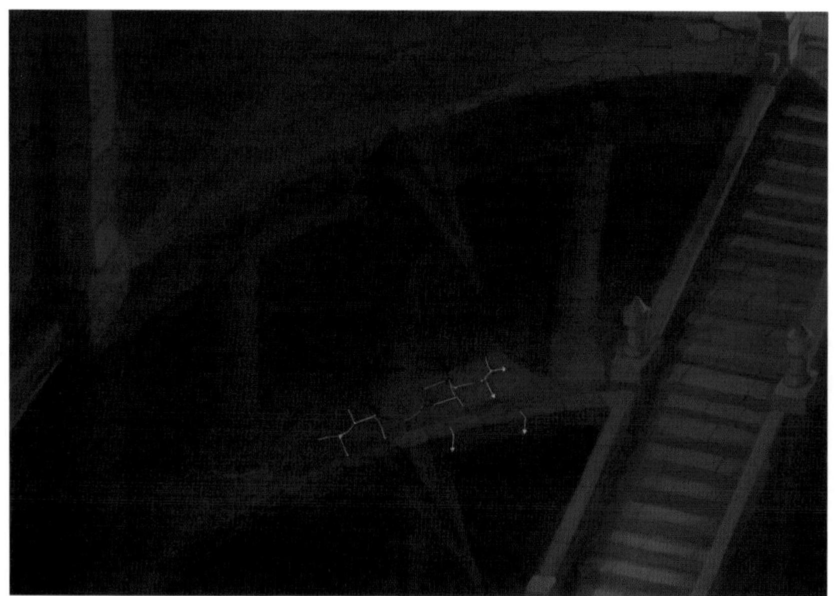

바닥과 기둥이 연결되는 부분
에 어두운 색으로 돌 블록을
구분해 줍니다.

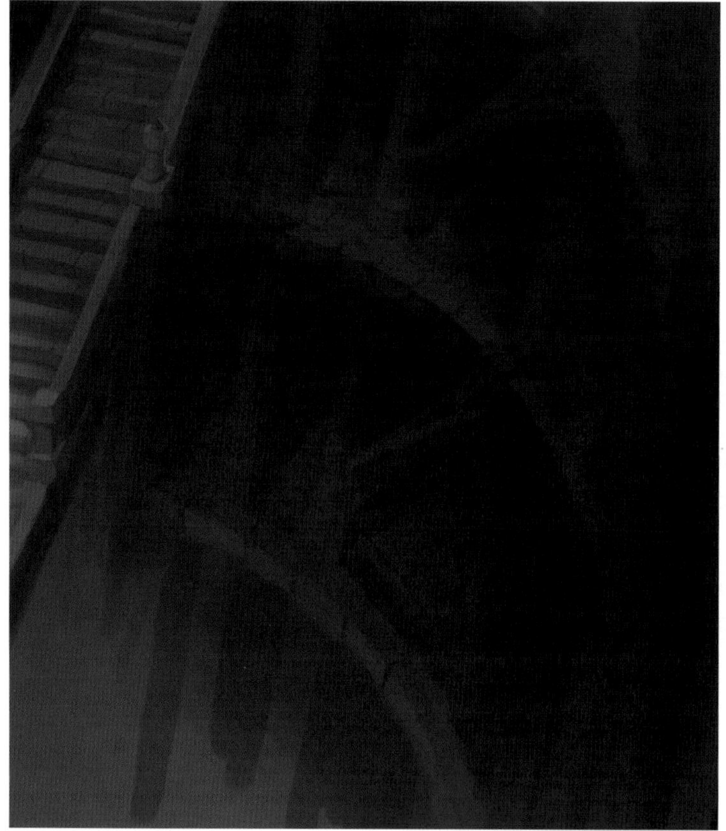

양식의 형태는 먼 거리일수록 약한 강도
로 터치하며 빛의 색과 혼합합니다.

27

하단 부로 내려갈수록 블루 톤을 이용해 형태를 다듬어 주는데 밑면이 더 밝아야 합니다.

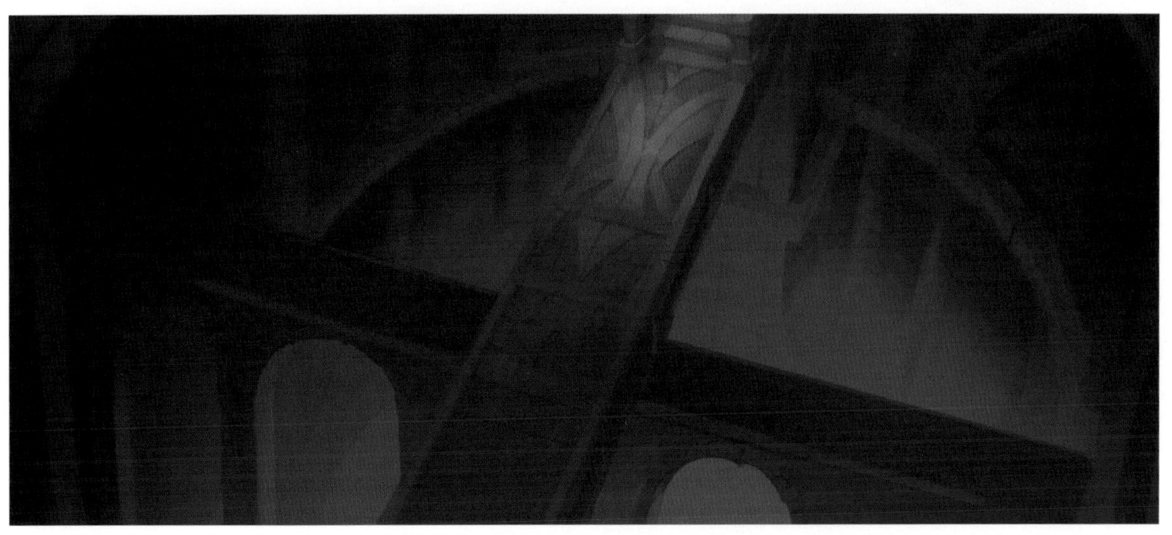

28

원근감을 표현하는데 있어 중요한 것은 명도의 차이와 색감입니다. 대부분 원거리를 표현하는 색은 한색 계열이고 근거리를 표현하는 것은 난색입니다.

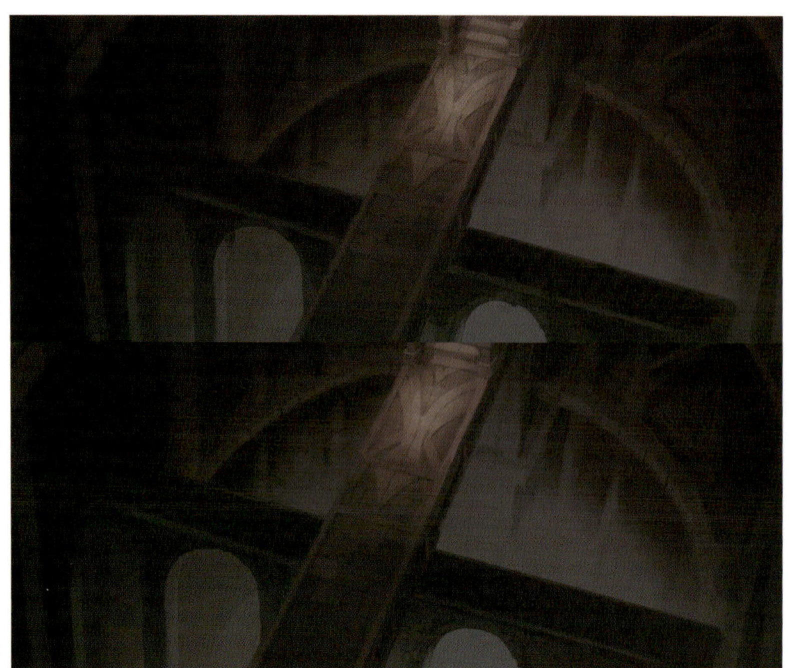

가볍게 돌 질감이나 벽돌을 표현합
니다.

정면부 좌우에 라이트를 추가해 보겠습니다. 먼저 레이어를 추가 생성하고 낮은 투명도로 에어 브러시를 이용해 붉은
계열 색을 입힙니다.

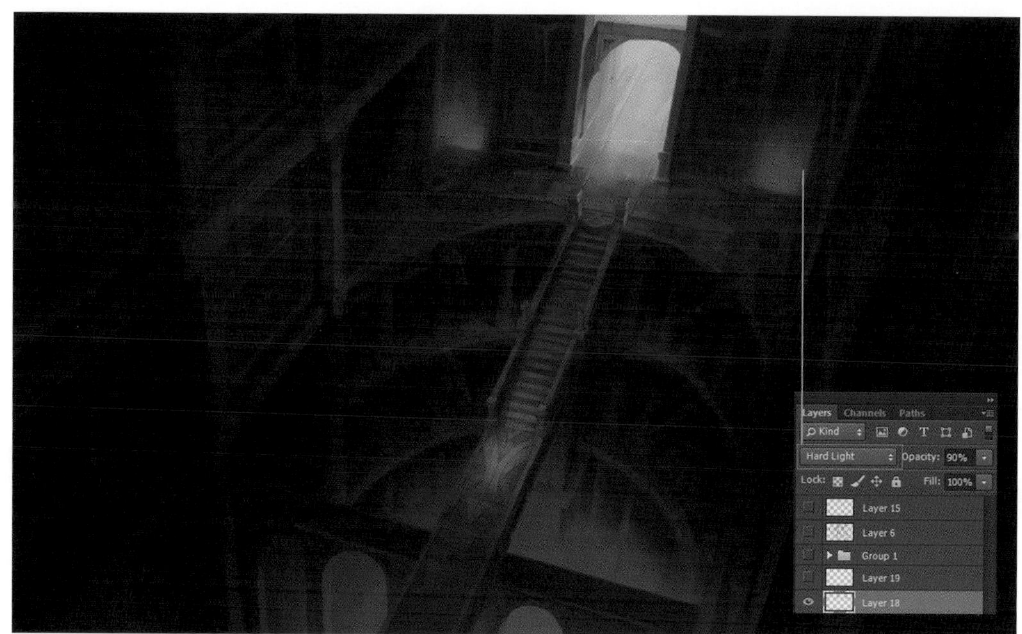

31
색의 특징을 살려주는 hard light 레이어 속성을 바꿔주어 주변 빛 효과를 확장합니다.

32
레이어 속성을 적용 후에 레이어를 새로
생성합니다. 그 위로 다시 컬러를 피킹하
면서 형태를 그려 나갑니다. 불빛이 하단
에서부터 시작되기 때문에 역광 효과를
적용해 나가는 것입니다. 먼저 벽돌이나
턱을 만들어 줍니다.

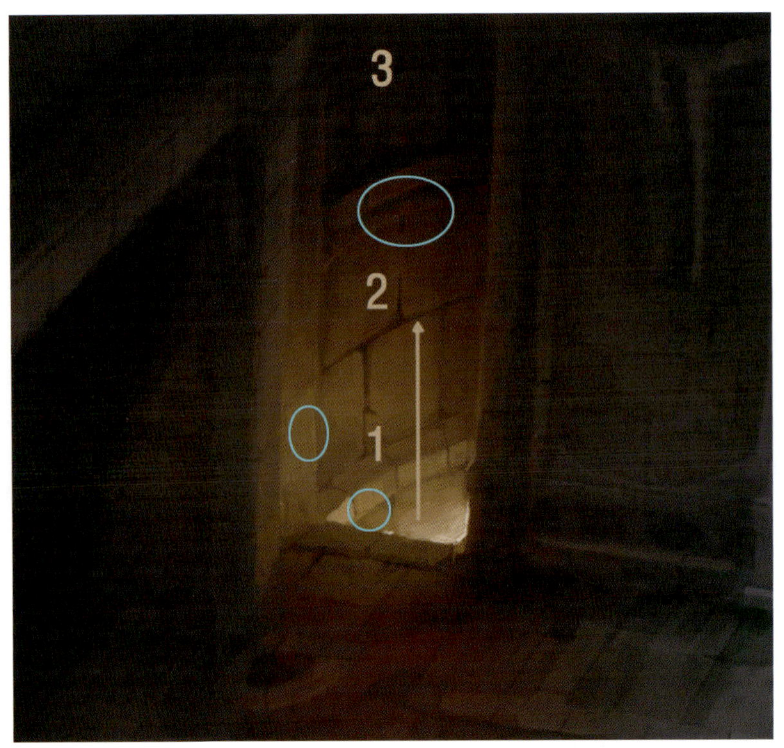

33

역광의 상태에서 형태를 만들어 가는 것은 조금 어렵다고 느낄 수 있는데 사실 어렵지 않습니다. 먼저 불빛의 영역인데 있다면 반대로 하이라이트를 그린다고 생각하면 됩니다. 하지만 강도의 변화는 지켜야하는데 예시와 같이 빛의 출발 지점에서부터 점차 어두워지는 느낌을 이끌어가야 합니다.

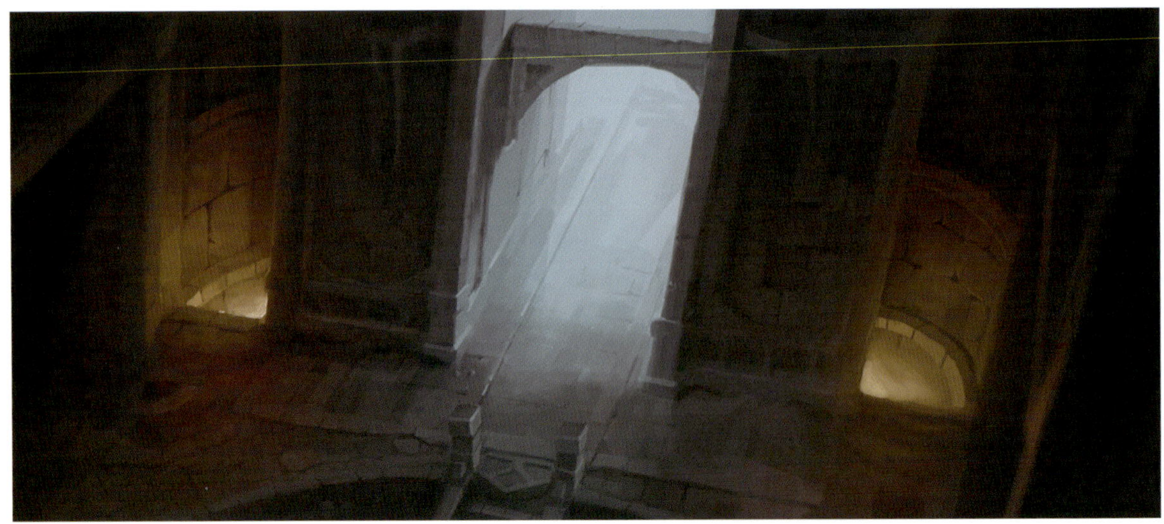

34

좌 우측 역광에 맞추어 터치를 마무리한 상태입니다. 윗면이 조금 어둡고 하단부나 모서리가 더 밝아 보입니다.

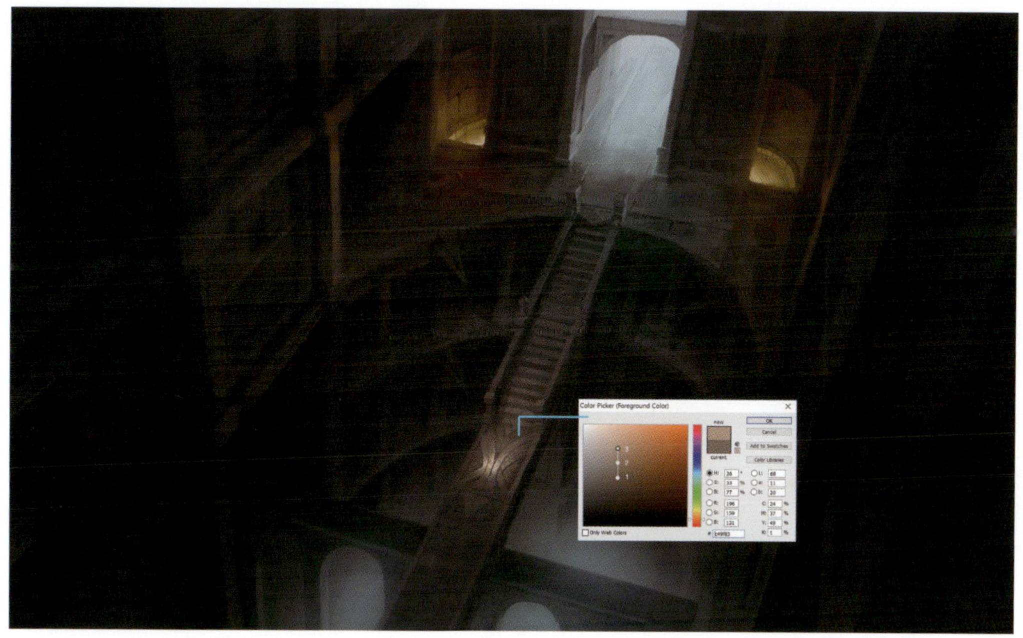

35

그림을 그리는 절차 중 화룡점정이라 할 수 있는 건 하이라이트 강조일 것입니다. 대부분 하이라이트를 표현하는 단계에서 완성도가 결정지어집니다. 하이라이트의 색은 빛의 색을 위주로 설정하고 명도와 채도를 동시에 증가시켜나가는 것이 가장 이상적이지만. 중앙 계단에 빛이 강조되는 부분부터 진행해 봅니다.

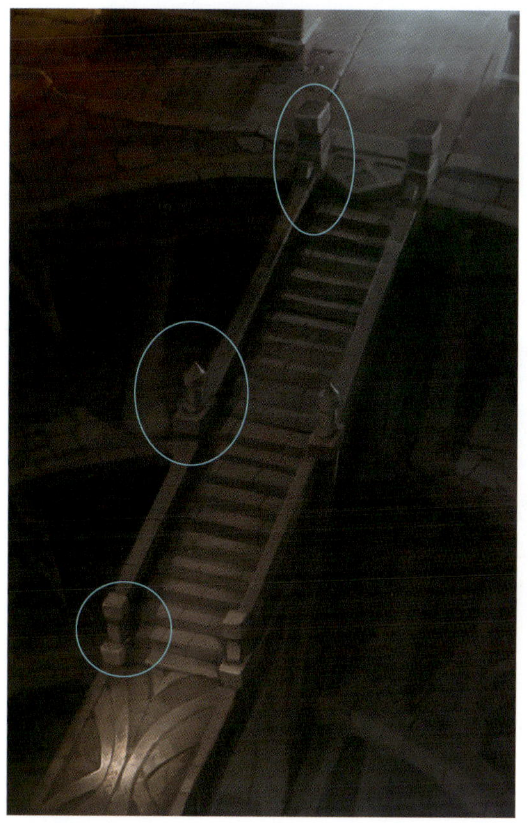

36

하이라이트를 일괄적으로 그리는 것이 좋습니다. 그림의 빛 균형에 많은 영향을 끼치기 때문에 화려하면서도 조심히 다뤄야 할 부분입니다. 중앙 계단에서부터 시작한 하이라이트이지만 빛 주변에만 반응하는 느낌으로 이끌어 가야 합니다, 빛의 색으로 하이라이트 색을 결정하기 때문에 중앙 쪽과 입구쪽의 색이 각자 다를 것입니다. 이런 톤을 유지하면서 빛 방향에 맞춰 모서리 위주로 집중시킵니다.

37

바닥 쪽에서 푸른 빛이 약하게 보입니다. 이 부분에도 모서리를 하이라이트 처리합니다.

38

하단 부의 분위기입니다. 푸른 역광과 상단의 빛이 교차합니다.

39

하이라이트를 이용한 약간의 질감이나 이물질을 표현할 수 있습니다. 돌의 표면 상태나 질감을 그려봅니다.

40

기둥과 양식 부분에도 하이라이트는 존재합니다. 밝은 선으로 표현하거나 또는 점을 찍으며 터치하기도 합니다.

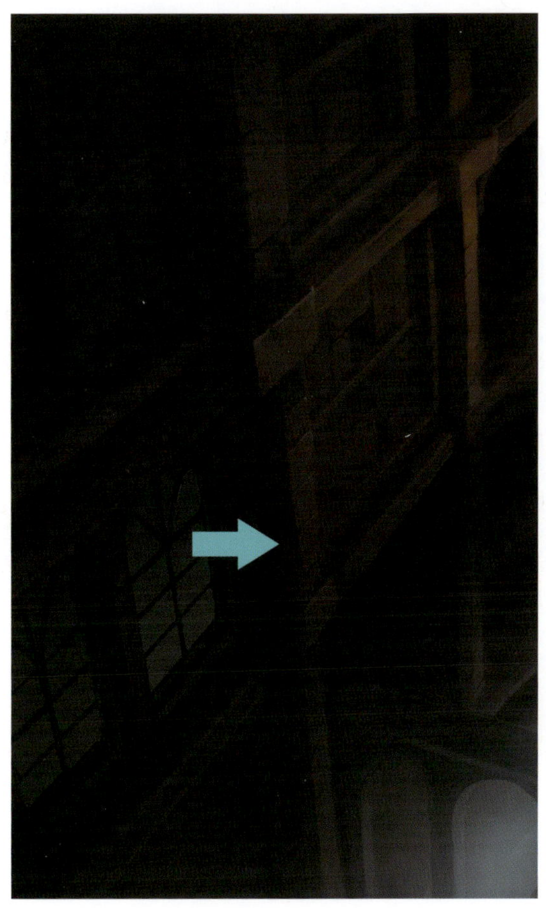

41

근경 쪽에 창문이 있는데 바깥쪽에 빛이 조금 있는 상황을 연출해 보았습니다. 빛이 있지만 내부보다는 약한 빛으로 설정하고 창 틀에 비치는 하이라이트는 아주 약하게 만들었습니다. 창문의 아래 쪽이 밝은 느낌으로 그라데이션합니다.

42

그림의 오른쪽이 조금 더 어두워 보이는 상황이고 약간의 밝은 톤을 이용해 형태를 만들고 하이라이트도 그립니다.

43

스케치에 있었던 화로를 그려 보겠습니다. 먼저 어두운 색으로 실루엣을 먼저 그립니다.

44

어두운 색으로 실루엣을 그려 두었지만 강도를 조금 약하게 음영을 그려야합니다. 간신히 투 톤 정도로 구분되면 좋습니다.

45

그림의 사실적인 느낌을 주기 위해 그런지 질감을 약간 추가해 보겠습니다. 커스텀 브러시나 그런지 브러시를 이용해 레이어를 새로 생성 후 가볍게 터치합니다. 이때 영역은 신경 쓰지 않고 넓은 영역으로 퍼트립니다. 그리고 화로 속 불빛도 그려 넣았습니다.

46

그런지 질감을 추가한 후에 다시 지우개 툴로 지우며 벽돌이나 바닥의 양식을 표현합니다. 뒷 면의 레이더가 밝은 색이기 때문에 지우면 밝은 면을 얻을 수 있습니다. 이런 방법으로 질감 표현을 하면 간결한 질감을 만들어 깔끔하면서도 강한 느낌을 얻을 수 있습니다.

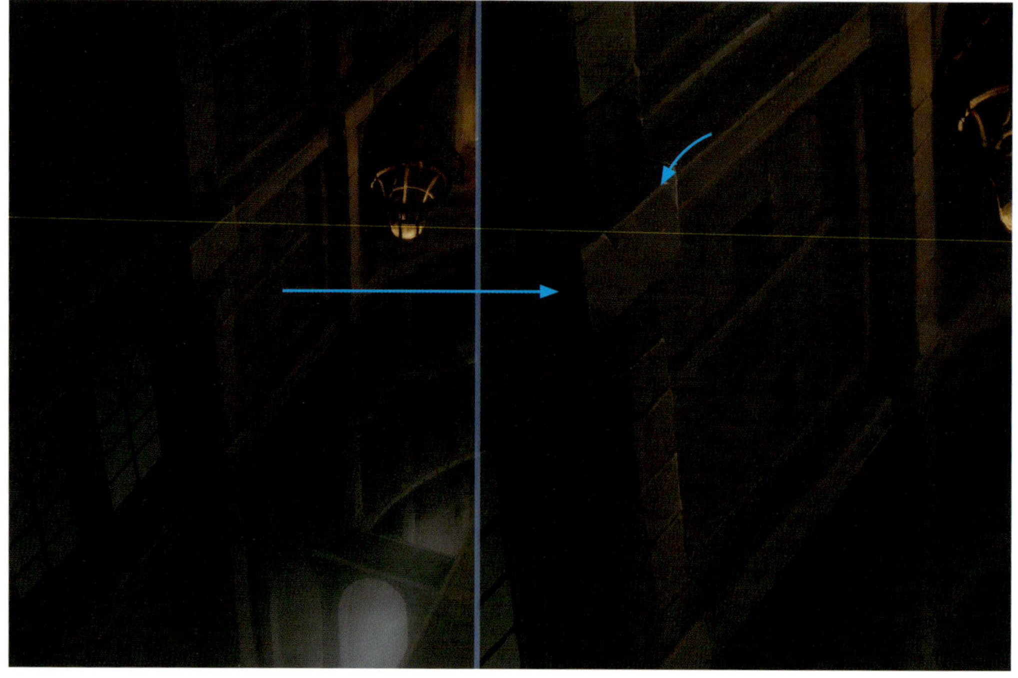

47

기둥과 양식에도 추가로 질감을 추가했고 조금 더 강한 하이라이트도 추가합니다. 지금까지 과정을 보면 알 수 있듯이 한 곳을 집중적으로 묘사를 하지 않고 계속 순화하는 드로잉 방식임을 알 수 있는데 자연스러운 원근감과 균형을 얻기 위해 이런 순차적인 진행합니다.

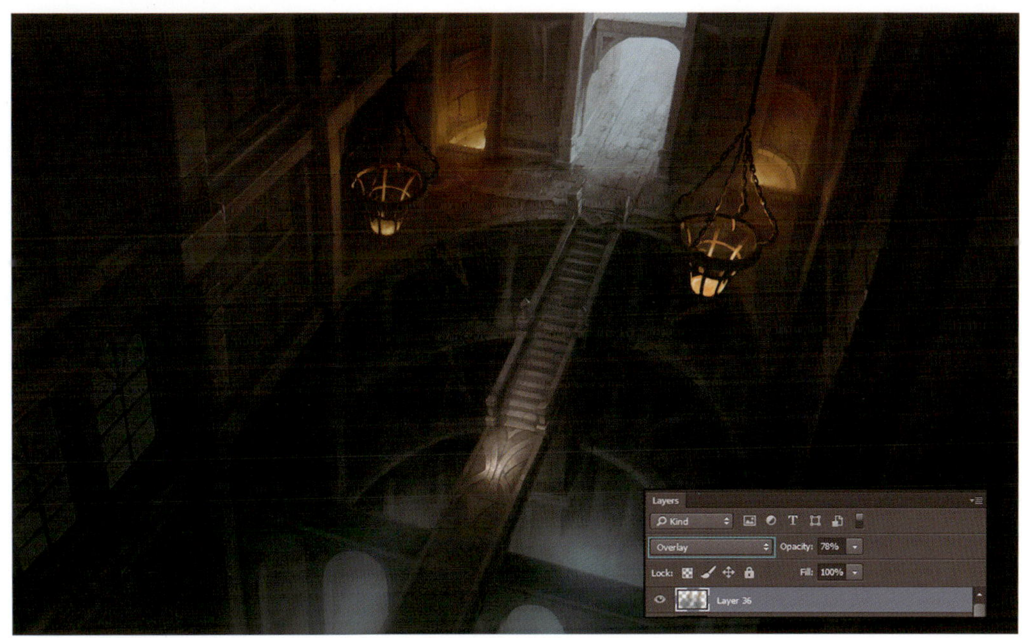

48

overlay를 이용해 빛을 한 번 더 적용하면 부족한 채도를 조정할 수 있습니다. 반드시 그림 과정이 다 끝나고 해야합니다.

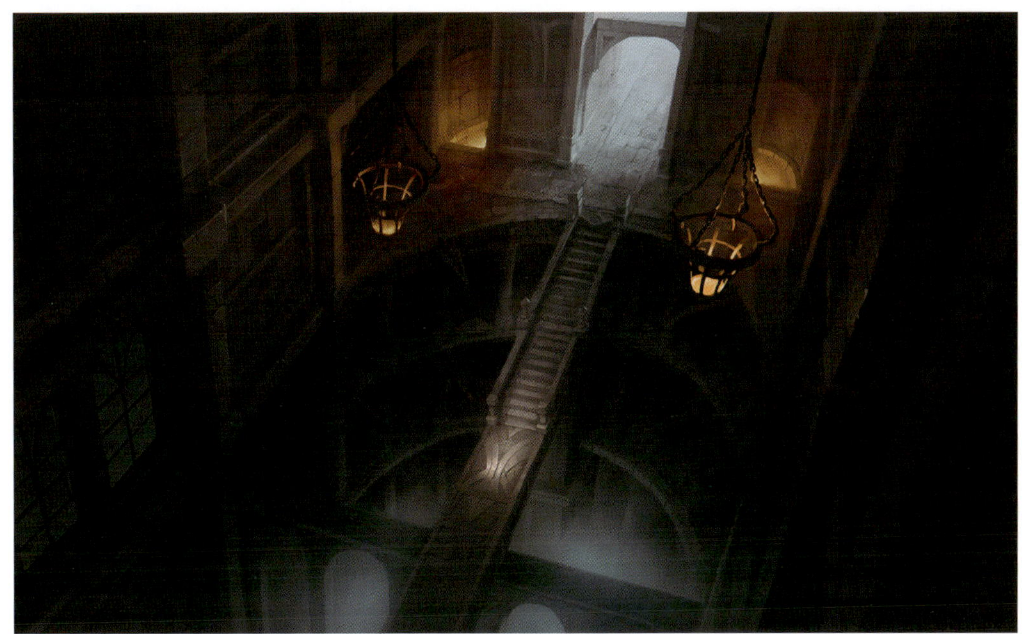

49

지금까지 3점 투시 실내를 진행해보았습니다. 빛의 흐름에 맞추어 간결하고 힘있게 그려야 원하는 이미지를 빠르게 얻을 수 있습니다.

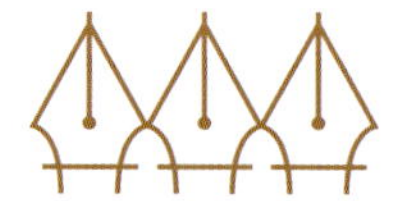

동굴 그리기

지금까지 실내그리기를 진행해 보았습니다. 이번에는 실내이자 자연물인 동굴 그리기에 대해 알아보겠습니다. 동굴은 인공 조명이 없어 안정적인 빛을 제공받지 못합니다. 그렇기 때문에 어둠과 맑음의 격차가 있고 빛이 균일하지 못하기 때문에 사물을 표현하는데 많은 어려움을 겪습니다. 다소 복잡한 형태의 바위까지 그려야 하기 때문에 난이도가 있는 과정입니다. 테크닉과 빛의 이해를 최대한으로 끌어올려 멋진 동굴을 그려 봅시다.

1

갱도와 같은 느낌으로 설정하고 스케치를 해보았습니다. 바위만 있다면 다소 심심한 기분이 들기 때문에 여러 가지 소품을 추가해 보았습니다. 나무 구조물과 부서진 수레나 도구들이 동굴은 갱도의 느낌을 잘 살려줍니다.

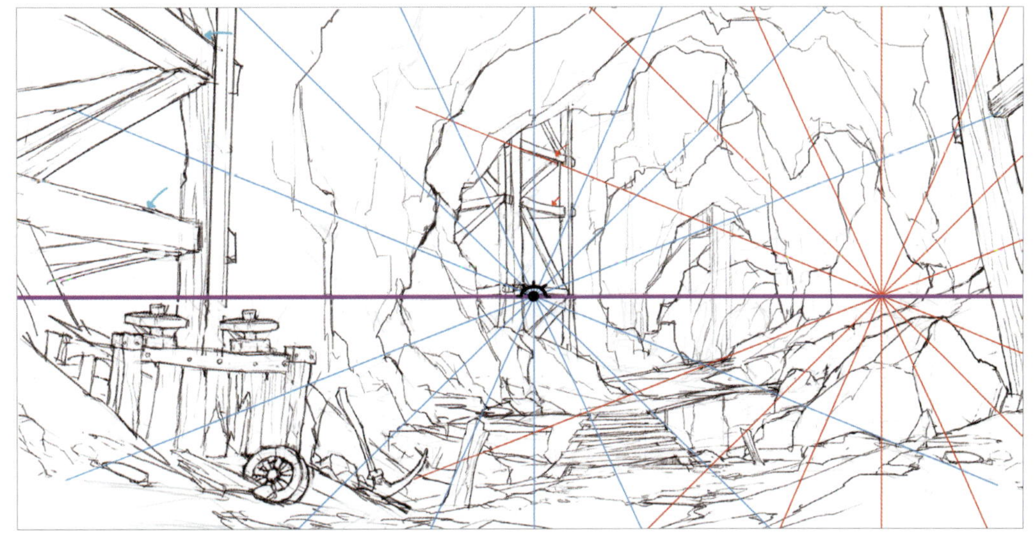

2

현재 스케치는 1점 투시로 보이지만 사실 1점으로는 해결할 수 없는 구조를 가지고 있습니다. 투시라는 것 자체가 소실점에 사물을 정렬하는 방법인데 1점 하나로는 다양한 각도와 형태를 가지고 있는 자연물에 적용하기는 무리가 있어 보입니다. 가장 편하게 접근하는 방법은 시선(눈 높이)입니다. 눈 높이를 기준으로 생각한다면 중앙(보라색 선)선을 기준으로 윗면과 아래 면을 구분하며 스케치합니다. 또한 구조물은 중앙 시점에 소실점을 맞추거나 좌우로 이동하며 투시를 맞춥니다. 파란색 선은 좌측 나무 구조물의 투시 선입니다. 그리고 빨간색 선은 먼 거리에 있는 구조물입니다.

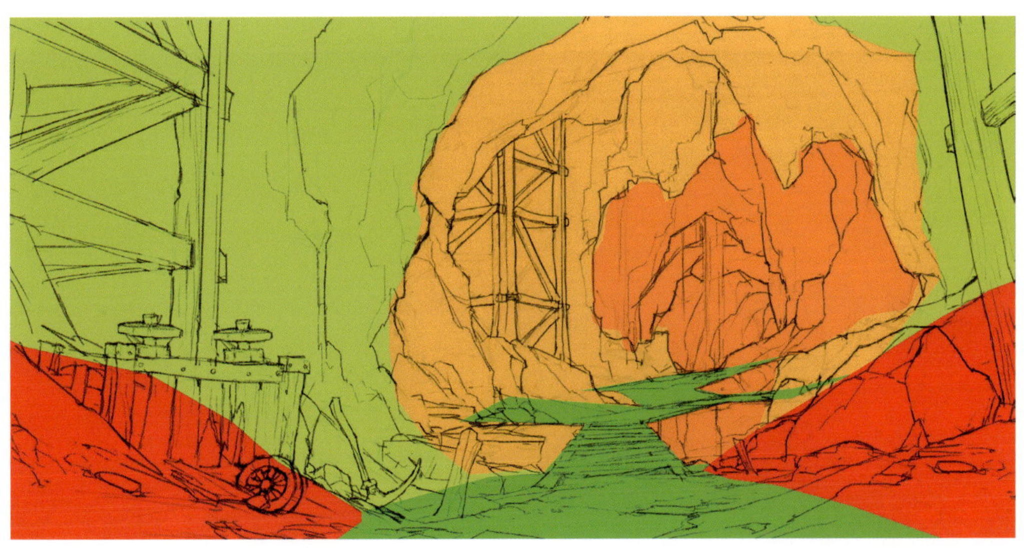

3

그림의 자연스러운 구도나 원근 표현을 위해 빛에 반응하는 면적을 분석해야 합니다. 아무 계획 없이 그림을 시작하게 되면 전체적인 밸런스가 무너지는 경우가 발생하기 때문입니다. 또는 불필요한 부분까지 디테일 강조하면 다소 정신 없는 느낌이 나기도 합니다. 예시를 보시면 색으로 분리된 면적을 확인할 수 있습니다. 노란색으로 갈수록 강한 빛의 영향권에 있다고 생각하면 됩니다. 근경에 빨간 색은 가장 어두운 부분이라고 보시면 됩니다.

4

채색을 시작하기 앞서 컨셉 상 온도에 맞는 어두운 음영 색을 결정합니다. 다소 어두운 색으로 시작하는 것이 좋고 현재 설정에 맞는 온도 감으로 채색합니다. 예시에 지정된 컬러 좌표는 인디고 색에 가까운 청색으로 정했고 빛이 없는 상황을 가정한 가장 차가운 상태를 표현한 것입니다. 아마도 동굴이라는 컨셉이다 보니 축축한 기분이 같이 느껴지게 하려는 의도도 있습니다.

5

어두운 공기 느낌을 만들고 조금 더 어두운 색으로 1차 터치를 합니다. 스케치에 따라 덩어리를 살려 줍니다.

6

2차 음영 톤을 만들기 위해 또 다른 색을 하나 더해 보겠습니다. 브러시의 opacity 오파시티를 50%정도로 약하게 하고 위에 덮는 방식으로 터치합니다. 이번에는 형태를 고려해 명암 흔적을 더 과감하게 남겨줍니다.

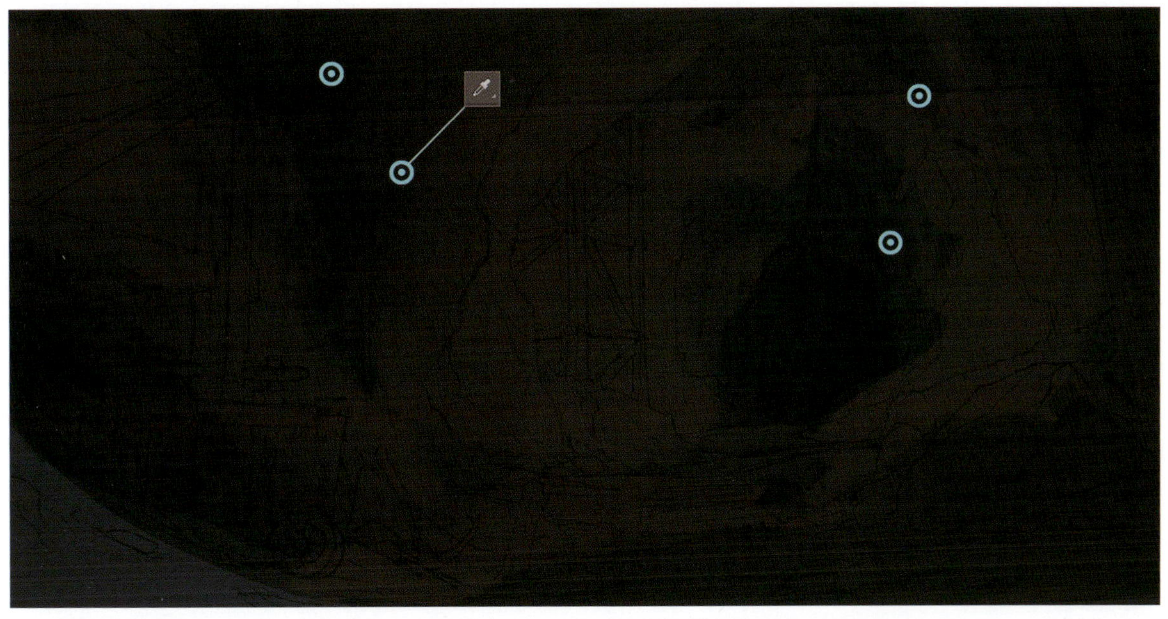

7

2차 음영 톤을 그리는 요령은 가장 어두운 색을 다음 색으로 피킹하며 밝은 쪽으로 옮겨갑니다. 새로운 색을 다시 쓰기 보다는 주변의 색을 최대한 이용합니다.

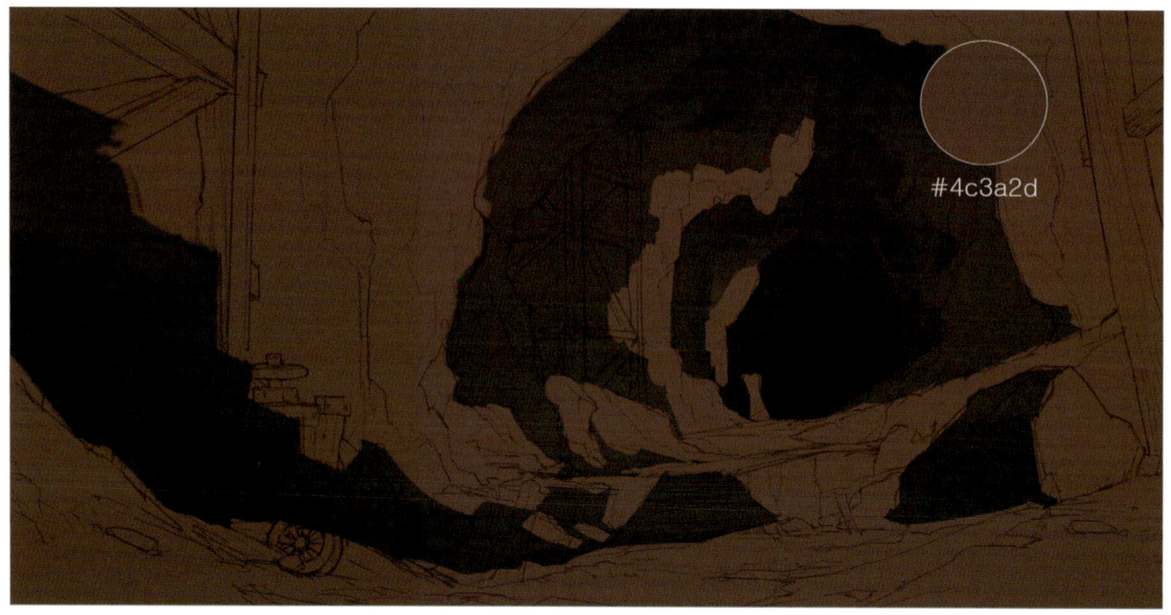

8

레이어를 새로 생성하고 예시와 같은 컬러로 조금 밝은 부분을 채색합니다. 사실 밝은 부분이라 볼 수는 없고 이 색도 어두운 재질의 색으로 봐야 합니다. 이 과정에서 바위의 대략적인 윤곽을 느낄 수 있습니다. 계속 집중해야 하는 것은 그림의 순서입니다. 저자가 가장 중요하게 생각하는 부분이기도 합니다. 어두운 곳에서부터 빛에 맞추어 순서대로 형태를 만들어 가는 것입니다. 이전 과정의 음영 색과 어두운 음영의 색이 결합되는 과정이고 아직은 밑색 작업이라 할 수 있습니다.

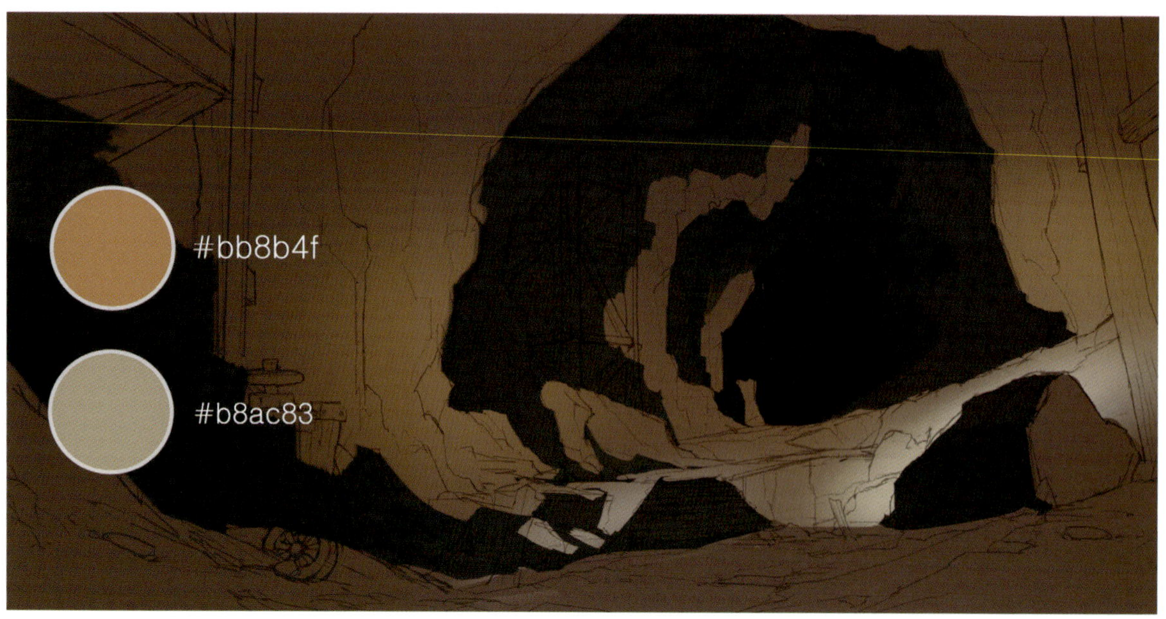

9

음영>재질>빛의 순서로 진행되는 가운데 현재는 빛의 방향과 위치를 그리는 과정입니다. 예시에 표시한 컬러 좌표가 빛의 단계 색입니다. 현재 가장 밝은 빛의 위치는 오른쪽 구석으로 정했고 이쪽에서부터 퍼져나가는 빛이 이 그림의 주요 광원입니다. 부드럽게 에어 브러시로 그라데이션하듯 채색합니다.

10

빛 색을 표현한 후에 상단 쪽에 어두운 색을 추가합니다. 상단이 충분히 어두워야 깊이감이 생깁니다.

11

바위를 표현하기 앞서 스펀지 효과를 첨가합니다. 작은 질감에 관련이 있는 작업이지만 먼저 터치하는 방법입니다.
이 효과는 예시에 있는 브러시를 크게 확대해서 두드리듯 터치한 것입니다.

12

이번은 바위의 윤곽을 만드는 첫 번째 과정입니다. 어두운 색을 피킹하고 브러시 opacity 오파시티를 60-70% 정도로 바위의 옆면을 꺾어 주듯이 디자인합니다. 단순하게 한 번만 터치합니다.

13

다시 한번 빛의 상황을 체크해보겠습니다. 오른쪽 하단에서 오는 강한 빛이 좌측 하단에서부터 위로 갈수록 점차 어두워지는 느낌입니다.

14

바위의 갈라진 틈이나 꺾인 면으로 형태를 이해해야 합니다. 그렇기 때문에 어두운 면을 위주로 터치하며 형태를 잡아가는 것이 가장 자연스러운 방법입니다. 앞서 바위의 꺾인 면을 터치해 두었고 그 부분에 터치를 더해 사실감을 높이는 방법입니다. 예시의 화살표가 가리키는 부분을 유심히 보면 어두운 터치가 어떻게 더해졌는지 알 수 있습니다. 여기서 주의할 점은 바위의 명암 단계로 착각하면 안된다는 점입니다. 바위의 형태를 면으로 분리하는 방식으로 그려야 하기 때문입니다.

15

이 과정은 아직 그림의 시작점에 있다는 점을 인지하고 다시 예시를 봐주시기 바랍니다. 좌측 바위 하단을 바닥과 연결하는 터치가 필요합니다. 컬러는 주변의 색 중간쯤의 강도로 스케치를 따라 그려줍니다. 빛이 강하게 비추는 아래로 꺾인 면은 제외하는데 이전 톤 배치 때문에 자연스럽게 느껴질 것입니다.

16

빛이 가장 많은 쪽에 약간의 색 단계를 적용하는데 방법은 현재 재질의 색에서 채도만 조금 증가시키며 표면의 질감을 표현합니다.

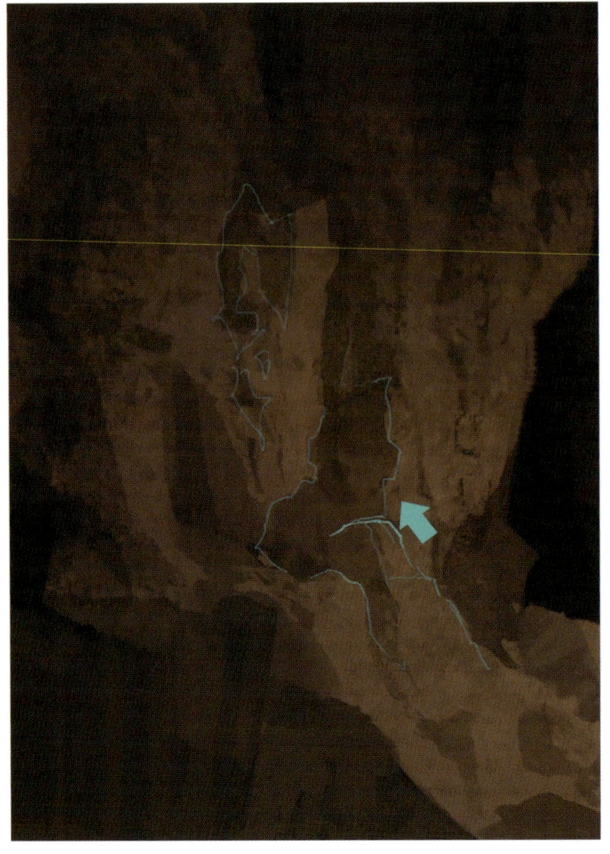

17

바닥을 표현한 후에 다시 바위로 돌아와 터치를 시작합니다. "왜 다시 바위로 돌아가는 것인가?" 라는 생각이 들 수 있는데 저자의 드로잉 방식입니다. 한 개의 사물을 집중적으로 그리지 않고 주변을 돌며 순차적으로 터치를 더해가는 것입니다. 그림이 끝날 때까지 원근을 자연스럽게 유지하기 위해 이런 방법을 씁니다. 그럼 다시 예시로 돌아가 보면 바위의 하단에 꺾인 면을 추가해 바위의 형태를 다양화합니다.

18

바위의 음영에 어두운 포인트 터치를 더해 주면 더 구체적인 느낌이 들기 시작합니다. 이 터치는 급격히 꺾인 면이나 경계를 마무리하는 느낌으로 사용하면 좋습니다.

동굴의 가장 원 거리도 면 정리를 해야 합니다. 가장 어두운 색은 거의 블랙으로 보이지만 그 중간 지점의 면은 조금 밝게 표현해 명도의 전개가 잘 드러나도록 합니다. 이미 첫 단계에서 색감이 섞여서 중간 정도의 어두운 톤이 존재합니다. 이 색을 그대로 유지하며 어둠 속에 보이는 바위 벽을 그려줍니다.

20

가장 가까운 근경에 큰 돌덩이가 있는데 좌측은 간단하게 3단계의 색 정도로 표현되어 있습니다. 우측은 어두운 부분에 반사광 효과를 주었는데 사실 밝은 면을 더해 준 것입니다. 색은 밑 색에서 명도만 약간 올려 터치합니다.

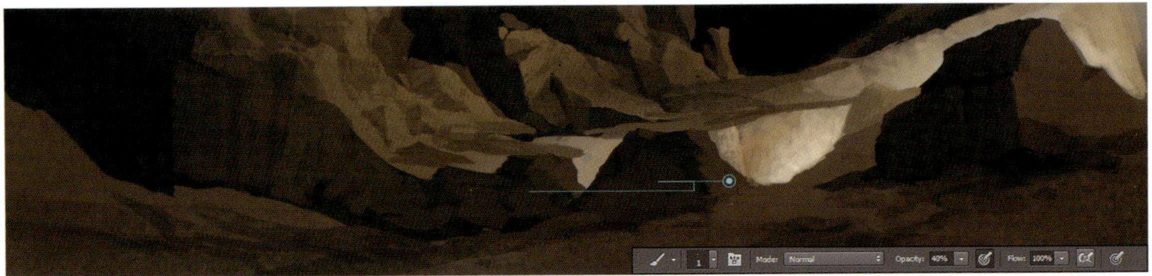

21

근경 주변의 돌들도 어두운 면에 약간 밝은 톤을 추가합니다. 때에 따라 다르지만 어두운 면에 색이 뜨지 않게 하는 방법이고 기존의 밝은 면의 색을 낮은 투명도의 브러시로 터치하면 적당한 색감을 얻을 수 있습니다.

22

근경 주변에 그런지 브러시로 툭툭 찍으면서 질감을 뿌려줍니다. 어두운 색으로 하는데 톤은 주변의 색을 이용합니다. 레이어를 새로 생성 후 진행합니다.

23

뿌려진 질감을 반대로 지우개 브러시를 이용해 지우면서 형태를 만듭니다. 지우면 밝은 면이 드러나는 점을 이용해 지형의 느낌을 만들어 봅니다.

24

이제 전반적인 자연물의 형태는 만들어 졌고 이제 인공물을 그릴 차례입니다. 스케치 레이어를 켜고 실내 안에 배치되어있는 사물을 어두운 톤으로 실루엣을 만들어줍니다. 기존 자연물보다 더 어둡게 그려주는 것이 좋습니다.

25

사물의 실루엣 만든 후에 하단을 조금씩 밝게 처리하는 게 좋은데 현재 예시는 주로 밑에 빛이 많기 때문입니다. 이 단계는 사물의 음영의 색 변화를 만드는 과정입니다. 색은 현재 재질에서 약간 명도만 올려 그리면 됩니다.

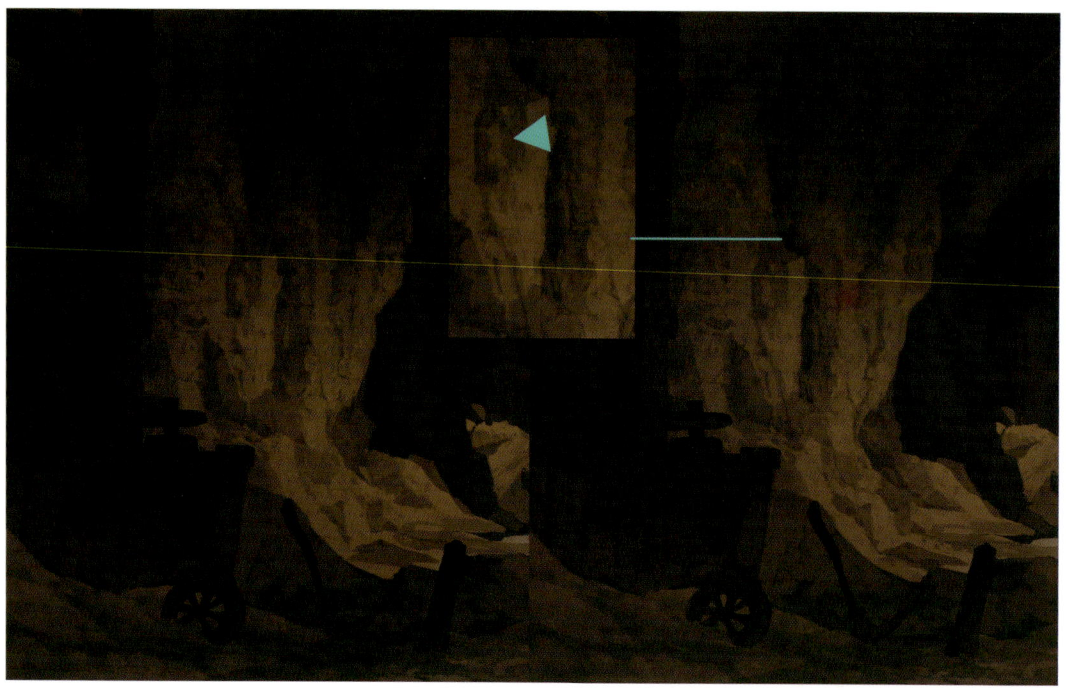

26

잠시 인공물의 진행을 멈추고 다시 바위로 돌아가 보겠습니다. 이번에는 바위의 틈 사이를 어둡게 터치합니다. 특정 부위만 터치하는 것이 아니라 그림의 전체 분위기를 고려해 강약을 만듭니다.

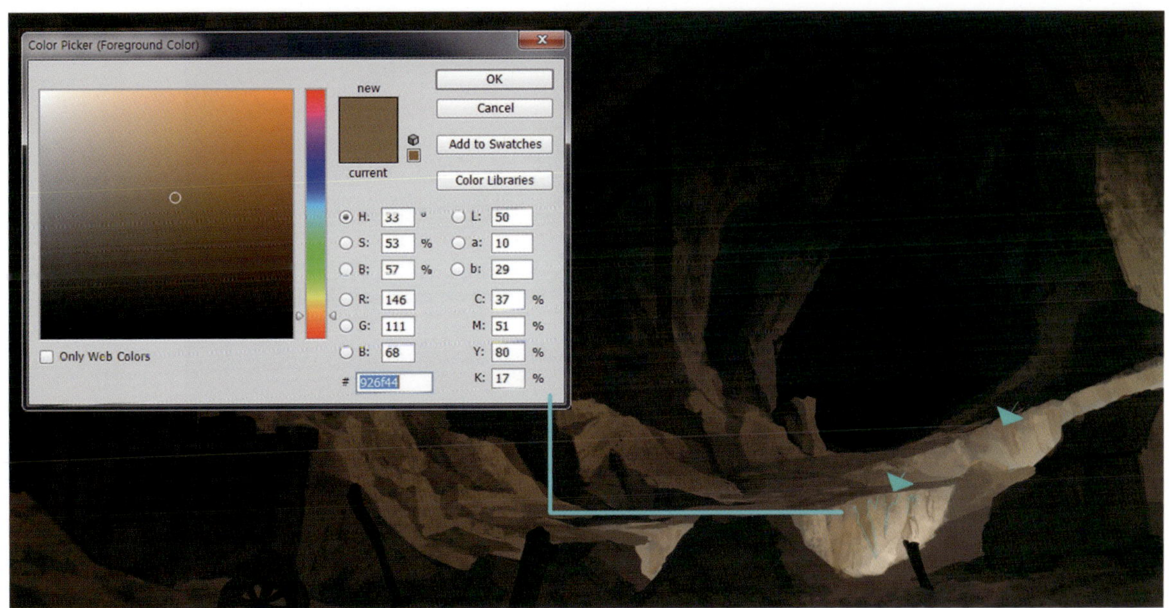

27

계속 이어지는 어두운 명암 터치는 사물의 기본 밝기에 맞춰 진행합니다. 예시와 같이 밝은 면에는 채도를 약간 올려서 어둡게 명암을 만듭니다.

28

역시 순환하는 방식으로 진행하고 있기에 근경의 돌로 돌아와 다시 터치를 합니다. 이번에는 면을 더 세분화 시키는 과정입니다. 하지만 너무 강한 강도의 터치가 들어가면 밸런스가 망가질 수 있으니 최대한 부드럽게 면의 나누어줍니다. 예시와 같은 경우는 중간 톤의 밝은 면적에 약간의 변화를 만들어주는 방식입니다.

29

넓게 터치를 분포시키고 지워내는 동작을 반복하며 예시와 같은 형태를 얻을수록 있도록 합니다. 돌의 자연스런 모양
이 나올 때까지 계속 시도합니다.

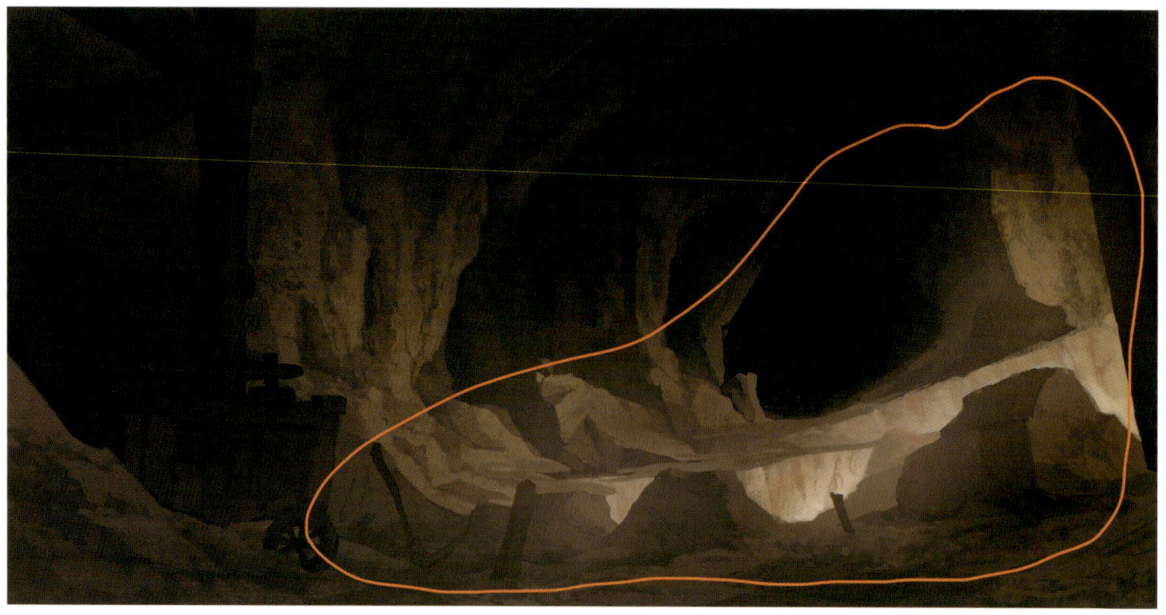

30

현장감이 느껴질 수 있도록 공기의 표현이 필요합니다. 실내에서는 대부분 쓰지 않는 방법이지만 자연물에 가까운 동
굴이기 때문에 적용해도 잘 어울릴 것입니다. 터치는 에어브러시를 이용하는 현재 빛 색에 가까운 톤으로 빛 주변에
뿌려줍니다. 너무 많이 뿌리면 사물 형태가 망가질 수 있으니 조금 뿌려줍니다.

31

공기의 표현을 위해 에어브러시로 터치한 후에 해당 레이어를 속성을 바꿔야 합니다. 예시와 같이 hard light로 바꾸면 자연스럽게 어두운 부분은 채도가 상승하고 밝고 뽀얗게 변합니다.

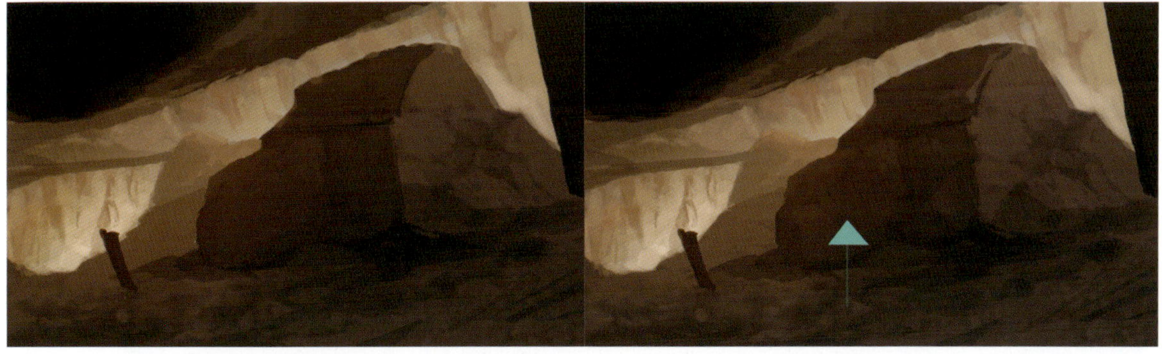

32

hard light 효과로 인해 바위의 어두운 면의 색이 변한 것을 볼 수 있습니다. 이 색을 그대로 이어받아 형태를 만들어갑니다. 어두운 부분에도 약간의 명도 차가 드러나게 하는 것이고, 색은 이미 주변에 나타내고 있기 때문에 이 색을 그대로 쓰면서 터치합니다.

33

가장 가까운 거리에 있는 지형은 보다 어둡게 터치해야 밝은 면이 더욱 빛나 보일 것입니다. 어두운 색으로 가까운 근경에 낮은 투명도로 가볍게 눌러줍니다.

34

오른쪽 근경에 지형을 조금 더 구체적인 형태로 바꿔야 합니다. 평면적인 느낌을 없애기 위해 가까운 곳을 조금 더 높게 표현하고 그 뒤로는 같은 결로 계속 이어나갑니다.

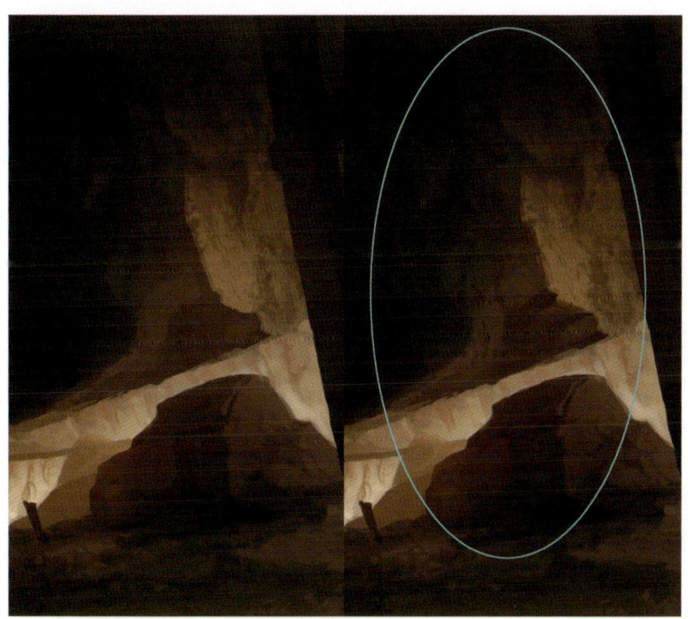

35

빛과 가까운 거리에 있는 바위에 더 밝은 색으로 터치하는 동시에 표면의 질감을 더해 줍니다. 그리고 하단부에 어둡게 꺾인 면에는 더욱 어두운 터치를 추가합니다. 모시리나 구석진 곳에 터치를 추가합니다.

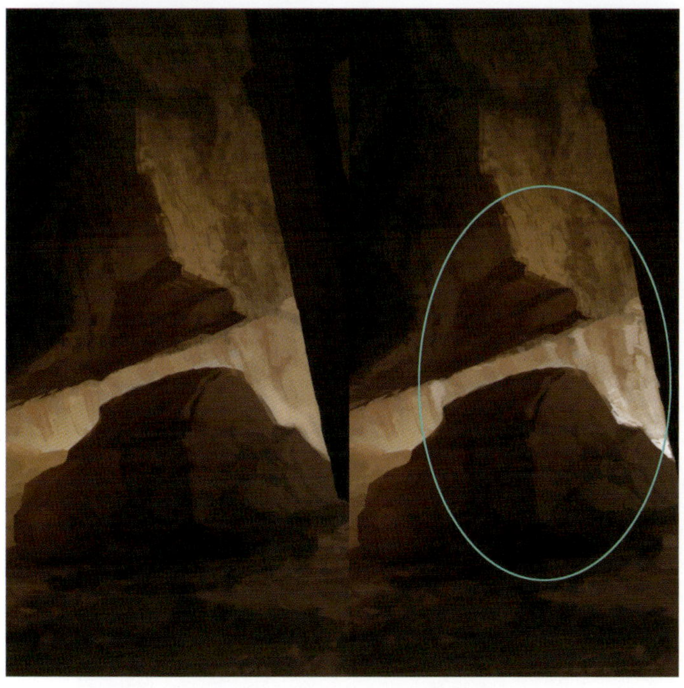

36

빛의 새기가 가장 강한 우측 면에 화이트에 가까운 면을 추가해 더욱 높은 명도를 표현합니다.

37

점차 밝은 부분을 표현하기 시작했고 빛이 약한 좌측도 밝은 면을 추가합니다. 비스듬히 꺾인 면이나 튀어나온 면을 위주로 강조합니다. 이 색은 재질의 색에서 명도와 채도를 조금씩 증가한 것입니다.

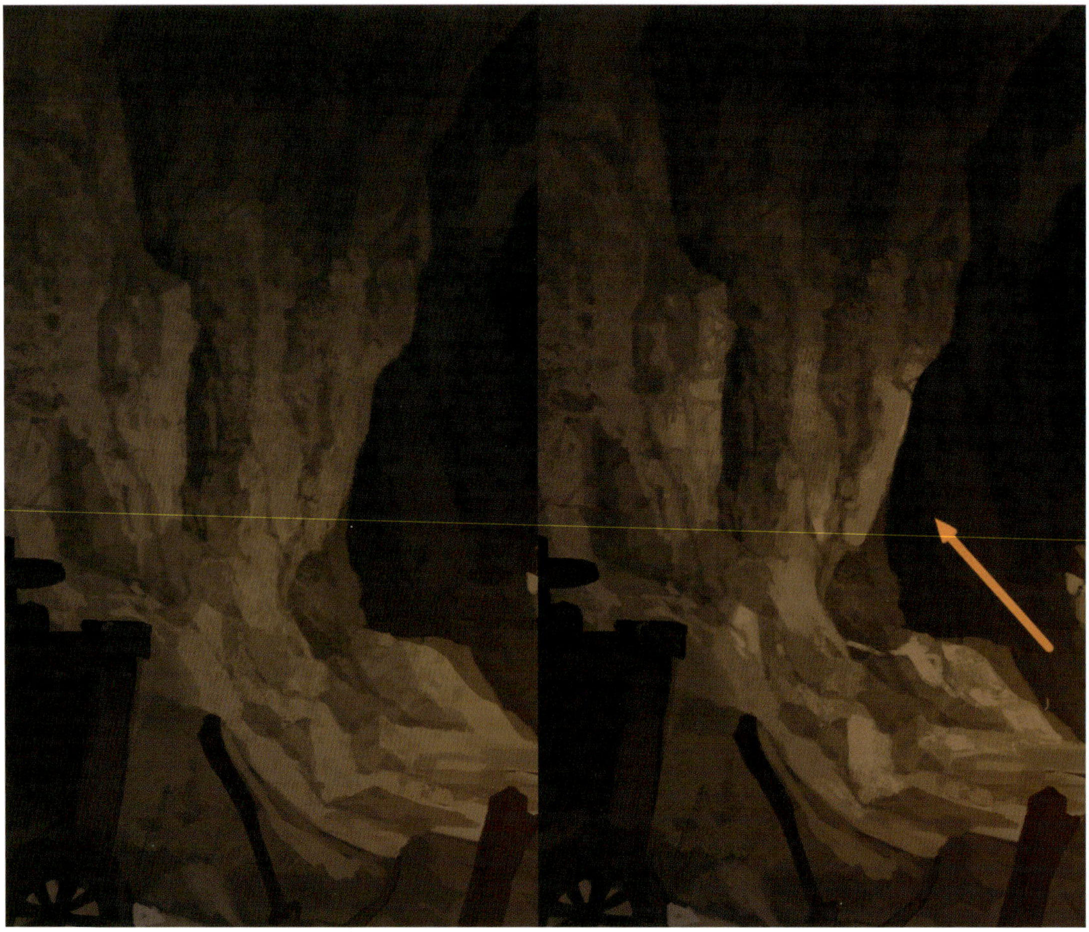

38

바위는 빛이 닿는 면이 불규칙하기 때문에 가장 튀어나온 부분을 먼저 체크해야 합니다. 예시와 같이 바위의 밝은 부분을 찾아 터치하는데 사람마다 다르게 해석할 수 있지만 가장 편하게 그릴 수 있는 위치입니다.

39

이제 사물들을 그려 마무리하는 과정입니다. 먼저 중앙에 다리를 그려봅니다. 먼저 기본적인 색의 명도 차로 재질을 양감을 내주고 어두운 색으로 디테일이나 주변 보조 사물을 그립니다. 이후 하이라이트만 이용해 마무리합니다.

40

바닥과 사물의 자연스러운 연결을 위해 어둡고 강한 터치를 더해줍니다. 별거 아닌 과정 같지만 전체적인 밸런스를 영향을 주는 중요한 작업입니다.

41

바닥 부분에 거칠게 터치 후 다시 깨끗하게 정리하는 과정이 필요합니다. 중간 톤으로 뒤덮거나 또는 깎아내면서 부드럽게 정리합니다. 되도록 정리할 때 돌멩이와 비슷한 형태를 만든다는 느낌이 좋습니다.

42

약간의 차이로 느껴지지만 바닥의 형태를 조금 더 구체화해보았습니다. 방법은 간단히 튀어 나와는 부분에 밝은 터치를 합니다. 이전 단계의 예시와 비교하며 차이점을 찾아봅니다.

43

좌측 앞에 보이는 뒤짚힌 레일카를 그려 보겠습니다. 이전 단계에서 실루엣과 기본적인 양감을 어둡게 표현해 두었고 그 위로 조금씩 밝게 터치를 하며 디테일을 올려줍니다. 금속 부분이 있는데, 어두운 그레이 통이지만 블루 쪽에 가깝게 합니다. 이 명도에 맞는 색을 스스로 찾아보는 것이 좋습니다.

44

금속 부분과 뒤에 보이는 나무 구조물에 약간 밝은 톤으로 터치합니다. 동시에 작은 부분을 그려야 하는데 금속판에 보이는 못이나 나무 구조물의 못 자국입니다. 근경으로 올수록 점차 작은 물체가 보이게 하는 것입니다.

45

중경의 구조물도 아래에서 올라오는 빛을 표현하기 위해 하단 쪽을 밝게 터치합니다. 천장으로 올라갈수록 점차 어두워지도록 하는 것입니다.

46

작은 소품들의 표현은 예시와 같이 어둡게 처리하고 정면에서 보는 반사광의 톤을 이용해 양감을 잡습니다. 하이라이트로 뒤에 있는 사물과 분리하는 방법으로 그려나갑니다.

47

이제 마지막으로 그림의 가장 포인트가 되는 곳에 강한 하이라이트를 그려 시선이 그쪽을 향하도록 만들어야합니다. 예시에서 보여주는 좌측 하이라이트는 이론적으로는 불가능할 수 있는 부분입니다. 하지만 인상적인 컨셉을 만들기 위해 조금 왜곡해 그리는 것도 하나의 방법입니다.

48

이렇게 동굴 그리기를 진행해 보았습니다. 동굴은 자연물이지만 실내의 빛과 유사하고 자연물이기 때문에 다양한 빛 반사를 표현할 수 있습니다. 빛의 색을 바꾸고 다른 구도를 시도하는 것도 좋은 연습이 됩니다.

건물 컨셉아트 그리기

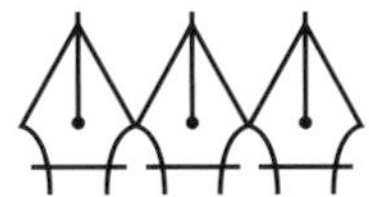

건물이 있는 풍경

배경 컨셉아티스트가 가장 먼저 확보해야할 포트폴리오는 건축물이 있는 컨셉아트일 것입니다. 그렇기 때문에 연습도 많이 해야 하는 그림입니다. 사실 그런 컨셉아트를 하려면 여러 가지 테크닉이 필요합니다. 투시, 구도, 색감, 빛, 디자인 등 모든 것이 하나로 합쳐졌을 때 좋은 샷이 나옵니다. 이번 과정에 앞서 계획은 무게감 있고 안정적인 빛과 편안한 3점 투시 정도의 샷으로 진행해보겠습니다. 예시를 보면 알 수 있듯 건축물이 약간 좌측에 위치하고 있습니다. 좌측에 메인 사물이 있을 경우는 우측의 작은 사물의 배치가 중요해집니다. 우측에 아무것도 없는 것 같지만 사실 그렇지 않습니다. 원경에 산과 언덕의 나무가 좌측 건물의 주도권을 뺏어오고 있습니다. 이렇게 구성을 만들며 스케치하는 것도 좋습니다. 건물의 양식은 서양풍으로 정했고 구조는 큰 덩어리에 사방에 붙어있는 형태입니다.

1

시작에 앞서 투시 선은 항상 체크해 주시기 바랍니다. 파란 선이 좌측 점이고 빨간 선이 우측 점의 선입니다. 이 선들에 맞추어 건물의 형태를 스케치합니다.

2

그림은 항상 먼 곳부터 차례대로 그려야하고 그 첫 번째가 하늘일 것입니다. 하늘의 색을 먼저 결정해야 하는데 톤을 정하기 앞서 하늘 색의 중요성에 대해 알아본다면, 원근을 표현하는 밸류에 영향을 주고 빛에도 연관성이 있기에 매우 중요한 출발입니다. 그러면 이제 하늘의 색에 대해 알아보겠습니다. 현재 설정은 오전 시각으로 정했고 빛이 적당해 사물들이 잘 보이는 느낌입니다. 예시에 있는 두 개의 색은 밝은 색과 어두운 색 두 가지이고 빛 방향은 우측으로 설정합니다. 밝은 색을 빛의 방향인 우측으로 배치하고 어두운 색을 좌측으로 두고 그라데이션합니다.

3

하늘 색을 그라데이션하고 구름을 그리기 시작합니다. 구름은 일반적인 브러시로 그리기는 조금 불편하기 때문에 커스텀 브러시를 이용해 그려봅니다. 구름의 색은 화이트 컬러로 시작하지 않고 약한 그레이 톤 정도로 형태를 만듭니다.

4

먼저 형태를 만든 다음 해당 레이어를 영역을 지정하고 화이트를 그려줍니다. 이때 화이트의 위치는 구름 상단 부에 걸리도록 그려 줍니다. 나머지는 자연스럽게 구름의 밑면이 됩니다.

5

그림에 가장 원 거리에 위치한 산을 먼저 그립니다. 색감은 하늘의 색에 채도와 명도를 조금 낮추는 것이 적당합니다. 점차 어두운 색을 터치하고 다시 밝은 톤으로 터치하며 산의 느낌을 만듭니다.

6

가장 먼 산과 두 번째 중경의 만나는 지점이 명도로 분리시켜 원근의 전개가 확실히 느껴지도록 합니다.

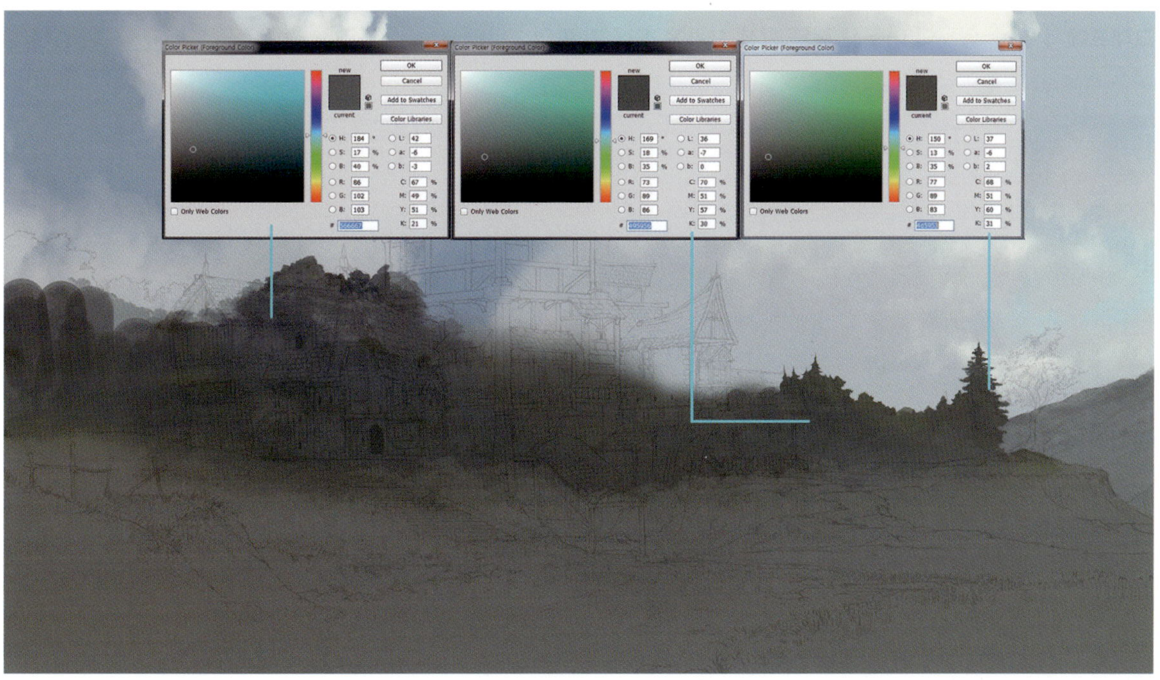

7

중경의 숲의 컬러에 대해 알아보겠습니다. 색감은 전반적으로 채도가 높지않고 약간 차가운 색으로 정했습니다. 예시에 있는 컬러 피커를 보시면 가장 먼 곳의 색은 에메랄드 색의 뿌리로 보고 채도가 낮습니다. 그리고 중앙에 블루에 가까운 그린 톤은 중간 음영 정도의 색으로 보면 되고 좌측에 블루 톤은 조금 어둡습니다. 이렇게 톤을 나열해 형태를 만듭니다. 이 색들의 특징은 서로 명도가 비슷하다는 점입니다. 이렇게 비슷한 선에서 색 차이를 만들며 실루엣을 만듭니다.

8

밑색 작업이 끝난 후에 다시 어두운 색으로 덩어리를 표현해야 합니다. 우측이 기본색이고 어두운 색은 좌측입니다. 그래프에서 알 수 있듯이 어두운 색은 항상 차가운 색을 띠고 있습니다.

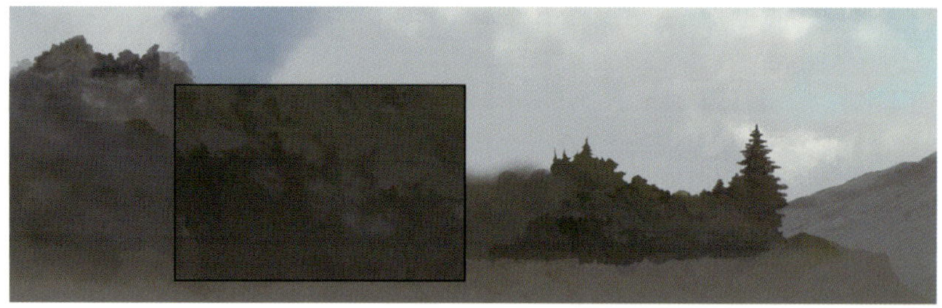

9

덩어리의 표현은 그림의 양감에 중요합니다. 밝은 색과 어두운 색을 번갈아가면서 형태를 만듭니다.

10

다소 차가운 색을 띠고 있는 덩어리에 녹색에 가까운 색으로 거리를 만들기 시작합니다. 좌측만 표현하는데 그 이유는 우측보다 가까운 거리이기 때문입니다. 서서히 근경의 색의 영향을 받습니다.

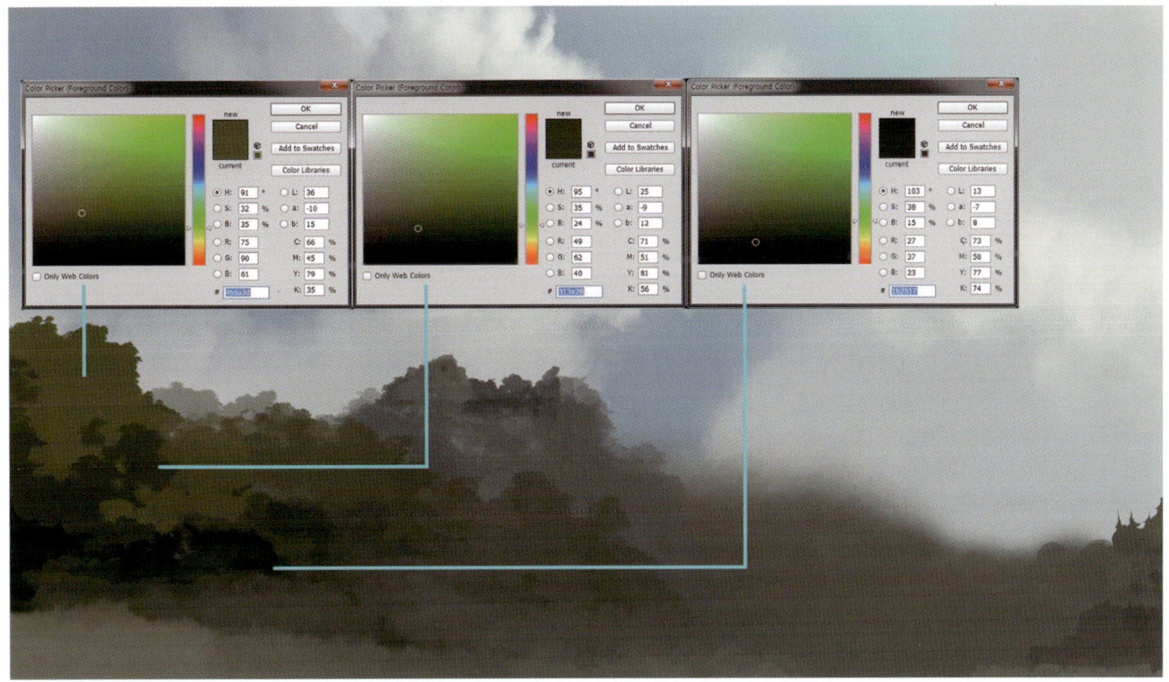

11

가까운 숲의 색감입니다. 밝은 톤, 중간 톤, 음영 톤 순서로 나열하였습니다. 밝은 색의 피크를 보시면 명도가 화이트 쪽으로 올라가 있습니다. 중간색은 명도만 떨어져 있고 음영은 블루 방향으로 올라가 있습니다. 이렇게 색 배치를 먼저 하고 테스트를 해본 후에 터치를 시작합니다.

12

덩어리를 구성하는 각 색깔은 서로 엮이는 느낌으로 터치합니다. 각 색의 레이어를 따로 생성해 주면 덩어리를 만드는데 조금 더 유리합니다. 예를 들어 터치를 한 후에 살짝 지우면서 마무리하면 형태가 더 잘 나옵니다.

13

숲의 옆쪽은 뒤편에 원근 색으로 가볍게 터치하는데 이때 에어브러시를 이용합니다. 약간의 공기 효과를 주기 위해서 입니다.

14

숲이 어느 정도 마무리되면 건축물의 실루엣을 만들어야 합니다. 마찬가지로 뒤쪽 사물보다 점차 어둡게 그려야 합니다. 밝게 시작하는 그림도 있지만 안정적인 드로잉을 위해 어둡게 시작해 조금씩 밝게 표현하는 것이 좋습니다. 상단 쪽이 조금 밝아보이도록 그라데이션합니다. 컬러는 상단에 그린 채널과 하단에 블루채널입니다.

15

지붕과 벽면의 기본 색을 배치합니다. 지붕은 청색 계열 정도로 예상하고 블루와 그린 중간 정도의 어두운 색으로 지정합니다. 벽면은 밝은 화이트 계열로 예상하고 그레이와 유사한 색으로 지정합니다.

16

서양식 건축물은 대부분 돌과 나무 흙으로 만들어집니다. 나무를 기본 뼈대로 지어지고 대부분 외부에 드러납니다. 한마디로 나무의 색이 많이 포함된다고 생각하면 됩니다.

17

건물 주변에 풀밭의 색을 배치합니다. 그린 계열 색으로 하는데, 조금 어둡게 시작하는데 포인트입니다. 전체 그린 채널에서 따뜻한 쪽으로 지정합니다.

18

지면의 색은 때에 따라 다른데 지금은 흙이 많은 상태입니다. 어두운 밑 색 위로 노란색 계열의 낮은 채도인 색으로 투시와 결의 방향따라 가볍게 터치합니다.

19

벽의 하단에 약간의 풀의 흔적을 남겨두는 것도 좋습니다.

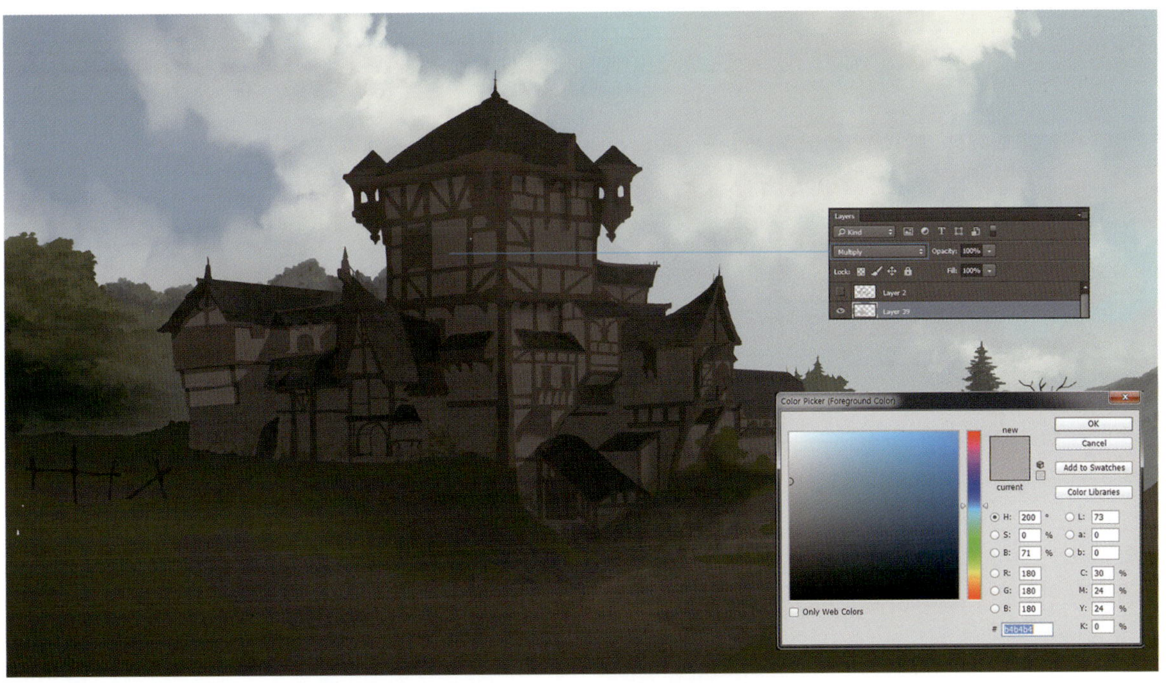

20

색 배치가 어느 정도 끝났다면 어두운 음영을 표현해줍니다. 먼저 그림자나 어두운 면적을 넓게 만들어 주면 이후 빛 효과에 유리하게 작용합니다. 지금까지 과정을 보면 "너무 어두운 것이 아닌가?" 라는 생각이 들겠지만 현재 컬러는 전부 어두운 부분을 그리고 있는 것입니다. 밝은 부분을 동시에 들어가는 기법은 빛 강도의 균형을 완벽하게 예상하고 들어가야 하기 때문에 초보분들은 실패 확률이 높아집니다. 안정적인 밸런스를 유지하며 그림을 끝까지 그려나가려면 이렇게 어두운 음영을 먼저 그리고 밝은 부분을 차근차근 올려주는 방법이 좋습니다. 이제 레이어를 multiply 로 바꾸고 그레이 톤으로 그림자와 어두운 부분을 찾아 터치합니다. 건물의 하단을 가장 어둡게 눌러줍니다.

21

그레이 음영을 최대한 세심하게 넣어주는게 좋은데 양식의 작은 틈이나 구석진 곳에 터치합니다.

22

기본 음영 처리가 끝나면 본격적인 드로잉을 시작합니다. 먼저 지붕의 기와를 표현하기 위해 어두운 선을 이용해 간격을 나누어주고 우측 컬러를 이용해 밝은 면을 그려줍니다. 약간 밝게 드러나도록 하고 조금 불규칙하게 터치하는게 좋습니다. 좌측도 마찬가지로 밝은 부분만 살짝 표현하는 것입니다. 처음 기본색을 그릴 때 지붕 색을 그린 톤에 가깝게 시작했고 그린 톤을 뿌리로 두고 있습니다. 좌측은 어두운 블루 톤으로 음영의 색으로 계속 쓰고 있습니다. 어두운 음영의 색은 공기와 연관이 있는데 현재 날씨나 시각을 나타내기도 합니다.

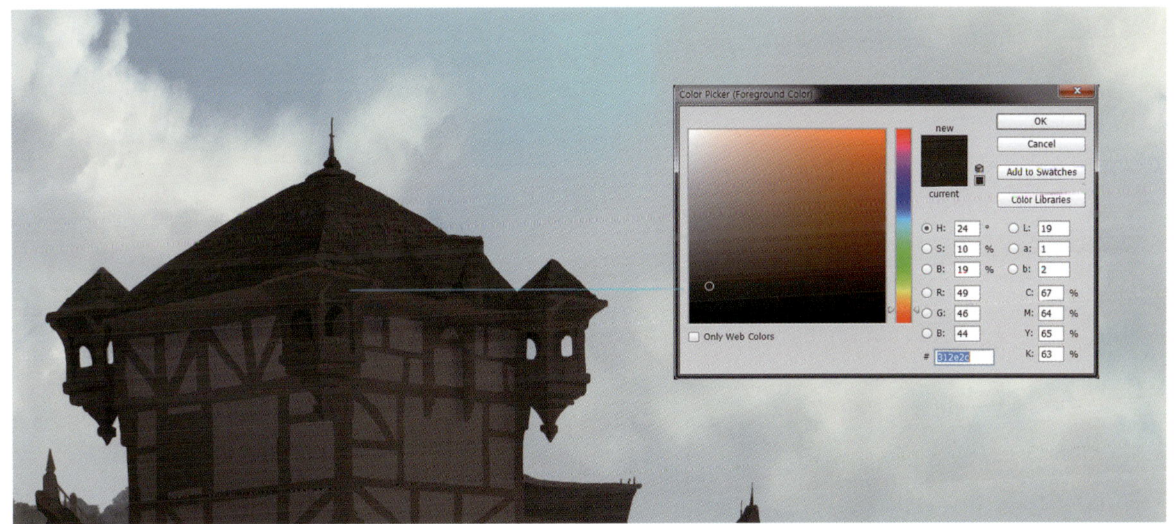

23

건물의 구조를 먼저 표현해 나가는데 이제 단계별 어두운 색을 직접 찾아야 합니다. 가장 쉬운 방법은 명암이 들어가야하는 곳에 스포이드 툴로 컬러를 피킹하고 (brush모드에서 alt키 누름) 피커를 열어 현 위치에서 수직으로 조금씩 내리며 톤을 찾는 것입니다.

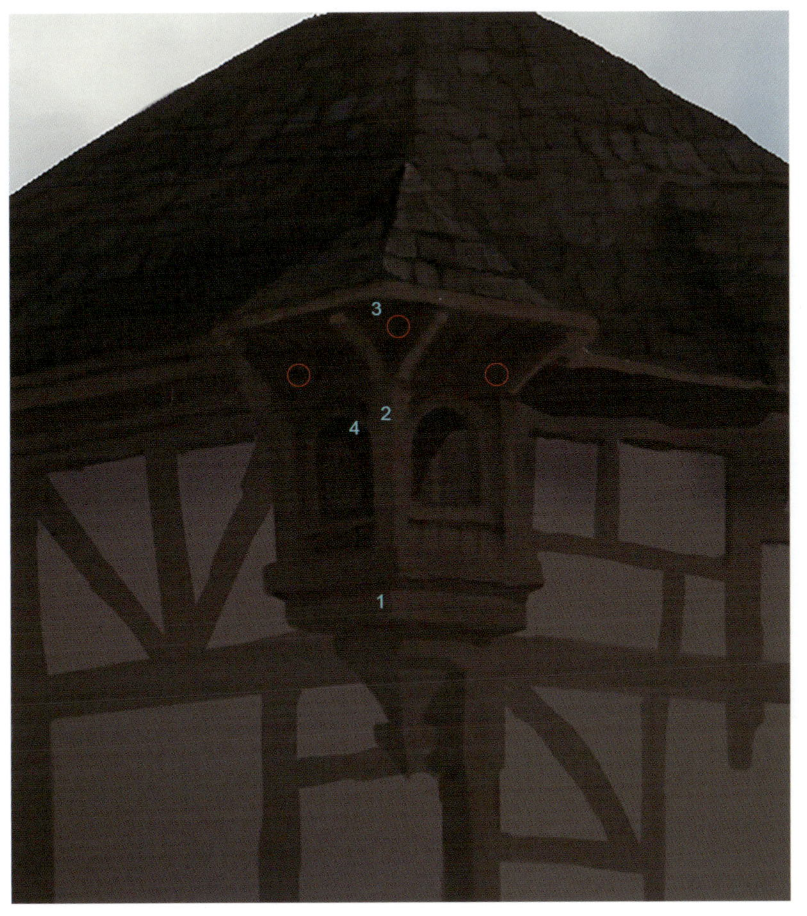

24

양식의 디테일을 위해 명암의 단계를 더 깊이 들어가 봅니다. 예시와 같이 명암의 단계를 나누어 터치하는데 점차 구석으로 들어갈수록 어둡게 만들어줍니다. 계속 어두운 색만 이용해 형태를 그려나갑니다. 나무의 질감도 표현해나가는데 결의 방향따라 조금만 터치합니다.

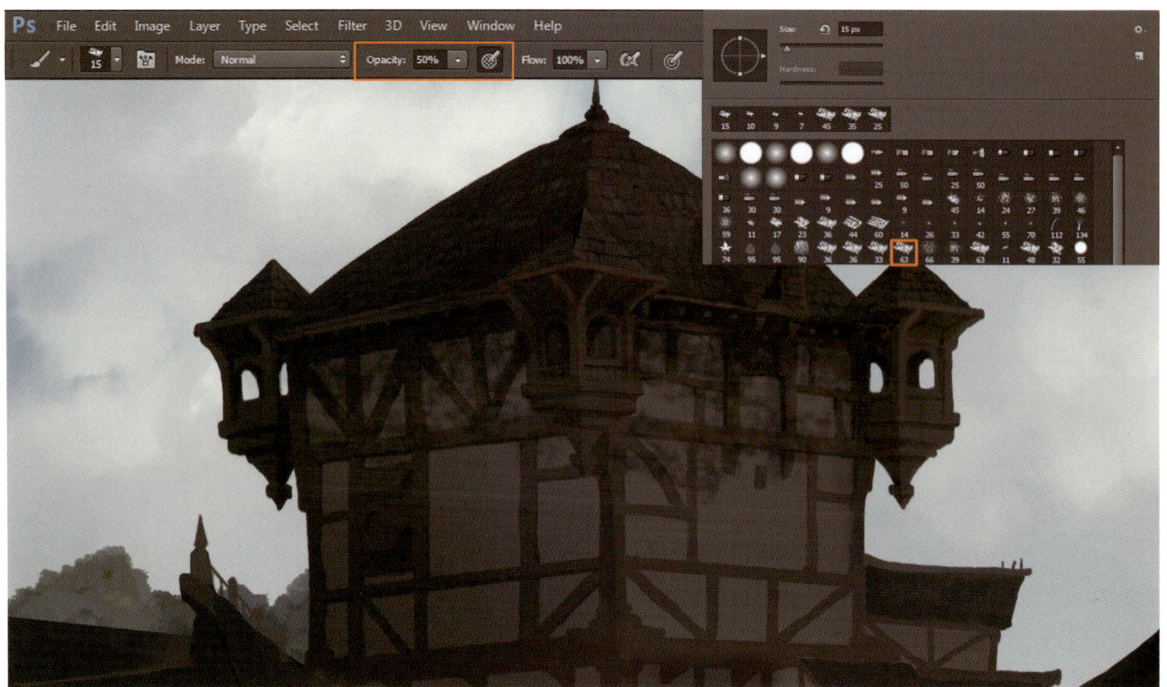

25

1차 질감도 미리 표현해 두는 것이 좋습니다. 포토샵 기본 브러시 중 예시와 같은 그런지 브러시가 있습니다. 이 브러시를 넓은 범위로 크게 꾹꾹 눌러주고 레이어는 따로 하나 생성해서 진행합니다.

26

그런지 브러시로 넓게 터치한 후에 지우는 방식으로 만들어 나갑니다. 질감의 형태는 벽돌이 박혀있는 느낌으로 블럭 모양을 이어줍니다.

27

건물의 반대편과 하단도 질감을 계속 추가해
나갑니다. 브러시의 필압을 약하게 하고 얇게
질감을 도포합니다.

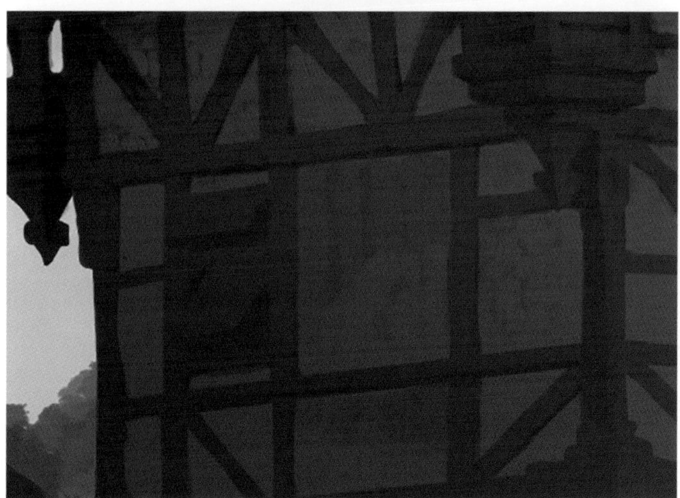

28

지우개 툴로 벽면의 톤을 지우면서 블럭 형태
의 질감을 만듭니다. 이 과정은 여러 번 반복
하며 좋은 모양을 얻습니다.

29

이 과정에서 얻은 벽의 질감입니다. 이 질감
은 마무리를 위한 과정은 아니고 기본적인 양
감을 유지하기 위해서 하는 과정입니다.

30

이전과 비슷한 과정으로 지붕의 선을 추가하며 기와의 어두운 면을 표현합니다. 주변의 건물에도 모두 일괄 터치합니다. 이때 주의해야 할 점은 기와의 크기인데 스케일의 기준은 건물의 가장 작은 창문의 절반 정도로 생각하면 좋습니다.

31

여기까지 건물의 기본 배색이 끝났습니다. 하지만 아직 강도가 부족한 부분이 있습니다. 그리고 건물의 양식과 구조물 결합의 마무리를 더 해야합니다.

32

벽면에 나무 기둥과 결합된 느낌을 강조하기 위해 어두운 톤의 선을 그려 넣습니다. 선의 굵기는 불규칙하게 터치합니다. 어두운 구멍 쪽도 한 톤 어둡게 들어갑니다.

33

구조물의 턱밑과 구석 그리고 그림자의 단계를 표현합니다.

34

지금까지 어두운 포인트를 잡았다면 이제부터는 밝은 색을 이용하여 빛 방향으로 터치하기 시작합니다. 나무부터 시작하는데 채도가 낮은 색을 사용하여 차분한 느낌으로 터치를 합니다.

35

나무의 톤을 약간 증가시킨 후에 벽면의 밝은 색을 터치하기 시작합니다. 건물의 벽면 전체를 일괄 터치합니다.

36

벽면에 밝은 면을 일괄 터치한 후에 한 단계 더 밝은 색으로 전환합니다. 두 번째 밝은 톤은 빛과 가까운 건물의 상단
부를 위주로 몰아줘야 합니다.

37

바닥의 어두운 색을 흙의 경계에 터치합니다. 레이어는 따로 생성해서 시작합니다.

38

풀밭의 양감을 만들기 위해 이전 터치를 깎으며 형태를 만들고 흙과 풀을 연결합니다.

39

흙 바닥도 마찬가지로 어두운 색으로 굴곡을 표현합니다. 브러시 오파시티 감압을 약하게 하고 부드럽게 터치합니다.

40

스케치에 있는 건물 주변 돌계단을 그려 봅니다. 계단은 먼저 어두운 색으로 터치하고 윗면은 남겨 둡니다.

41

언덕과 풀의 경계에 어둡게 터치합니다.

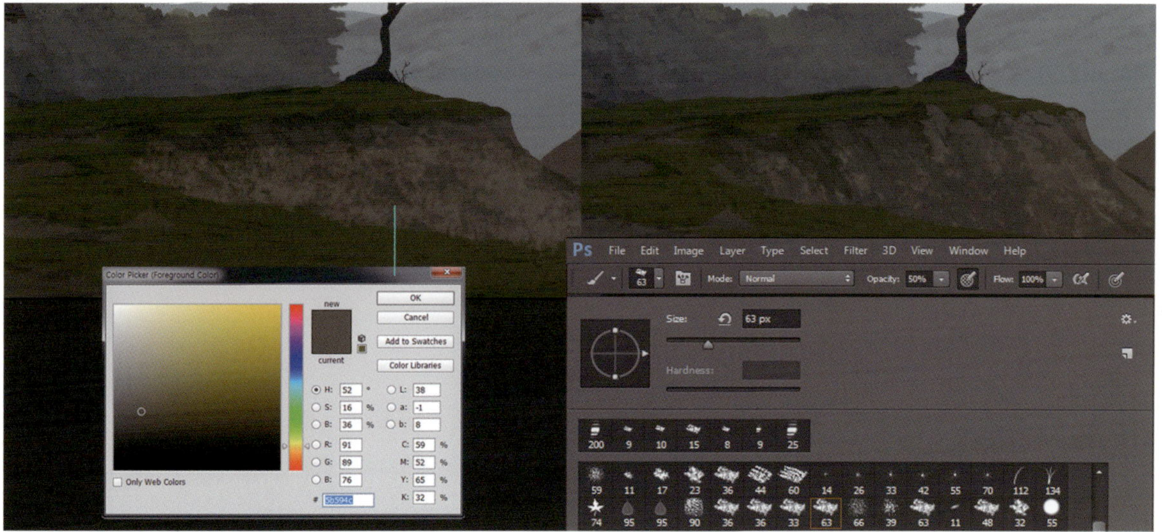

42

언덕을 밝은 색으로 덮고 그러지 브러시로를 사용하여 지우는 방식으로 우측 예시와 같은 형태를 만들어 갑니다.

43

근경 쪽에는 흙을 표현하기보다는 조금 더 밝은 돌무더기를 그린다고 생각하는 것이 좋습니다. 색의 변화가 더 많은 것이 그림의 재질 구성에 더 좋습니다.

44

근경의 돌무더기를 그렸고 그 해당 레이어를 마스킹합니다. 마스킹 단축키는 ctrl+art+G입니다. 이렇게 상위 레이어를 마스킹 레이어로 만들고 돌의 색에서 명도만 조금 올리고 밝은 톤으로 터치합니다.

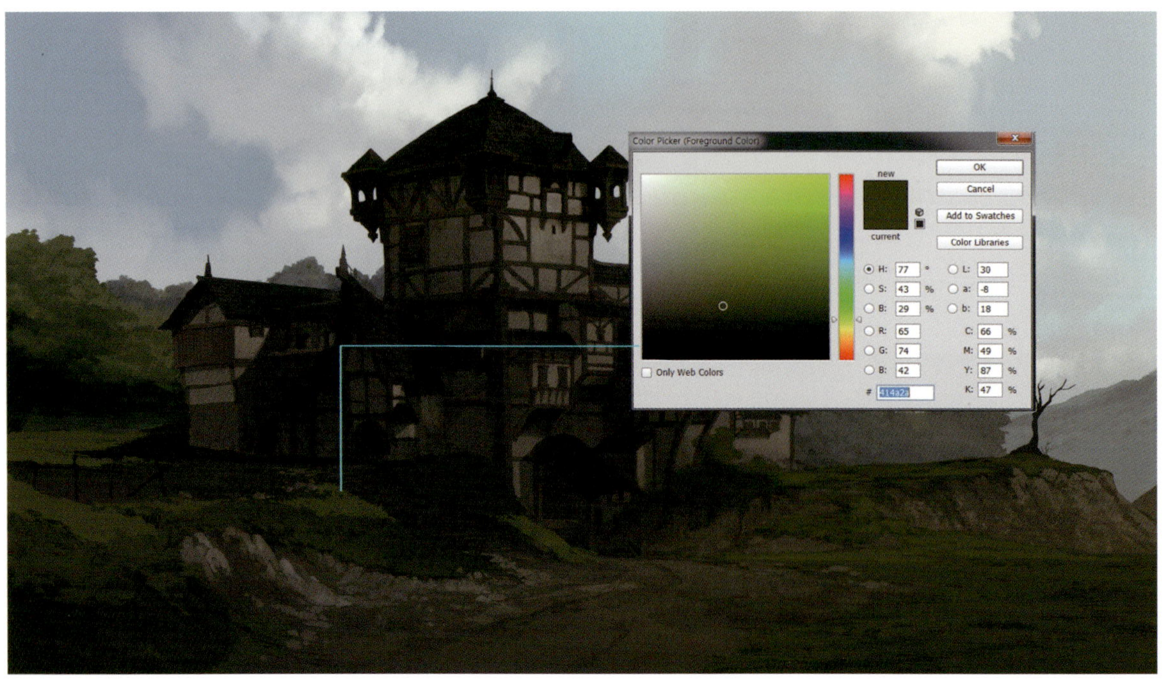

45

풀밭에 더욱 밝은 색을 그려 빛의 표현을 더 상승시켜봅니다. 어두운 풀의 색이 바닥에 받쳐주고 있기 때문에 명도를 조금만 올려도 바로 효과를 느낄 수 있을 것입니다.

46

전체적으로 순환하는 방식의 그림이기 때문에 다시 건물의 지붕으로 돌아가 보겠습니다. 이번에는 기와에 확실히 밝게 인지되는 밝은 톤을 터치합니다. 예시 중앙에 확대된 부분을 보시면 모서리나 부러진듯한 느낌의 부위에 터치합니다.

47

다시 바닥으로 돌아가 보겠습니다. 색감이 전체적으로 한 톤으로 흐르기 때문에 다소 답답한 느낌이 듭니다. 그렇기 때문에 색을 하나 더 추가하는데, 약간 황토 빛을 느낄 수 있도록 예시와 같이 색을 추가로 터치합니다.

48

다시 건물로 돌아와 다음 단계의 어두운 터치를 합니다. 현재 꺾인 면과 양식의 접합부에 블랙 포인트를 그려 넣습니다. 사실 이 단계를 무시하고 그리는 경우가 많은데 가장 중요한 터치라고 볼 수 있습니다. 그림에 힘이 실리는 중요한 부분이기 때문입니다.

49

구조물의 디테일은 면을 덧붙이는 가운데 완성되어야 합니다. 최대한 면의 밝기나 어두운 색을 이용해 형태의 디테일을 다 표현해내야 시원시원한 샷을 얻을 수 있습니다. 예시와 같이 밝은 면과 어두운 면의 배치로 형태를 더 뚜렷하게 만듭니다.

50

어두운 색을 이용해 형태를 다듬는 과정은 계속 이어지고 있습니다. 건물의 창문 디자인도 어두운 색으로 표현하는데 밝은 터치가 들어가야 하는 부분은 남겨두고 진행합니다.

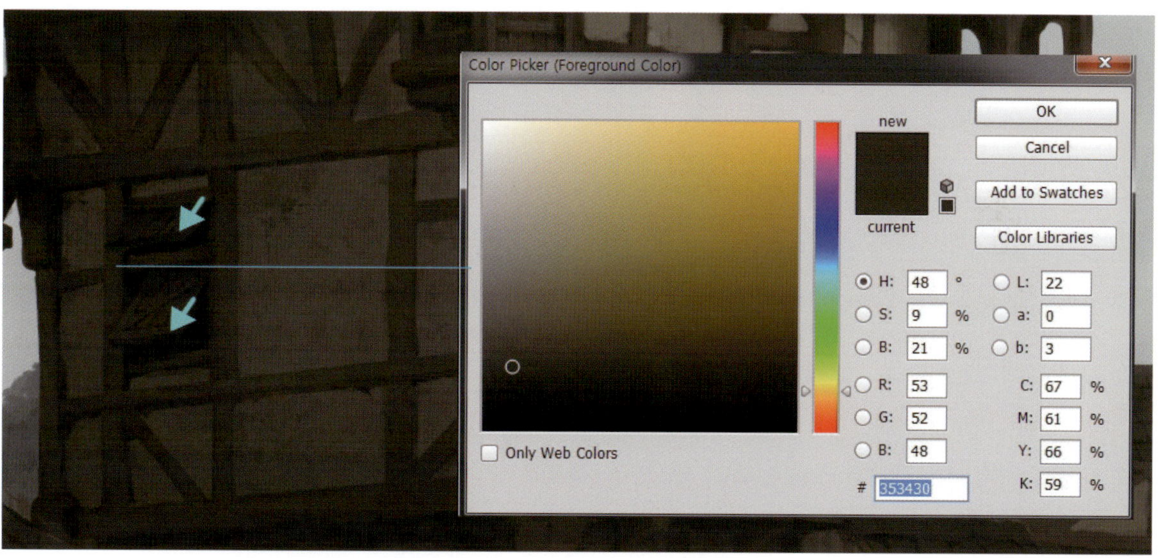

51

어두운 색 터치로 윤곽과 깊이를 만들고 다시 밝은 톤을 이용해 남겨둔 위치에 터치를 합니다. 현재 예시는 건물의 어두운 좌측 부분이고 빛이 많지 않은 위치이기 때문에 밝은 톤도 아주 조금씩만 밝게 터치합니다.

52

벽에 구멍이나 상세한 질감을 추가할 차례입니다. 기본적인 질감이 이미 있기 때문에 2차 질감을 넣을 때에 좋은 효과를 얻을 수 있습니다.

53

재질의 색을 유지하면서 표현해 나갈 수 있지만 더 사실적인 느낌을 주기 위해 일부 저채도의 색도 필요합니다. 또는 조금 다른 색을 추가하기도 하는데, 이번에는 재질의 오염도나 낡은 면을 표현하기 위해 아주 낮은 정도의 터치를 추가해 실사의 느낌으로 유도해 나갑니다.

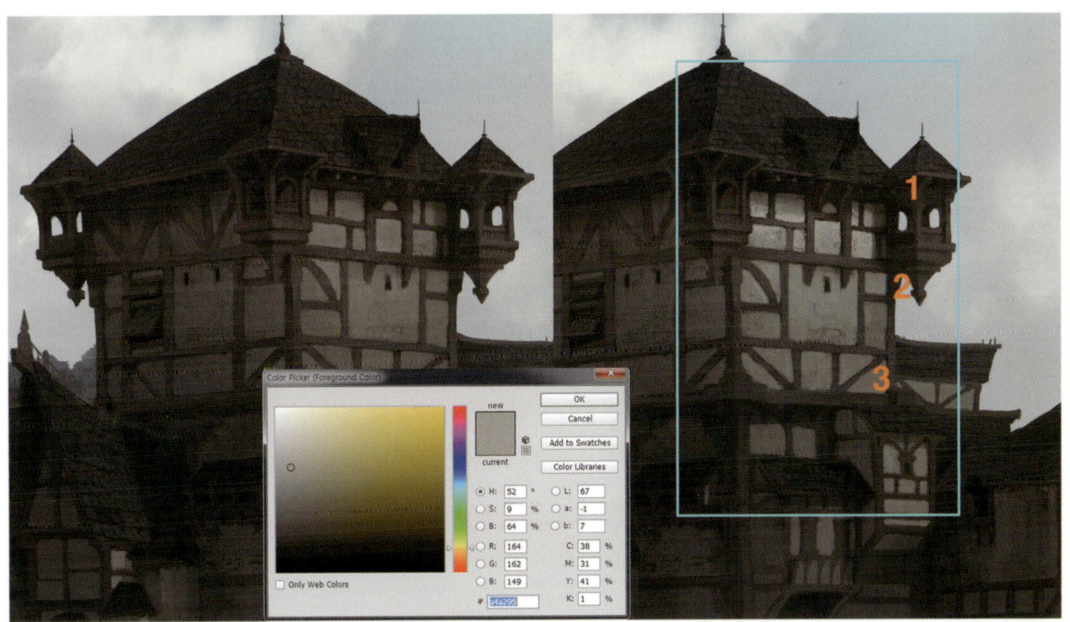

54

저채도 터치를 건물 전반에 일괄 터치하기 시작합니다. 단, 건물 상단 부가 가장 높은 명도를 유지하고 하단으로 향할수록 어둡게 처리합니다.

55

나무의 질감 표현이 끝나면 다시 한번 어두운 색으로 작은 그림자나 작은 구멍들을 표현해 줍니다.

56

건물의 작은 부분을 찾아 꼼꼼히 표현을 합니다. 작은 창문의 안쪽 면을 그리고 밝은 색을 추가 터치하기 시작합니다. 작은 사물들은 큰 순환 형태로 다듬지 않고 바로 표현을 마무리를 합니다.

57

건물의 하단 쪽은 큰 돌들이 있어야 합니다. 밑색이 어두운 편이라 주변을 약간 밝은 색으로 터치하면 바로 덩어리를 얻을 수 있습니다.

58

바위 그리기와 비슷한 패턴으로 양감을 유지하며 큰 돌의 질감을 만들어 갑니다. 순서는 밝은 면>중간 톤>하이라이트 순서로 진행합니다. 터치 중간에는 녹색을 섞어 바닥과 자연스럽게 연결되도록 합니다.

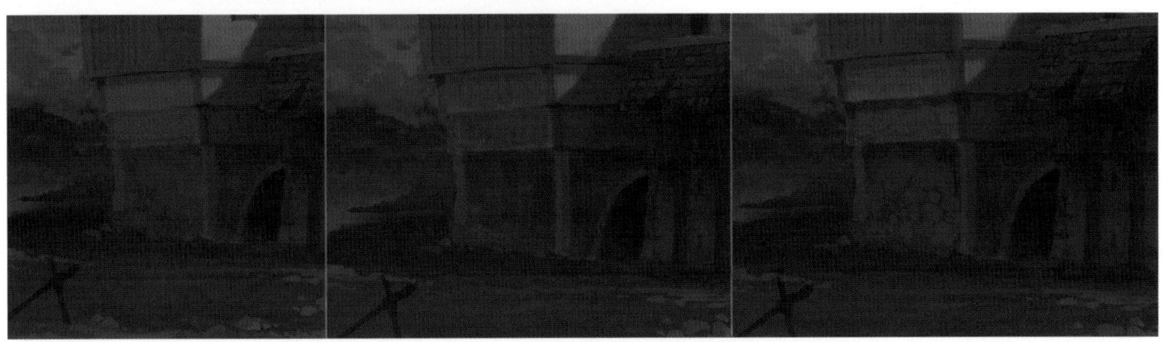

59

뒤편 건물의 하단 쪽도 이전 단계와 같은 방법으로 큰 돌을 만들어줍니다.

60

뒷편 건물의 질감을 그립니다. 방법은 이전 과정과 유사하지만 벽은 앞쪽 건물보다 돌 블럭 크기를 작게 터치하는 게 중요합니다.

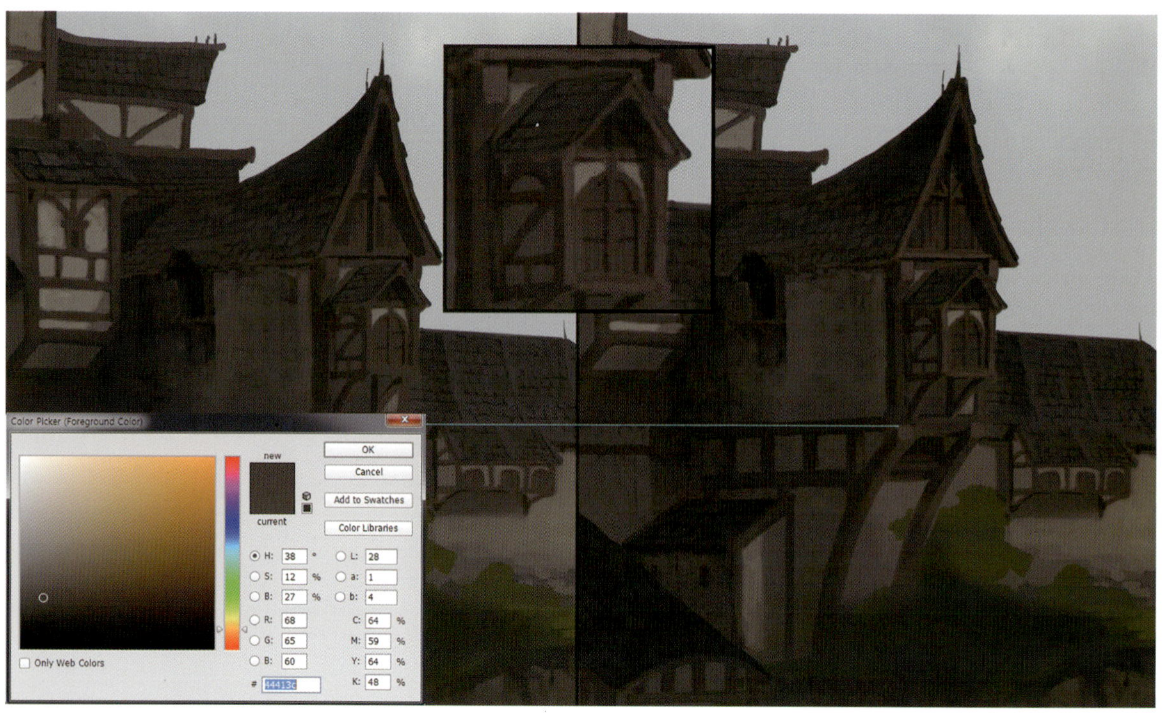

61

우측 건물도 밝은 면을 추가해 보다 뚜렷한 형태를 만들어줍니다.

62

입구 쪽 구조물의 밝은 면과 어두운 면을 동시에 터치합니다. 강도 차이만 가지고도 충분히 디테일을 올릴 수 있습니다.

63

건물의 벽 주변에 그린 톤으로 담쟁이 풀을 그려 넣습니다. 바닥에서부터 자라 올라오는 특징이 있으니 일단 바닥의 녹색과 유사하게 시작합니다.

64

레이어 마스킹하는 방법은 이전 과정과 동일합니다. 레이어를 새로 추가해 담쟁이 풀을 마스킹합니다. 마스킹 후에 어두운 색으로 덩어리를 만듭니다.

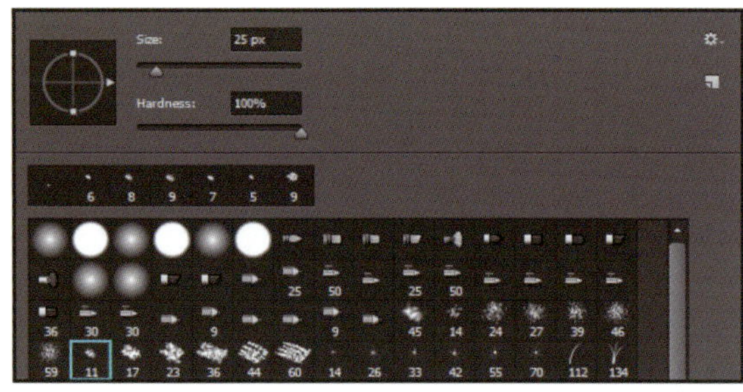

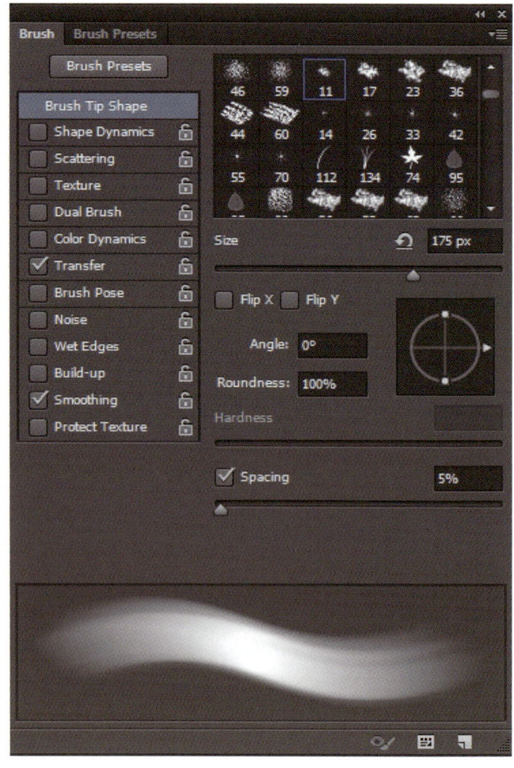

65

자연물을 표현하기 위한 브러시 커스텀을 해보겠습니다. 먼저 브러시 모드에서 마우스나 타블렛펜 우클릭을 하면 예시와 같은 브러시 리스트가 나옵니다. 11번 브러시는 포토샵 기본 브러시이며 이것을 사용하겠습니다. 그리고 포토샵 해당 브러시를 열어보면 프리셋 공간이 나옵니다.

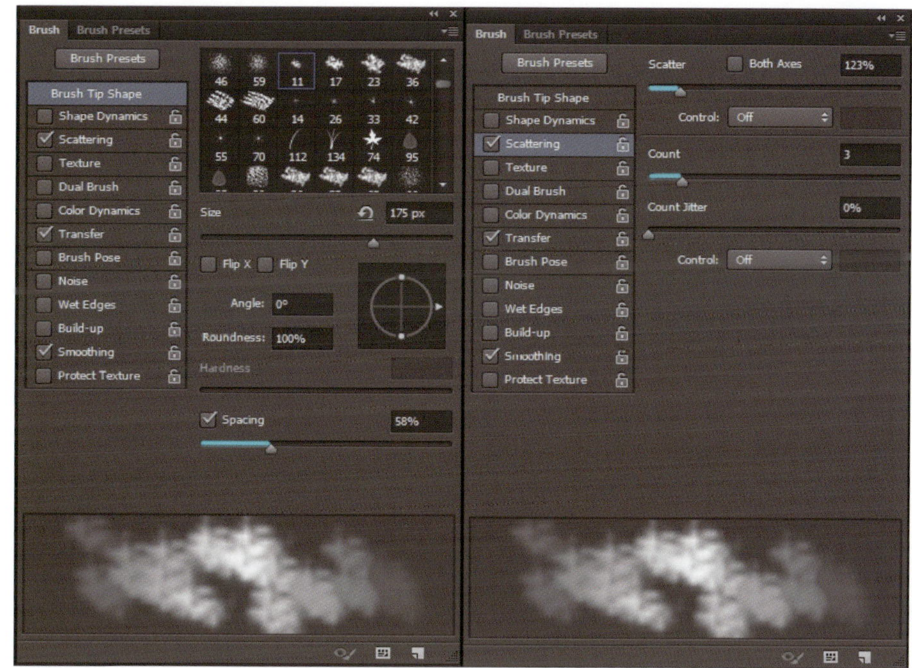

66

이번 그림에서 사용한 브러시 프리셋 수치입니다. 조금 퍼뜨리는 듯한 느낌의 식물의 덩어리를 만드는 브러시입니다.

67

브러시가 준비되면 다시 담쟁이 풀로 돌아가 밝은 터치를 추가합니다. 예시의 컬러 피커에 나와있는 수치대로 명도만
조금 올려 터치합니다.

68

풀과 달리 나무는 덩어리를 만드는 느낌이 조금 다릅니다. 덩어리의 면적을 더 크게 잡아줍니다.

69

나무 덩어리에 밝은 부분과 어두운 부분을 연결하며 잎의 모양을 만들었습니다. 나뭇가지 사이의 공간도 만들어주면 더욱 생생한 나무의 형태를 얻을 수 있습니다.

70

나무의 모양을 대략 그려나갑니다. 그림의 일부분인 것을 고려해 너무 과도한 표현은 삼가고 주변과 강도를 맞춰갑니다.

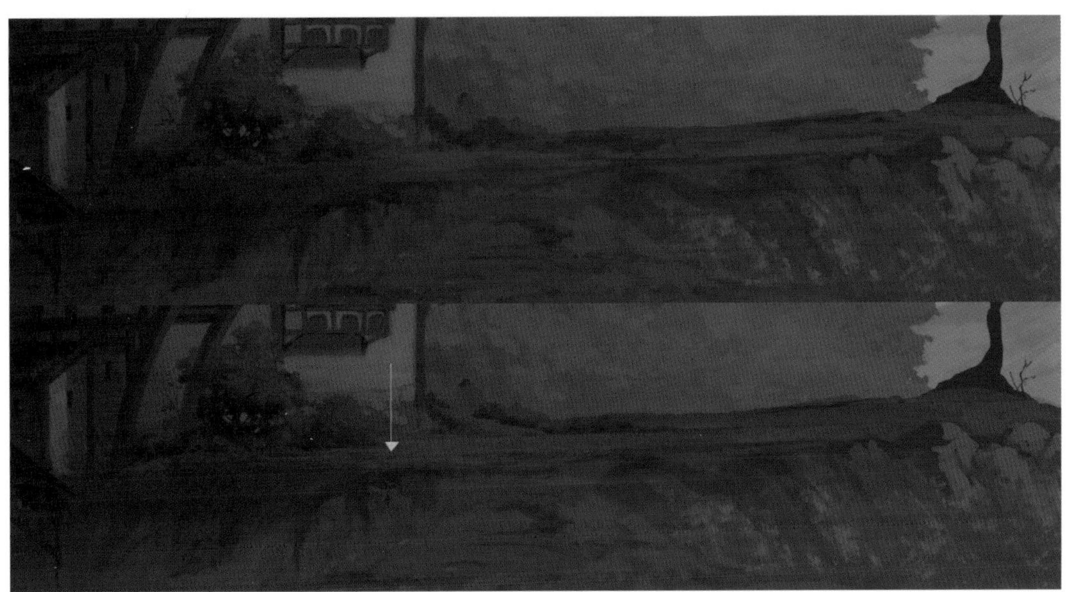

71

풀의 형태는 나무 근처로 향하도록 위아래 수직으로 움직이며 터치합니다. 색은 주변의 밝은 색과 똑같이 유지한 상태에서 진행합니다.

72

언덕 쪽 먼 거리에 돌과 나무의 줄기를 그려줍니다. 보통 바닥 부분의 면처리가 끝나면 다른 재질의 형태나 다른 명도
의 물체를 터치하기 시작합니다.

73

조금 더 멀리 보이는 나무는 요약을 많이 해서 그립니다. 터치입니다. 어두운 실루엣을 먼저 그리고 밝은 색으로 덩어
리를 만드는 방식은 동일합니다.

74

우측에 홀로 서 있는 나무가 보입니다. 줄기를 어둡게 먼저 그리고 잎의 덩어리를 표현하는 방식도 동일합니다. 예시에 있는 브러시로 나무의 실루엣을 그리는데 이 모양을 만드는 것 자체가 쉽지는 않습니다. 요령이 있다면 되도록 원형이 되지 않도록 하고 가상의 가지가 있다고 상상하며 잎이 뻗어 나간다는 기분으로 터치합니다.

75

이전 단계에서는 러프하게 터치하며 형태를 만들었다면 이번에는 브러시 크기 자체를 작게 줄여서 끝부분 위주로 잎을 표현합니다. 줄기는 낮은 채도의 색으로 터치합니다. 터치는 영역을 지정하거나 마스킹하고 진행합니다.

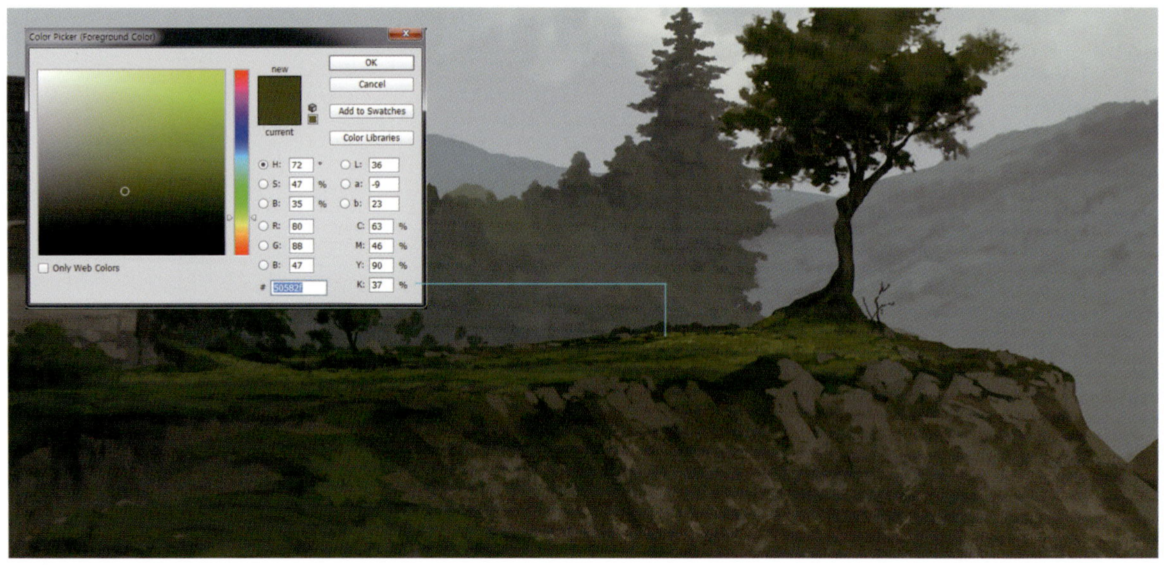

76

지면에 밝은 하이라이트를 이용해 풀을 표현합니다.

77

언덕 쪽 흙이나 돌무더기로 보이는 덩어리들을 더 구체화해야 합니다. 기존의 색을 그대로 이용해 밝은 부분을 추가해 나갑니다.

78

돌무더기의 밝은 면을 더 찾아 터치합니다. 이 과정은 어떤 사물의 명암이나 하이라이트가 아닌 그저 밝은 색의 배치라고 생각하는 것이 좋습니다.

79

근경에 차가운 느낌의 그린 색으로 어둡게 지면에 깔아줍니다. 이것은 중경 쪽의 빛이 더 강해 보이도록 하기 위해 필요한 절차입니다.

80

어둡게 깔린 지면을 밝은 지면과 부드럽게 연결하기 위해 경계 면에 터치를 합니다.

81

어두운 지면 속에 풀 터치를 진행하는데, 전부 그리는 것은 아니고 규모를 만드는 터치라고 생각해야 합니다. 가장 앞쪽의 풀 형태가 크고 뒤쪽으로는 작게 터치합니다.

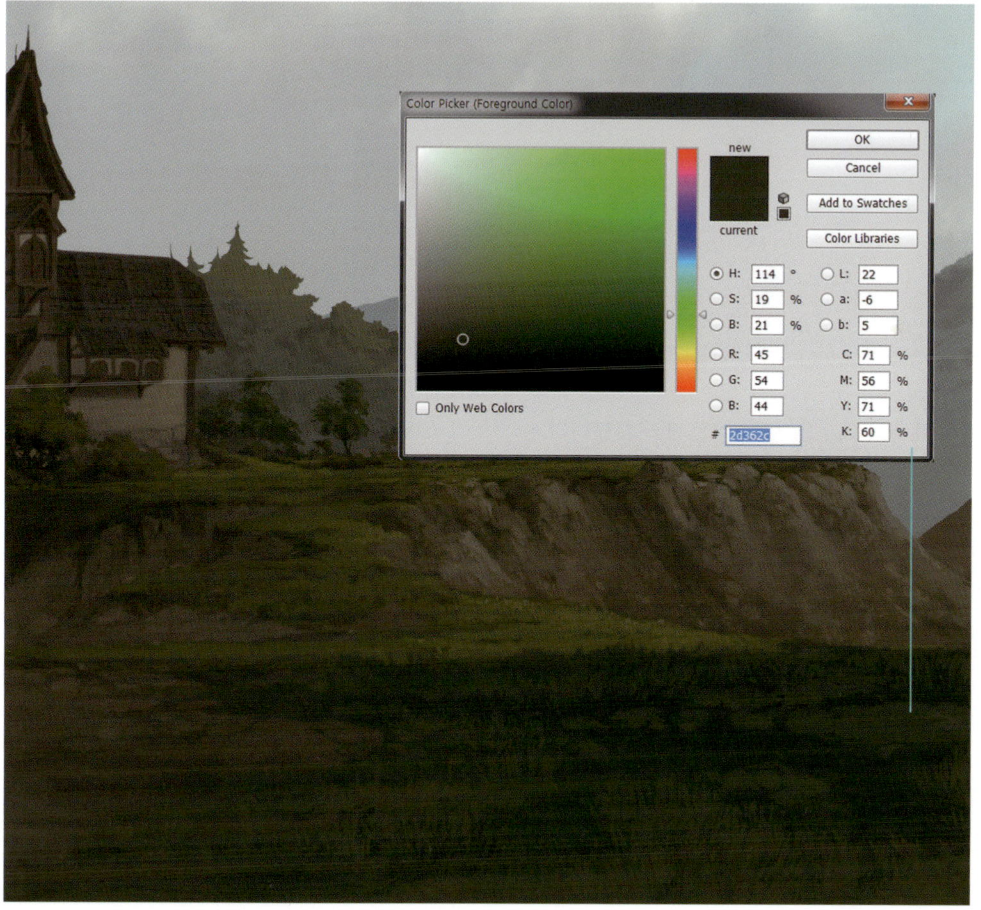

82

어두운 지면에 보이는 돌더미를 그려 줍니다.

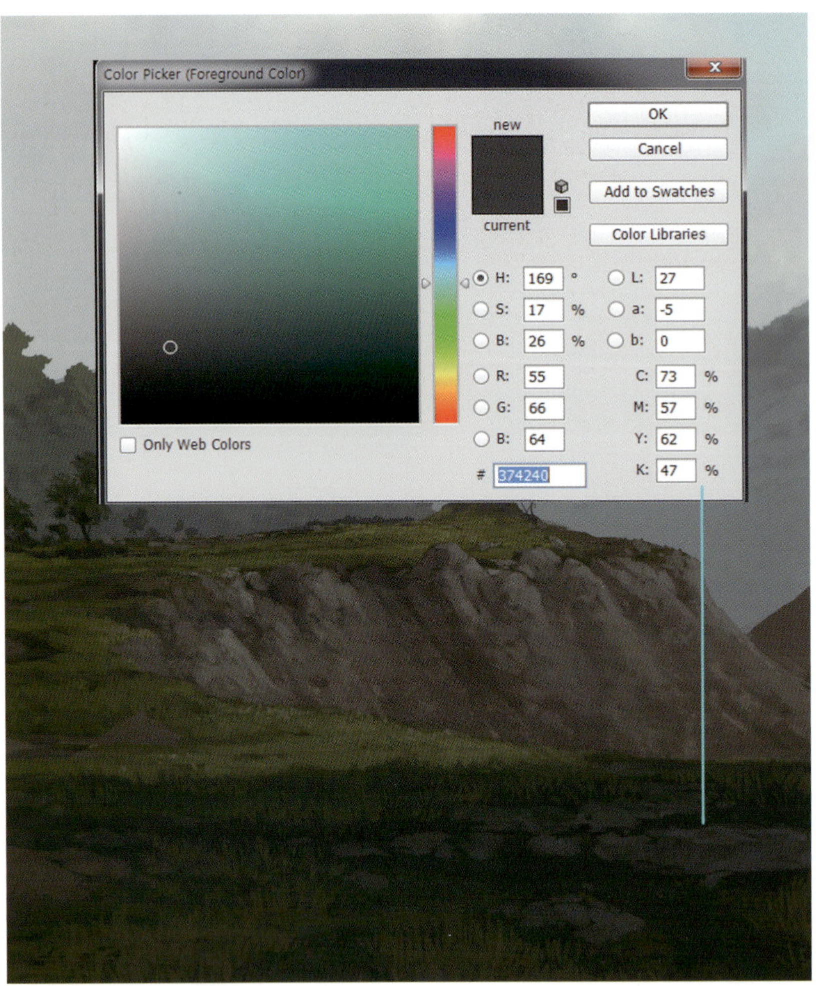

83
돌의 질감 표현은 블루 계열의 어두운 색을 이용해 터치합니다.

84
돌의 주변에 블랙에 가까운 색으로 터치합니다. 이 터치는 지면의 형태 변화만 표현하는 것으로 보면 됩니다.

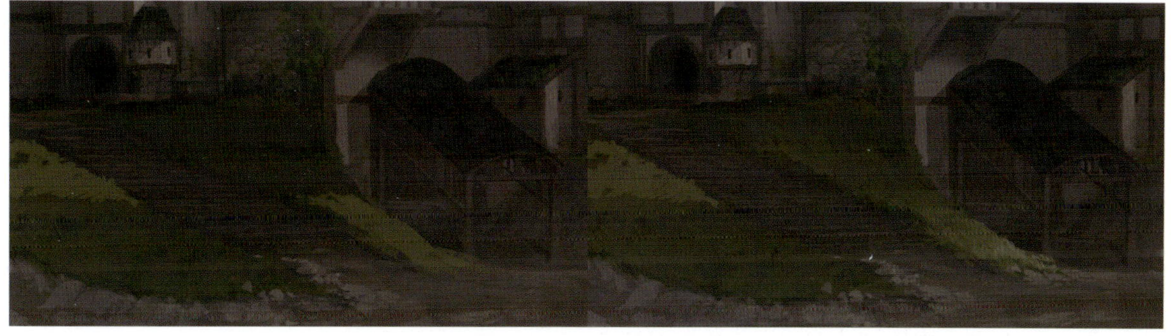

85

좌측 예시의 단순한 면으로 풀밭의 빛을 표현해서 비교해 보았습니다. 빛 효과라고 하지만 사실 단순히 명도만 올린 상태로 봐야 하고 그 면적에 필요한 단계 별 터치가 필요합니다.

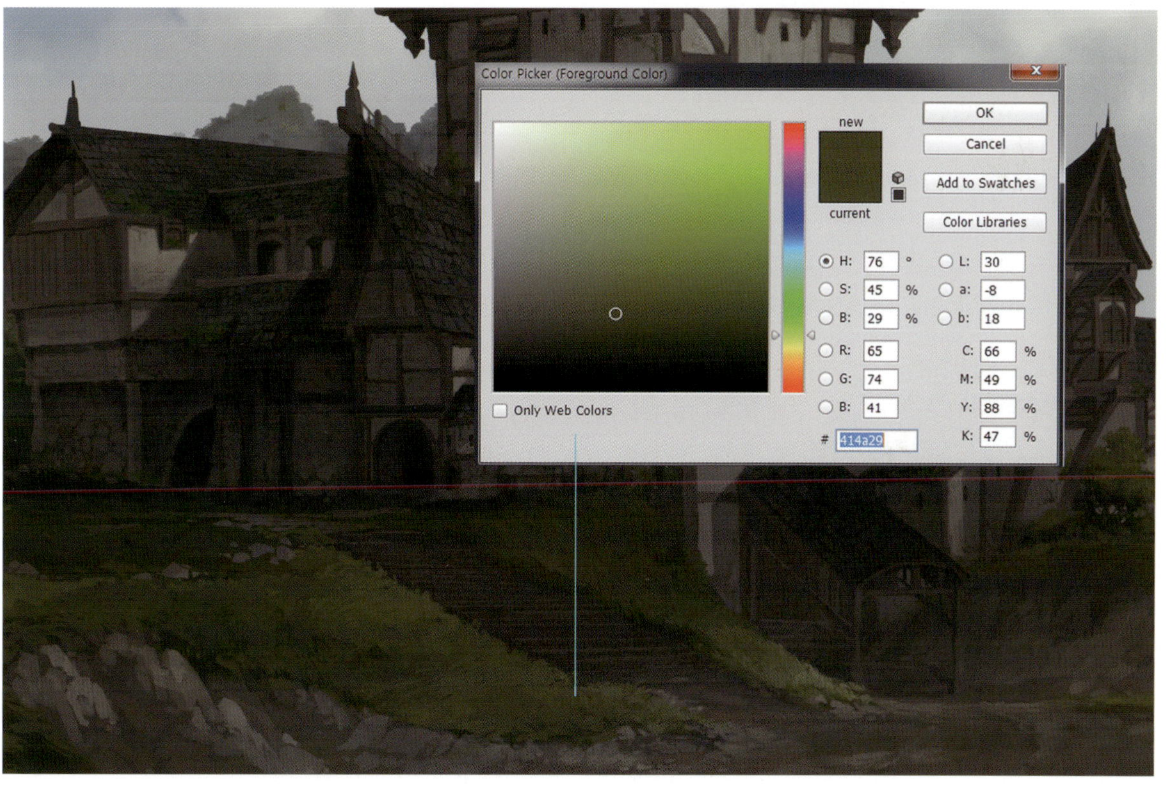

86

계단 주변에 풀의 터치를 확장해 나갑니다. 밝은 톤으로 1차 진행 후에 어두운 색으로 2차 터치를 합니다.

87

건물의 뒷 편의 지면을 터치할 차례입니다. 큰 변화를 주기보다는 기본 색에서 조금만 어두운 색으로 약간의 양감을 표현하고 어두운 그림자는 반대로 조금 밝은 색으로 터치합니다.

88

근경 지면에 작은 돌의 흔적을 더 추가해줍니다. 이전 단계에서 터치한 색들이 남아있고 그대로 톤을 유지하며 진행합니다.

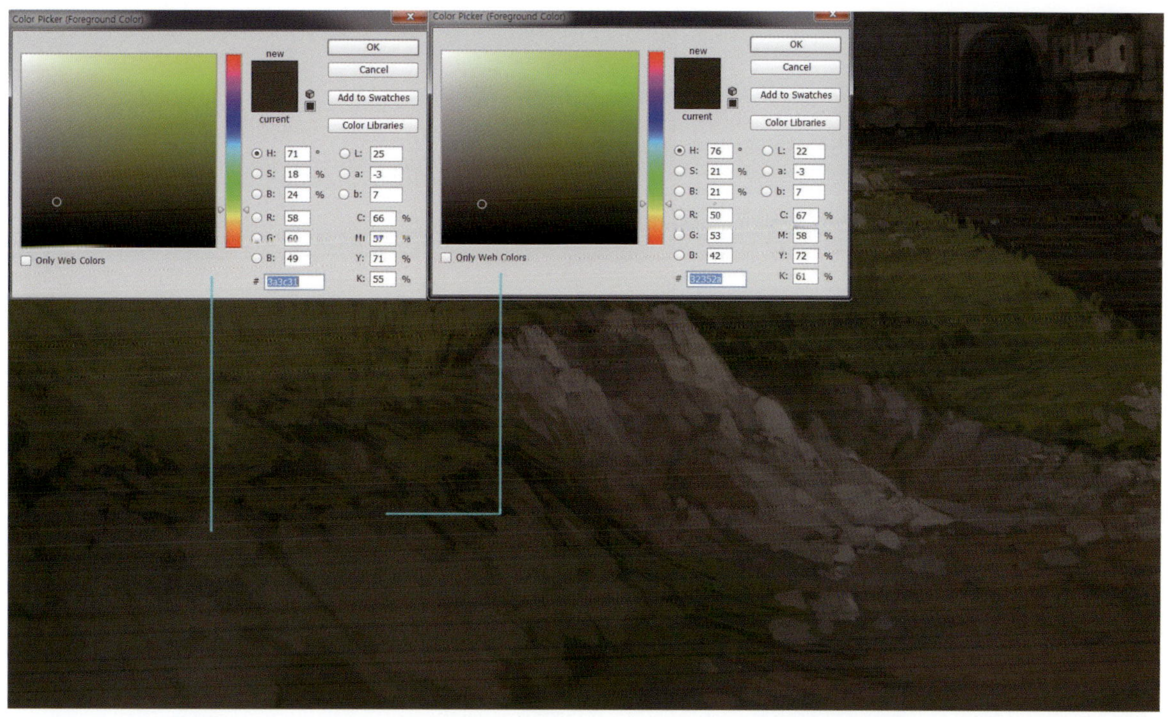

89

조금 더 가까운 근경의 지면으로 터치를 옮겨가는 상황이고 색감은 조금 어둡게 진행합니다. 두텁게 양감을 표현해
주고 마무리합니다.

90

양감을 확보한 후에 그런지 브러시로 지면에 도포합니다. 녹색 계열과 어두운 톤을 번갈아 가며 터치합니다.

91

나머지 지면에도 길을 따라 가는 느낌으로 터치를 이어갑니다.

92

지금까지 진행된 그림은 가장 강한 하이라이트를 제외한 나머지 질감과 양감을 거의 다 표현한 상태입니다.

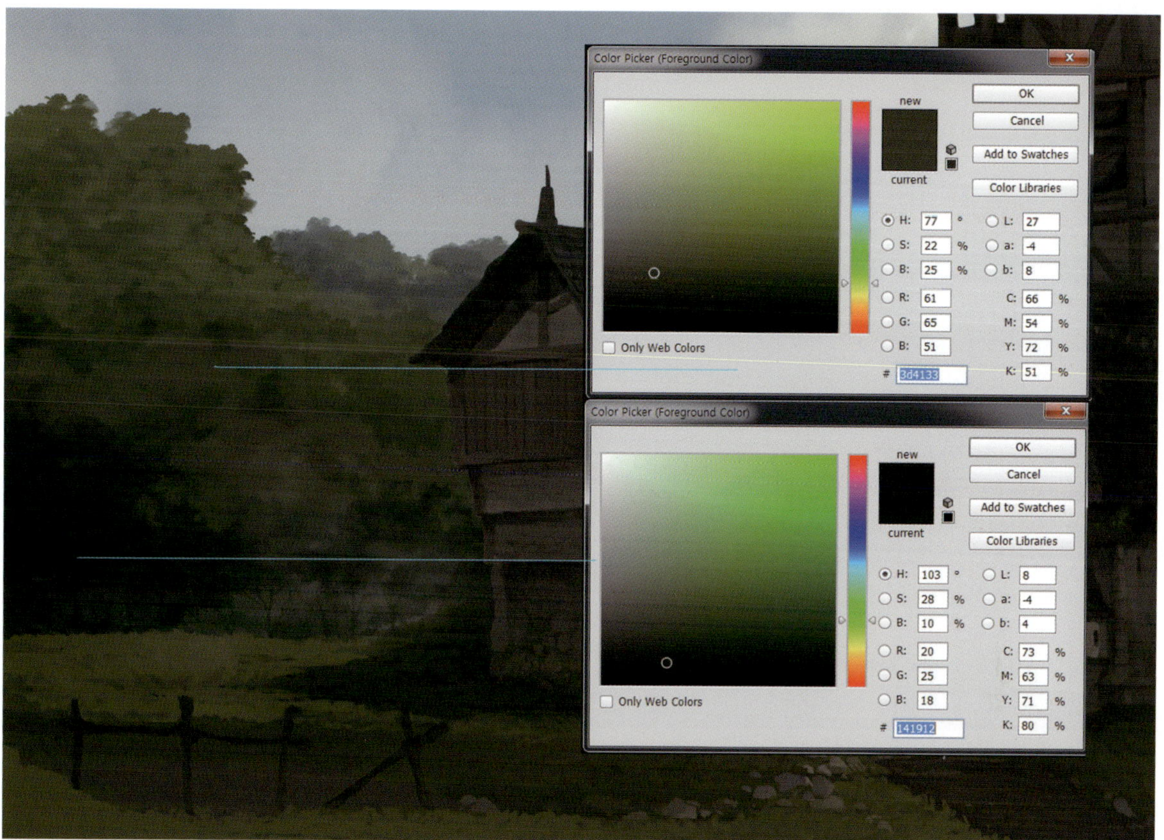

93

건물과 지면은 거의 마무리되었고 이제 원경의 숲으로 돌아가 터치를 마무리해야 합니다. 기존의 숲의 색이 다소 단순한 느낌이 들기 때문에 중간에 저채도의 올리브 색으로 덩어리를 추가해 주고 하단에 어두운 색으로 터치해 무게감을 더해줍니다.

94

새로운 색과 양감이 추가된 숲에 잎의 터치를 추가해주고 하단에는 줄기를 그려줍니다.

95

마지막으로 오른쪽에 닷지(dodge tool)를 이용해 조금씩 밝게 콘트라스트를 올려줍니다. 이렇게 건물이 있는 풍경
을 그려보았습니다.

편집으로 애니메이션 느낌내기

아티스트라는 직군으로 활동하다보면 순발력이 필요한 순간이 옵니다. 정확한 목표를 두고 작업을 하다가도 때로는 다른 분위기의 결과물이 필요하기도 합니다. 한정된 시간에 결과물을 다시 만든다는 것도 부담으로 다가올 수 있습니다. 이때 포토샵의 기능으로 편집해 또 다른 분위기를 만들어낸다면 조금 더 유연하고 다양하게 업무를 처리할 수 있을 것입니다.

1

이전 단락에서 진행했던 건물 그림이 있습니다. 이 그림을 완전히 분위기가 다른 애니메이션 느낌으로 바꿔 보겠습니다. 먼저 해당 레이어를 하나 더 복사합니다. (ctrl+J)

2

복사된 레이어를 먼저 편집해 보겠습니다. ctrl+U를 누르면 hue/saturation 툴이 나타납니다. 채널은 cyans로 바꾸고 saturation를 +40까지 올려 보겠습니다. 이것은 그림 전체의 청록 계열을 조절하는 과정이고 옅은 파란 색에 많이 반응합니다. 이렇게 전체 그림에 푸른색을 강조합니다.

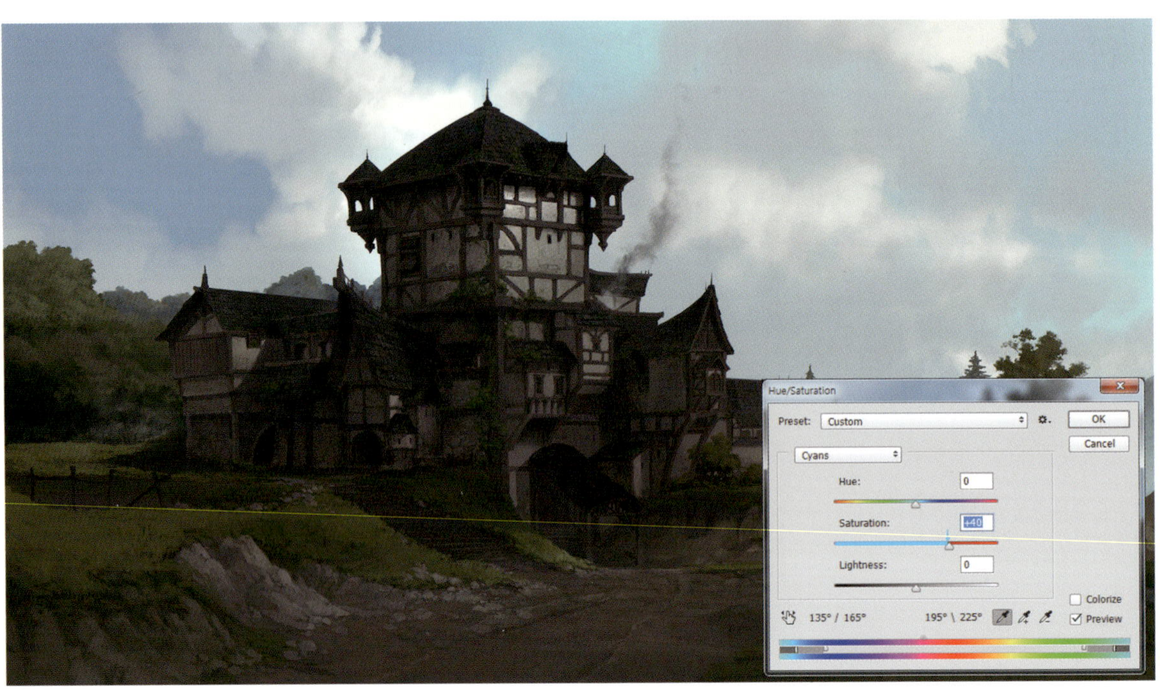

3

다음은 원하는 색을 여러 가지 첨가할 수 있는 color balance를 사용해 보겠습니다. 단축키 ctrl+B를 누르면 툴이 나타나고 cyan+9 green+12 blue+34로 올려주고 과정마다 레이어를 새로 생성합니다. 변환된 이미지는 예시와 같습니다.

4

이전 단계에서 편집된 레이어를 지우개 툴로 건물 주변만 지워냅니다. 지금까지 편집은 하늘과 원경을 위주로 바꿔주기 위해서입니다.

5

지금까지 진행된 레이어를 전부다 병합하는데 방법은 ctrl를 누른 상태에서 레이어를 클릭하면 파란색으로 바뀌고 이때 ctrl+E를 누르면 다 합쳐집니다.

6

이번에는 이미지 채도를 전부다 증가시킵니다. hue/saturations을 열고 saturation만 +30정도로 올려줍니다.

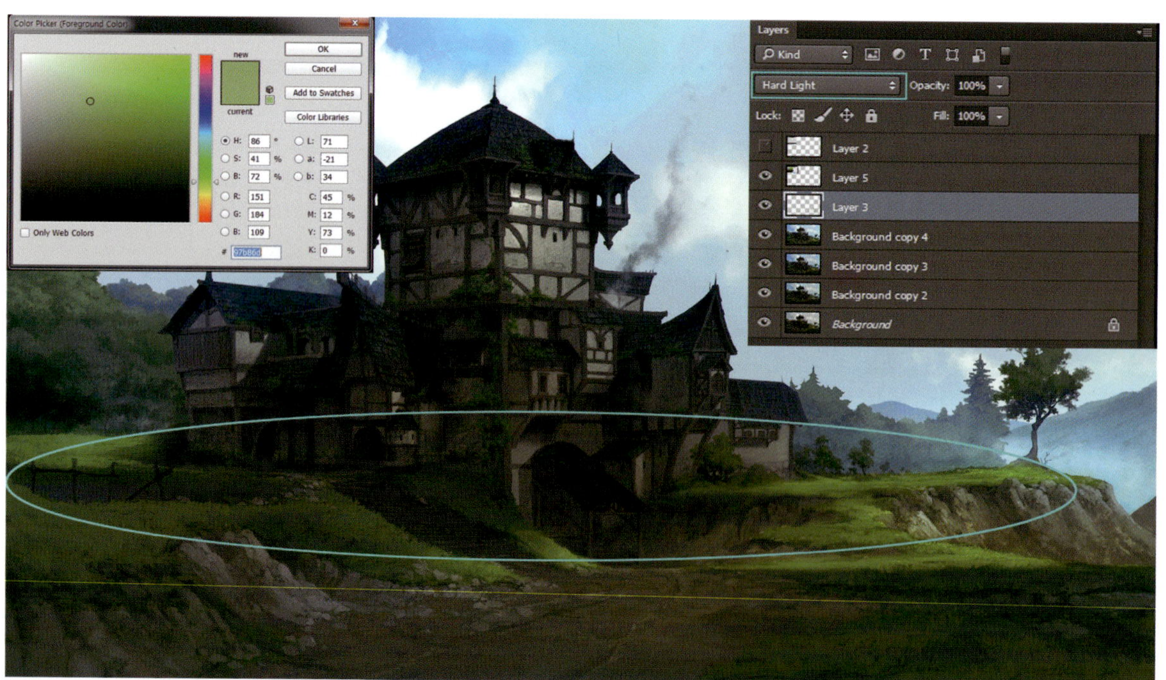

7

편집용 툴만 가지고 계속 진행하는건 아니고 터치도 조금 필요합니다. 물론 에어브러시만 사용합니다. 레이어 박스 쪽으로 눈을 돌려 보면 레이어 속성을 바꾸는 툴이 있는데 이것을 hard light로 바꿔 줍니다. 이 모드는 색이 비슷한 계열로 바뀌는 동시에 채도가 증가됩니다. 그린 톤을 지면 쪽 밝은 면에 터치합니다.

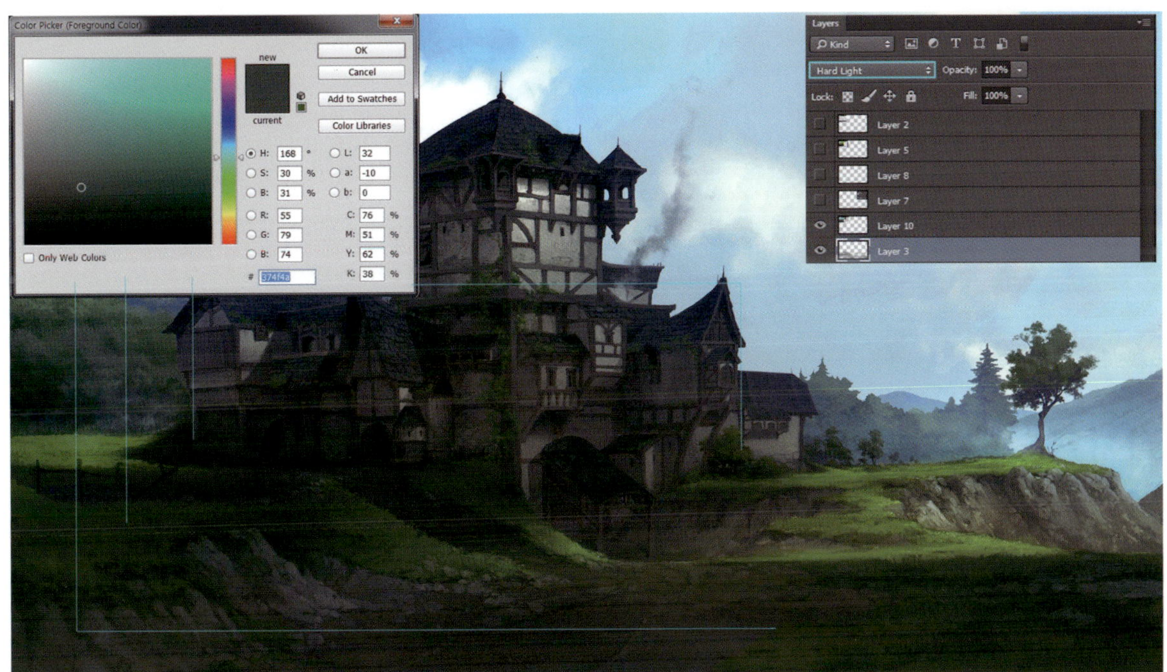

8

hard light 모드에서 어두운 청록 계열의 색으로 지면 그림자에 터치합니다.

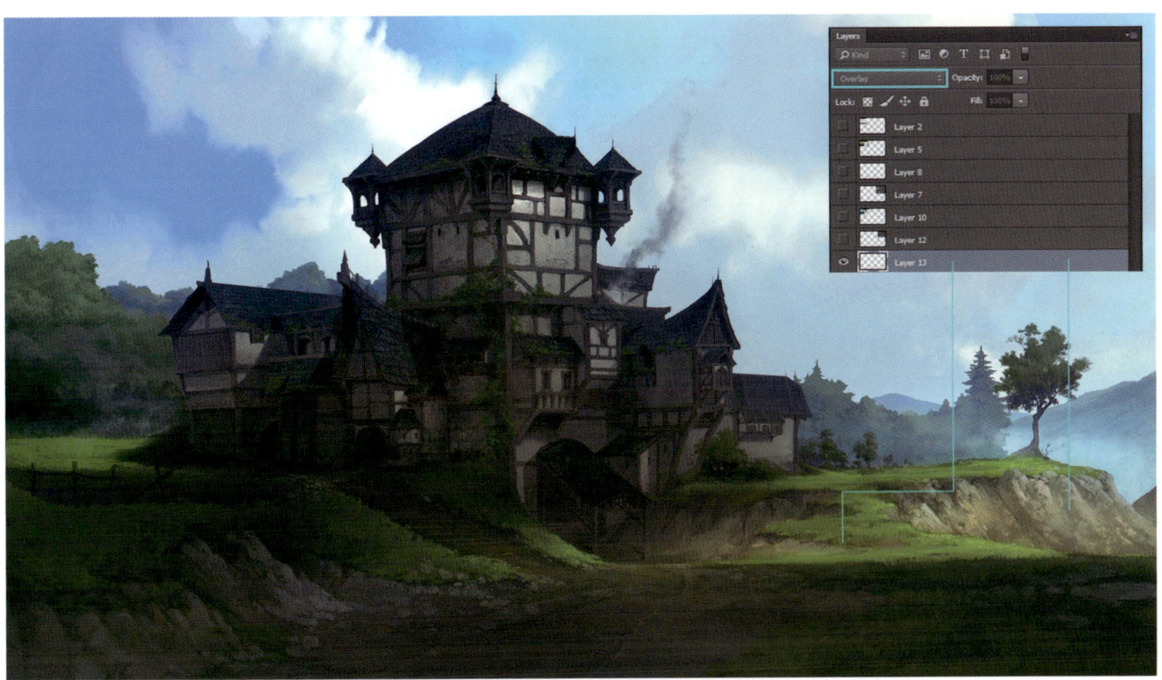

9

레이어를 새로 하나 생성해서 overlay로 전환하고 화이트 색으로 에어브러시로 밝은 부분을 더 강조합니다.
overary는 브라이트 강도를 올려주는 기능입니다.

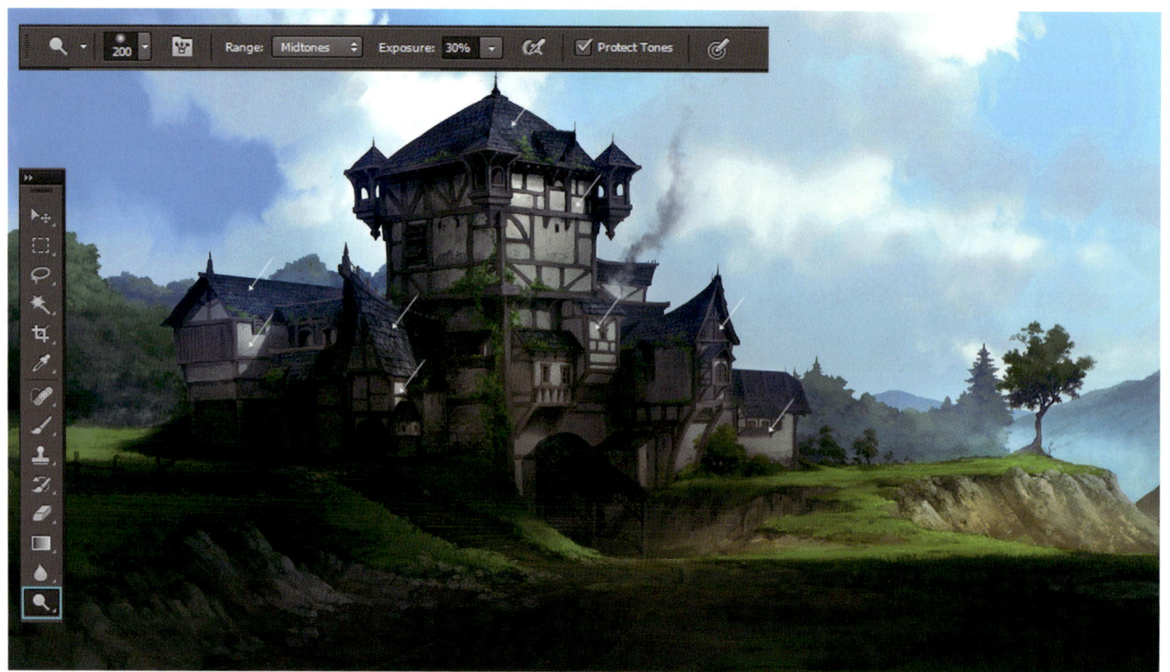

10

다시 모든 레이어를 다 합치고 dodge 툴로 콘트라스트를 증가시킵니다.

11

overay 레이어를 하나 만들고 예시와 같이 어두운 블루 톤으로 좌측 하늘에 터치합니다.

12

hard light 모드에서 어두운 청록계열의 색으로 지면 그림자에 터치합니다.

13

overay 레이어를 계속 이용해서 화이트 톤을 동그라미 표시한 곳에 터치해 더 밝은 분위기로 만듭니다.

14

애니메이션 스타일의 느낌은 채도가 강하며, 가볍고 명쾌한 기분이 드는 것이 특징입니다.

마을 그리기

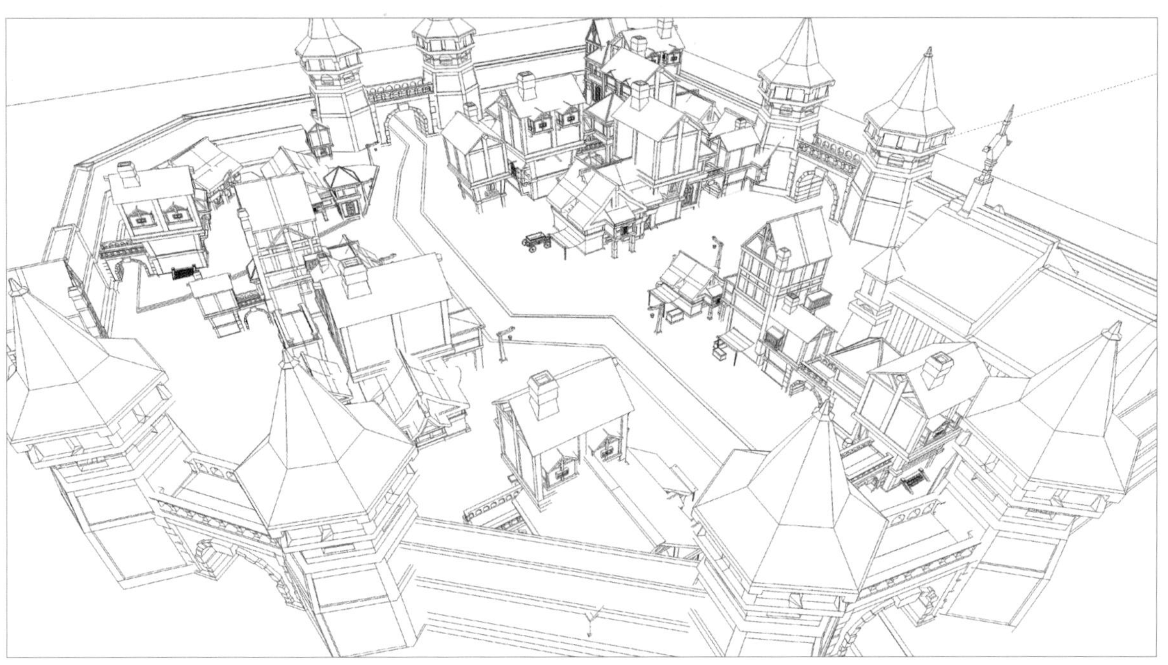

배경 일러스트 작법서에서 나왔던 모든 정보들을 이용해 마을을 그려 볼 것입니다. 다양한 사물이 있는 마을은 배경 컨셉아티스트가 가장 잘 다뤄야만 하는 부분이자 가장 어려운 작업이 되기도 합니다. 마을을 그리는 게 어려운 이유는 일단 구성 요소가 많고 여러 가지 사물의 빛 효과를 동시에 그려야 하기 때문입니다. 그리고 스케일에 맞는 터치가 필요합니다. 작법서 1편에서 사물의 크기에 맞는 터치를 해야 한다는 말을 강조했습니다. 그 이야기의 시작과 끝을 이 마을을 그리는 과정에서 확인할 수 있습니다. 이 과정에 들어가기 앞서 준비한 이미지(예시)를 보시면 스케치업 파일이라는 것을 알 수 있습니다. 물론 직접 스케치하는 경우가 더 많지만 이번에는 스케치업으로 작업한 이미지를 소개합니다. 스케치업으로 마을을 모델링하면 편리한 부분은 안정적인 투시와 오브젝트 위치를 수정하며 구도를 잡을 수 있다는 것입니다.

마을의 구성은 사방에 입구가 있고 건물 여러 채가 군집을 이루는 형태로 설정하였습니다. 시점은 로우 앵글로 잡아 전경이 전부 보이는 샷으로 그림을 진행합니다. 투시는 보시는 것과 같이 3점 투시입니다. 양식 설정은 유럽 중세 판타지로 정했고 아기자기한 느낌의 마을입니다. 스케치에는 자연물이 없지만 터치를 진행하면서 마을에 어울리는 나무와 풀을 배치할 생각입니다. 색감은 너무 자극적이지 않은 부드러운 색으로 계획했고 빛도 낮을 기준으로 무난하게 진행해 재질의 색이 잘 드러나도록 하겠습니다. 그림의 스타일은 조금 리얼한 느낌이 있는 반 실사풍으로 진행해 보겠습니다.

1

그림을 그리기 전에 환경 설정을 꼭 하고 시작해야 합니다. 예를 들어 풀이 많은 지형이나 돌이 많은 지형 정도는 정하고 들어가는 것이 좋습니다. 그리고 날씨나 시각도 정해줍니다.

2

초원으로 설정했기 때문에 녹색을 기준으로 시작해보겠습니다. 예시에 있는 두 가지 색은 밝은 톤과 어두운 톤으로 나누었고 중앙을 기준으로 바깥쪽으로 어둡게 터치합니다.

3

바닥 부분에 채도가 낮은 톤으로 약간의 변화를 줍니다.

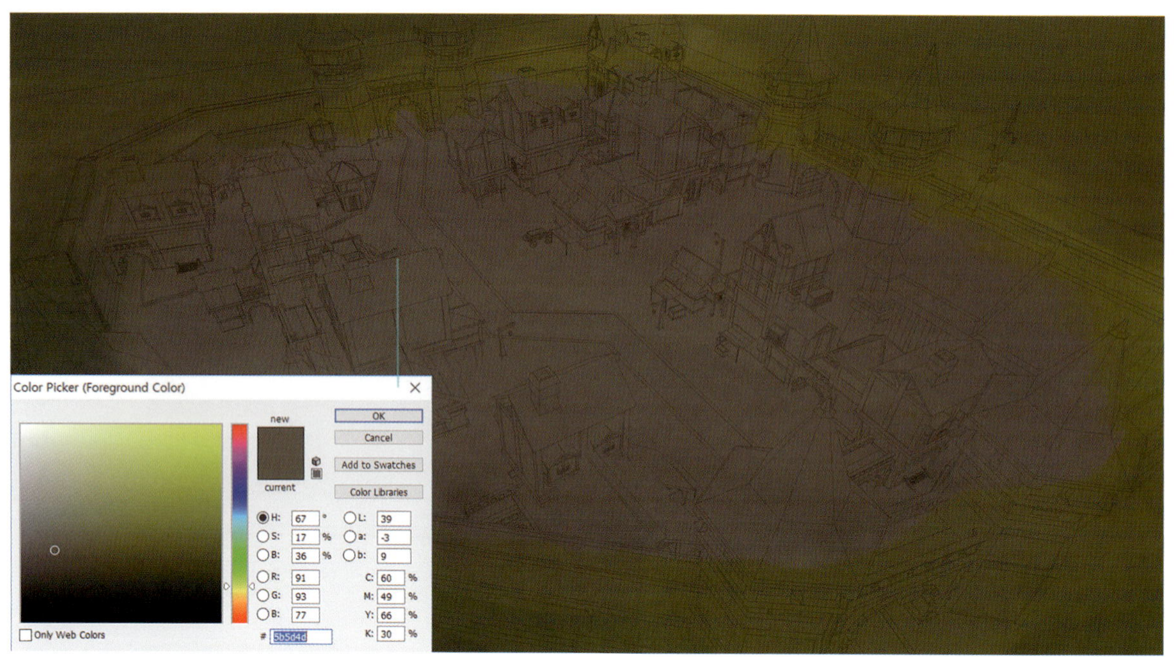

4

예시의 색과 같이 어둡고 낮은 채도의 색으로 중앙을 뒤덮습니다. 색감이 조금 뜨는 기분이 드는데 그냥 진행해도 됩니다. 중앙은 흙이나 다른 물질의 시작 지점이라고 볼 수 있습니다.

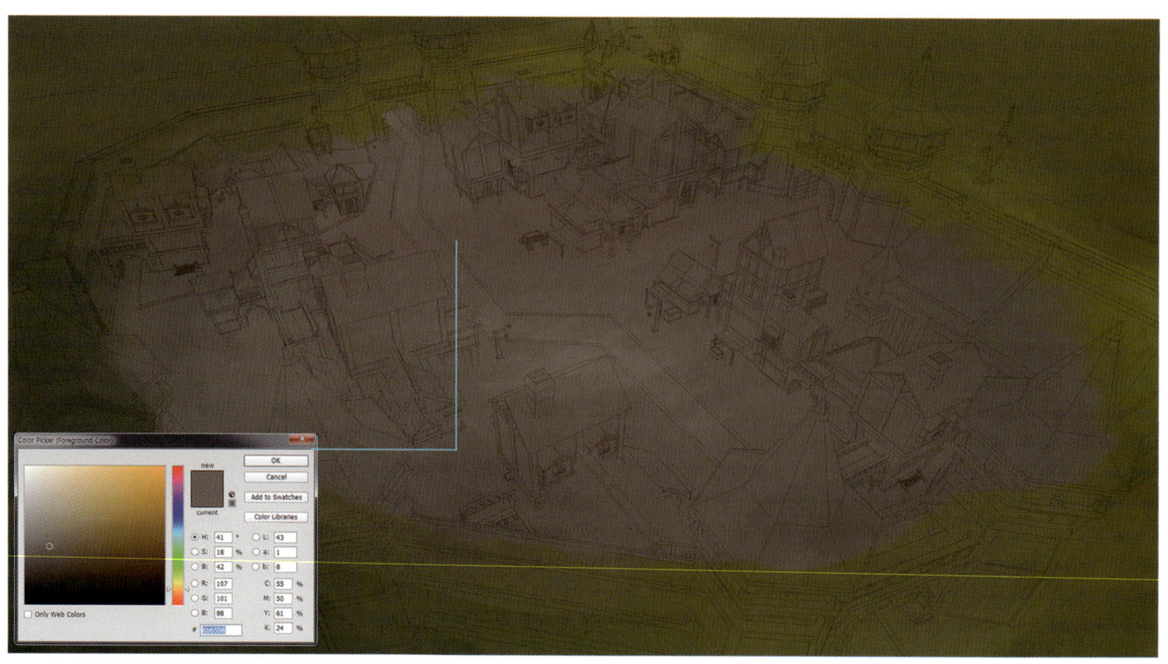

5

계속해서 바닥 질감 색을 더해 가는데 예시에 제시된 색으로 약간의 변화를 만들어줍니다.

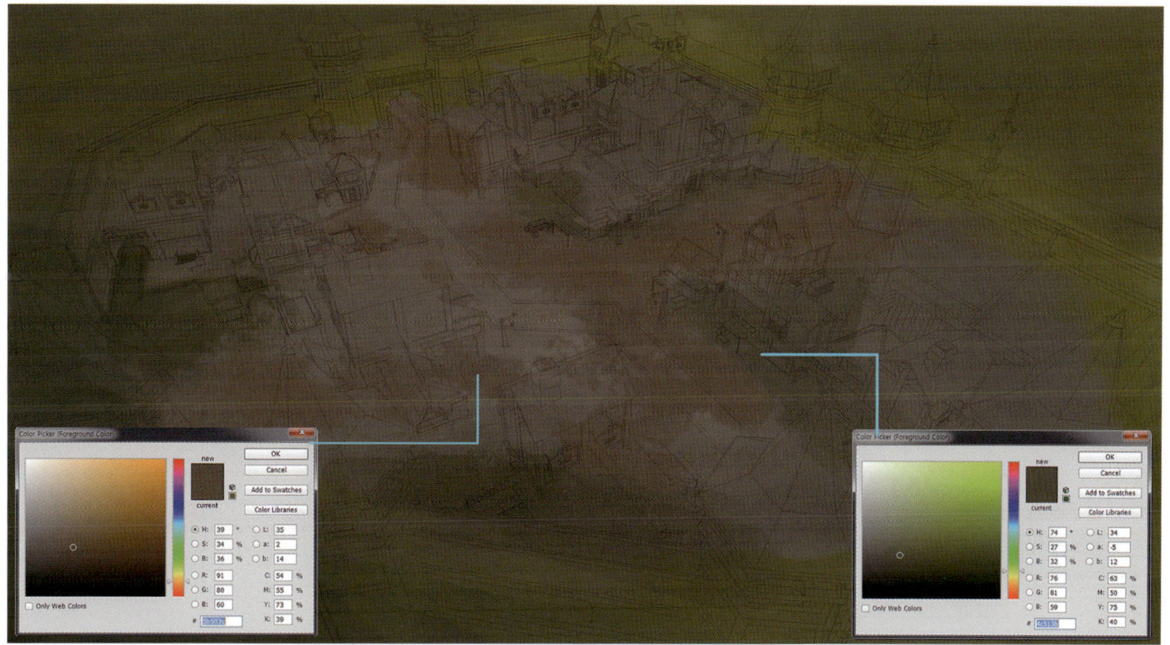

6

적색 계열과 어두운 녹색 계열을 추가해 바닥의 무게감을 만들어줍니다. 너무 어둡게 시작한다고 느끼겠지만 초반 단계에서는 이렇게 진행하는 것이 좋습니다. 처음부터 밝은 톤으로 진행되면 후에 빛 표현이 조금 어려워질 수 있습니다.

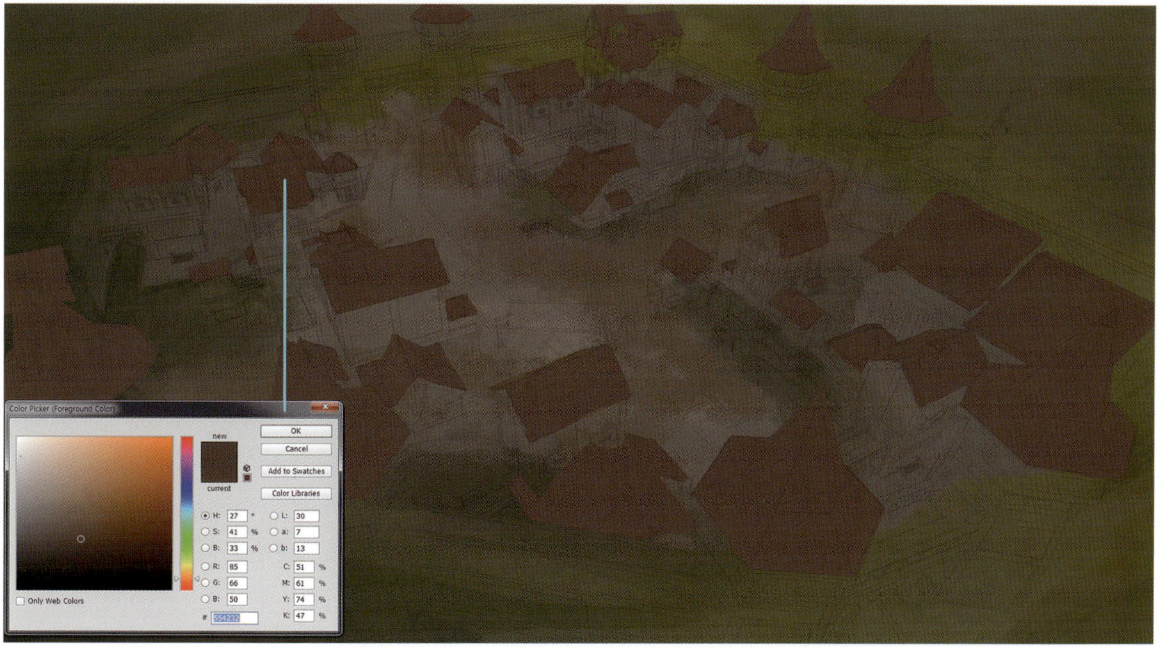

7

전체 규모에 많은 비중을 차지하는 건물의 지붕부터 배색을 합니다. 지붕을 채색해 보니 건물이 꽤 많습니다. 지붕을 보면 알 수 있듯이 큰 건물을 중심으로 작은 건물이 배치되어 있다는 것을 알 수 있습니다.

8

지붕 배색이 끝나면 건물의 본체를 터치합니다. 색감은 조금 어두운 낮은 채도의 황색 계열로 진행합니다.

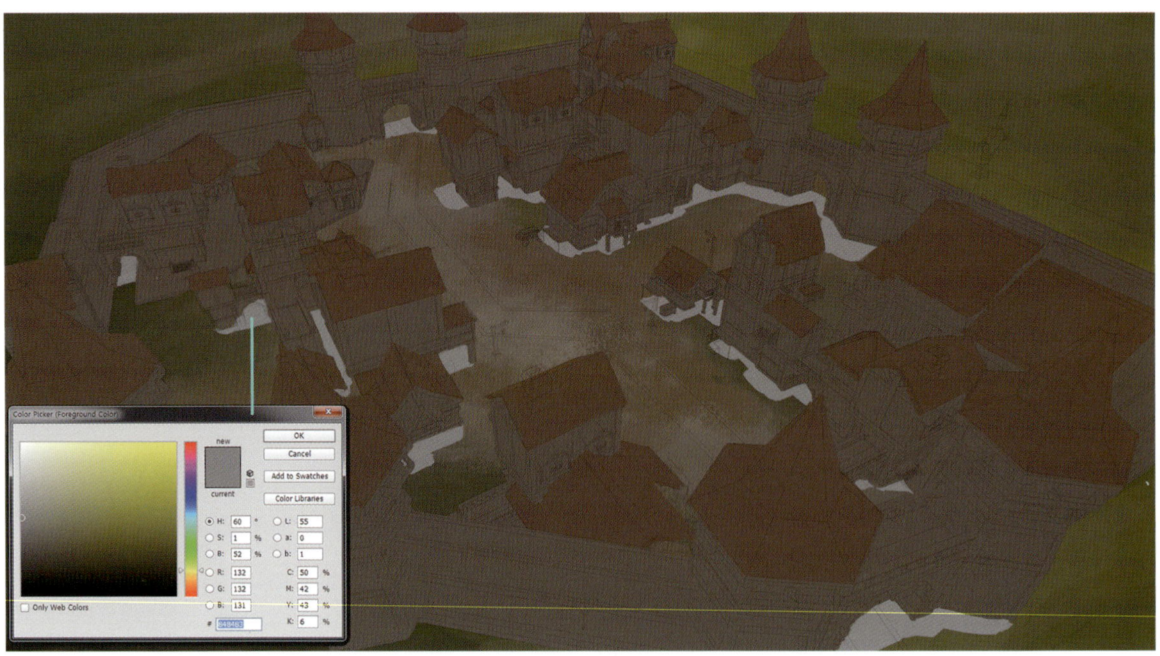

9

건물이 바닥에 잘 안착할 수 있도록 그림자부터 그립니다. 그림자 그리는 편한 방법은 그레이 톤으로 그리고 레이어 속성을 multiply로 바꿔줍니다. 이 방법은 작법서1에서 자주 등장하는 방법입니다.

10

multiply 레이어를 바꾼 이미지입니다.

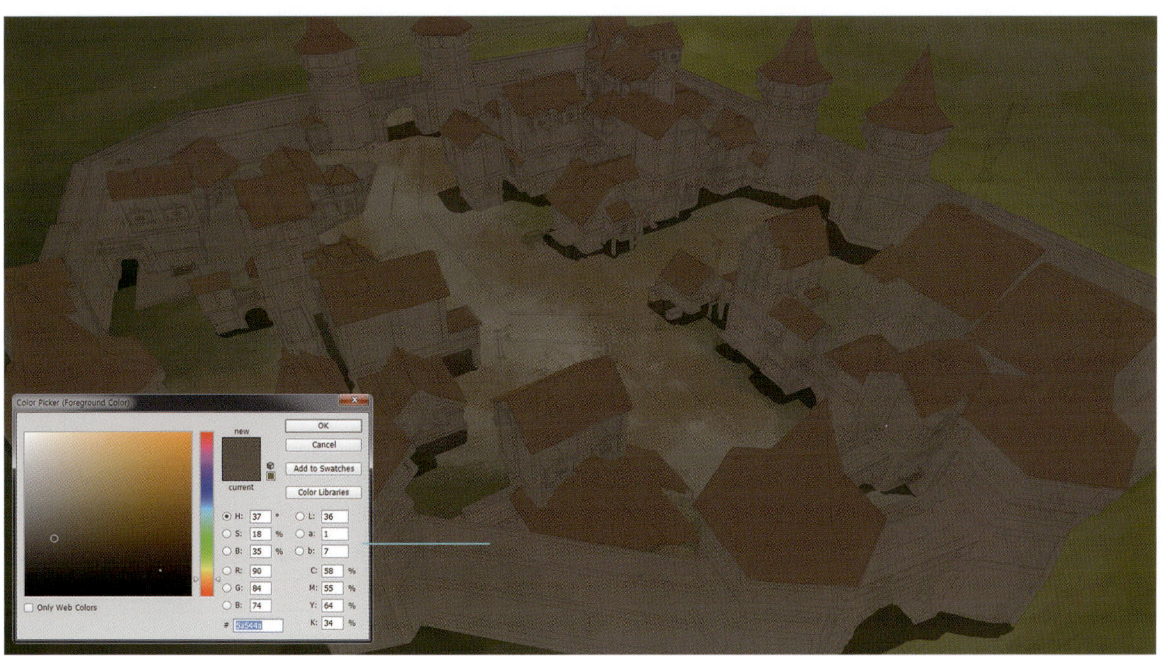

11

건물의 본체에 두 번째 색을 덧칠합니다. 예시의 색 좌표로 건물에 터치하는데 이것은 건물의 어두운 부분이나 반사
광의 영역에 있는 색감입니다.

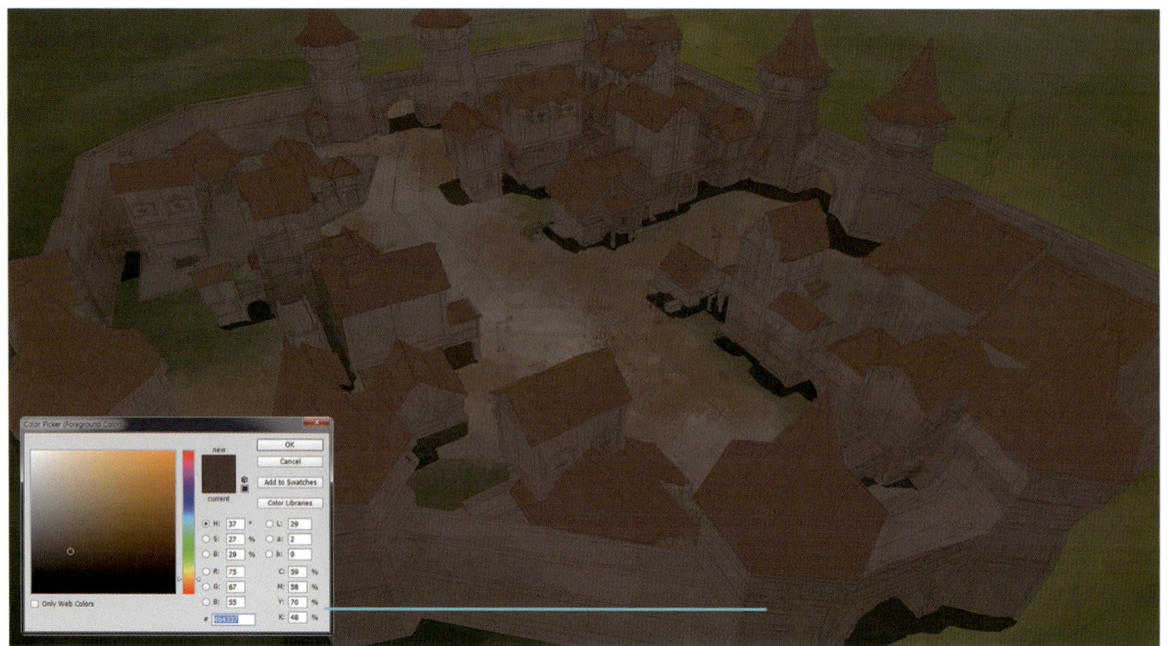

12

어두운 음영은 아니지만 형태를 가늠할 수 있는 정도의 터치를 합니다. 이것은 꼭 그림자나 꺾인 면을 표현한다기 보다는 색의 변화만 느끼는 정도로 이해하면 좋습니다.

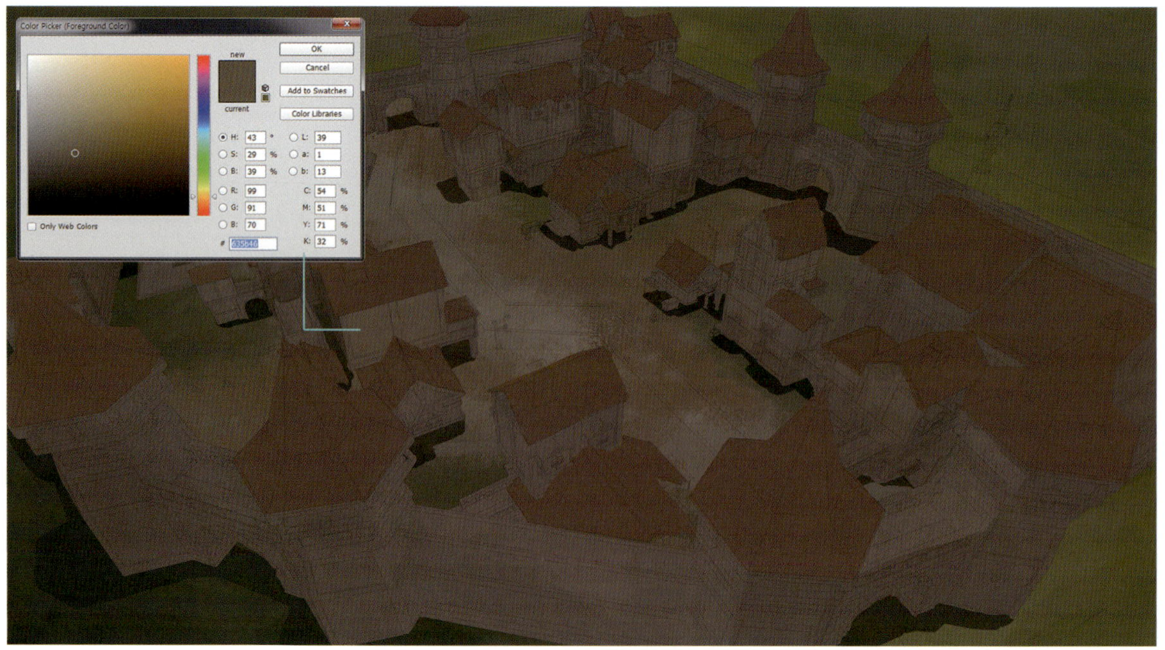

13

이 그림의 빛의 방향은 우측에서 좌측으로 향하고 있습니다. 이 각도에서 반응하는 면적을 이전보다 조금 밝은 색으로 터치하며 빛의 흐름을 파악해봅니다.

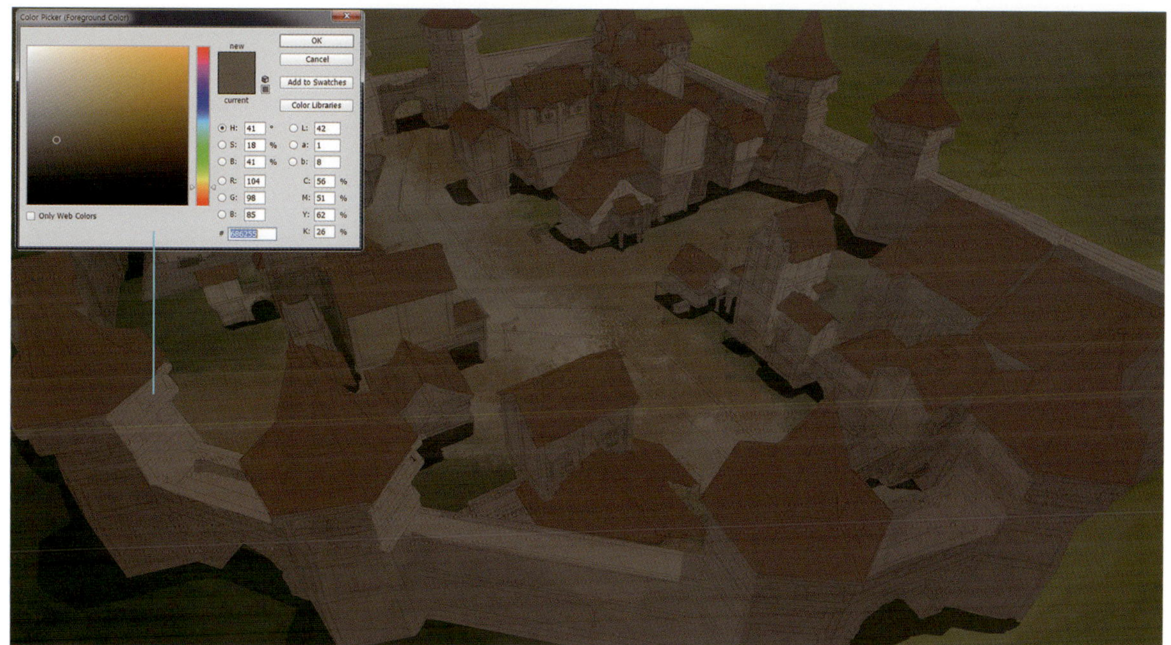

14

이어 빛의 확실한 방향을 잡아주는데 이전 단계의 색보다 명도를 더 높여 직접적으로 빛이 닿는 부분을 터치합니다.

15

레이어를 하나 새로 생성한 후에 지붕색을 어둡게 덧칠합니다.

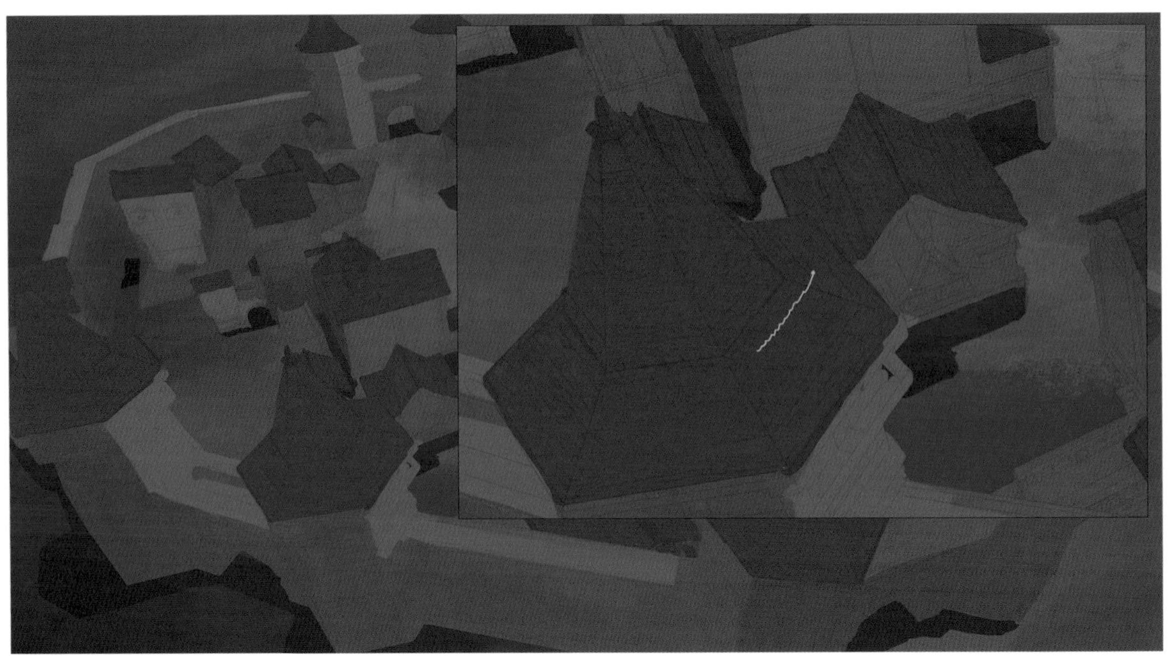

16

지우개 브러시를 이용해 기와의 형태대로 지우기 시작합니다. 조금 번거로운 작업이지만 정성을 다해 어두운 색을 지워나갑니다.

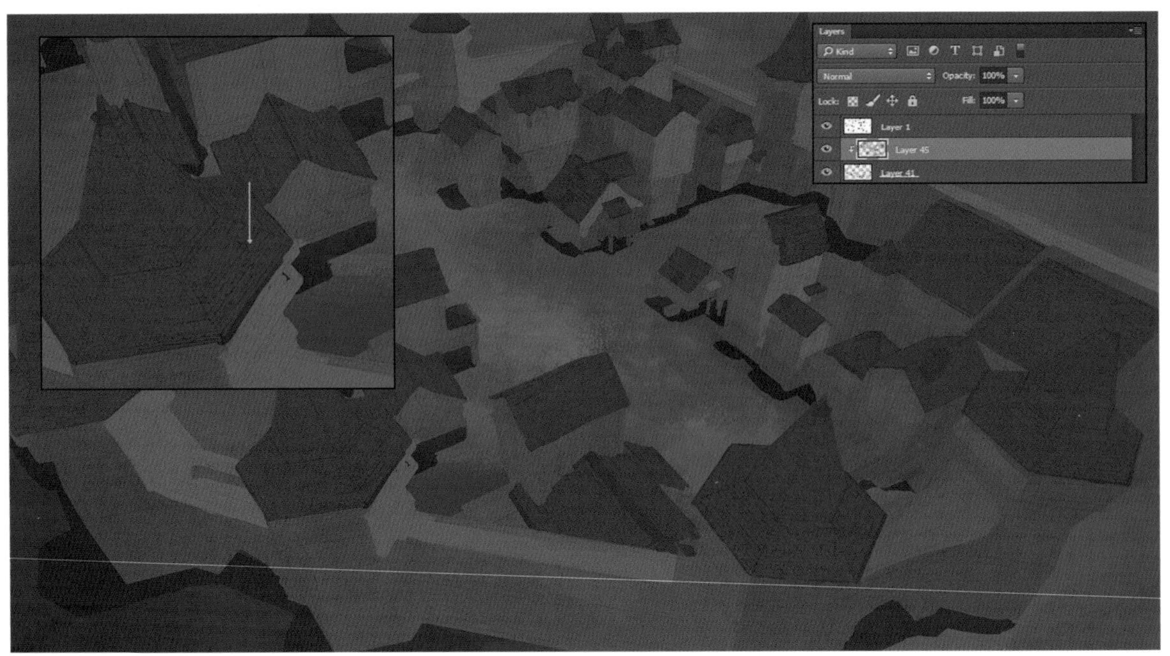

17

이전 과정에서 기와의 형태를 지우며 만들어보았습니다. 그 해당 레이어 위로 새로운 레이어를 생성 후 마스킹합니다. 단축키는 ctrl+alt+G 입니다.

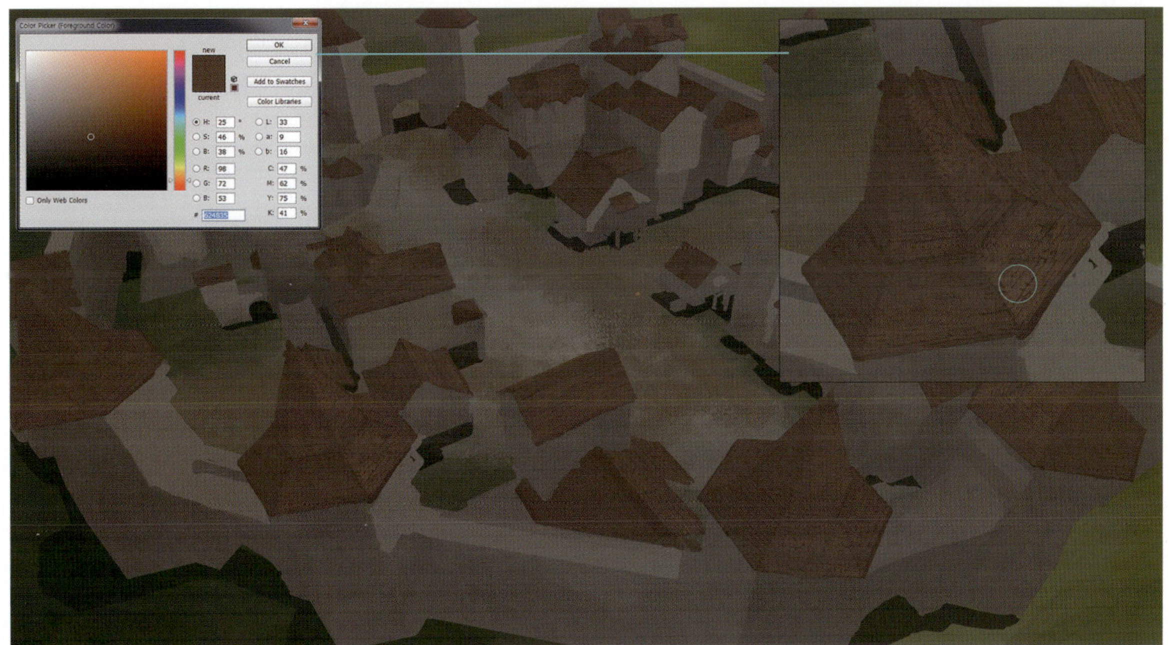

18

마스킹된 상태에서 어두운 톤을 곳곳에 터치하며 변화를 줍니다. 선을 이용한 기와 표현이기 때문에 단순한 느낌이 들 수 있기 때문입니다.

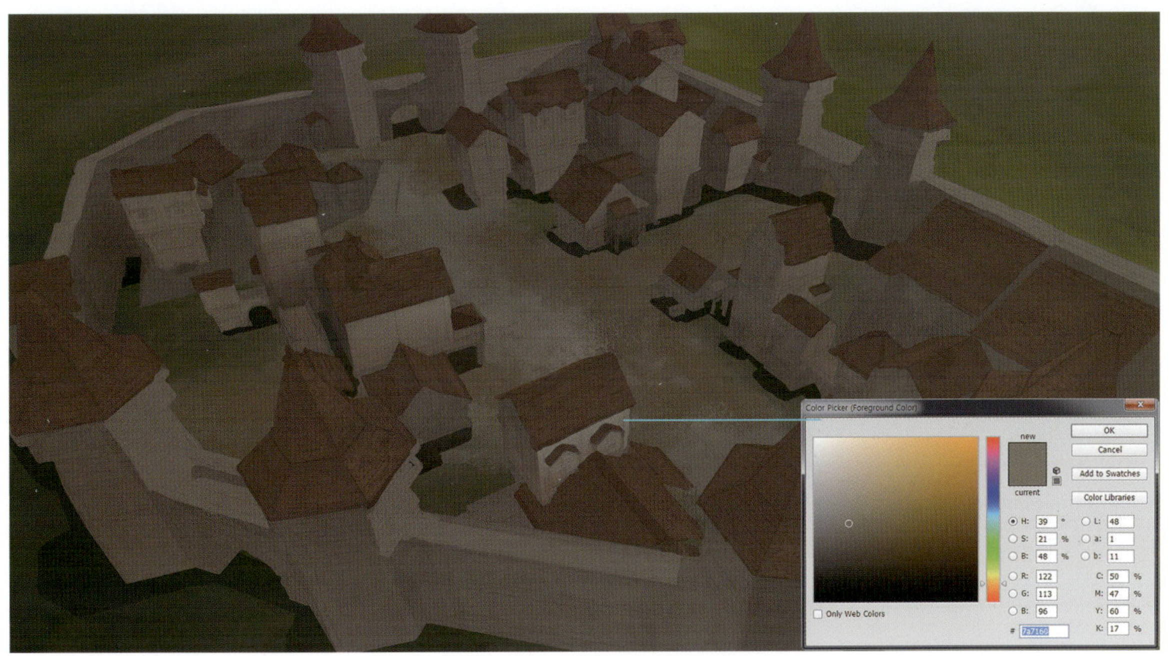

19

건물의 확실한 입체감을 위해 밝은 톤을 한 단계 올려줍니다. 빛의 방향에 맞추어 명도를 올려 줍니다.

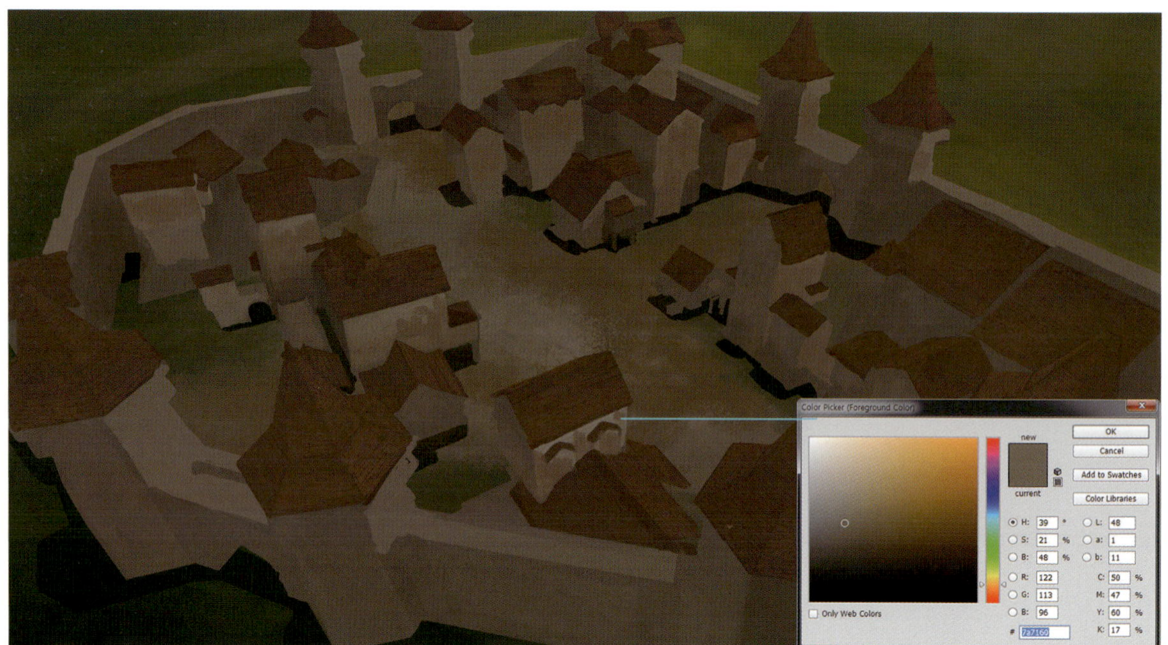

20

벽면에 약간의 톤 변화를 주어 질감을 표현할 준비를 합니다.

21

이전 과정에서 벽에 색 변화를 만들었고 그 터치를 조금씩 지우며 다듬어줍니다.

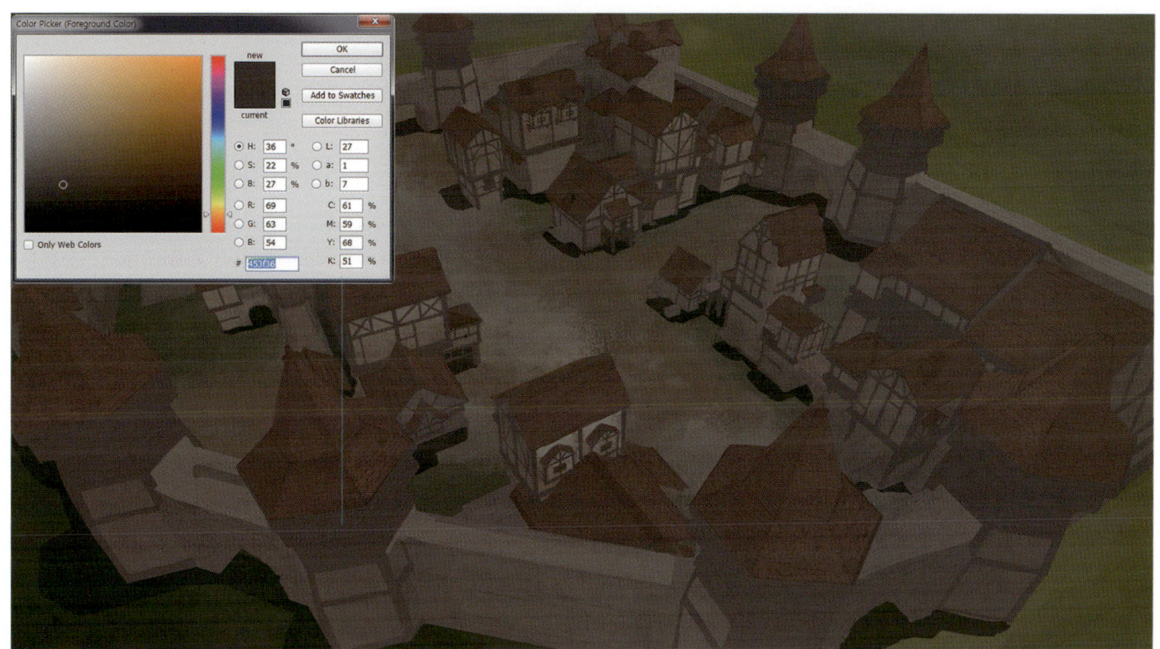

22

건물에는 흙이나 돌 재질도 있지만 나무도 있습니다. 나무 재질을 표현할 때에는 벽면 보다는 조금 어둡고 채도가 낮은 톤으로 터치합니다.

23

레이어를 새로 하나 추가하고 그레이 톤으로 건물에 그림자를 그려줍니다. 레이어는 multiply로 변경합니다.

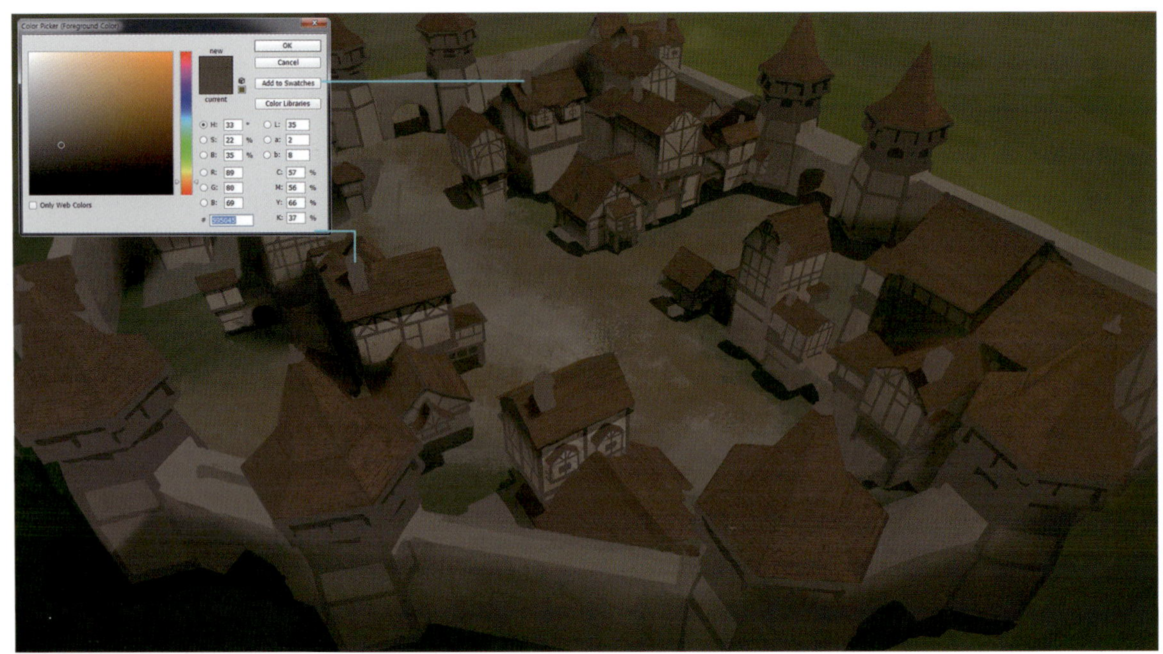

24

지붕 위에 굴뚝도 벽과 같은 톤으로 터치합니다.

25

지금부터 중요한 단계인데 실질적인 양감을 표현하는 과정입니다. 먼저 근경에 있는 구조물의 밝은 면과 어두운 면을 추가하며 입체감을 만들어줍니다. 색은 주변의 색에 명도만을 조정하며 채색하는 것이 요령입니다.

26

태양의 위치가 사물보다 더 높이있기 때문에 꺾인 면이 밝은 경우가 있습니다. 하단은 어둡게 합니다.

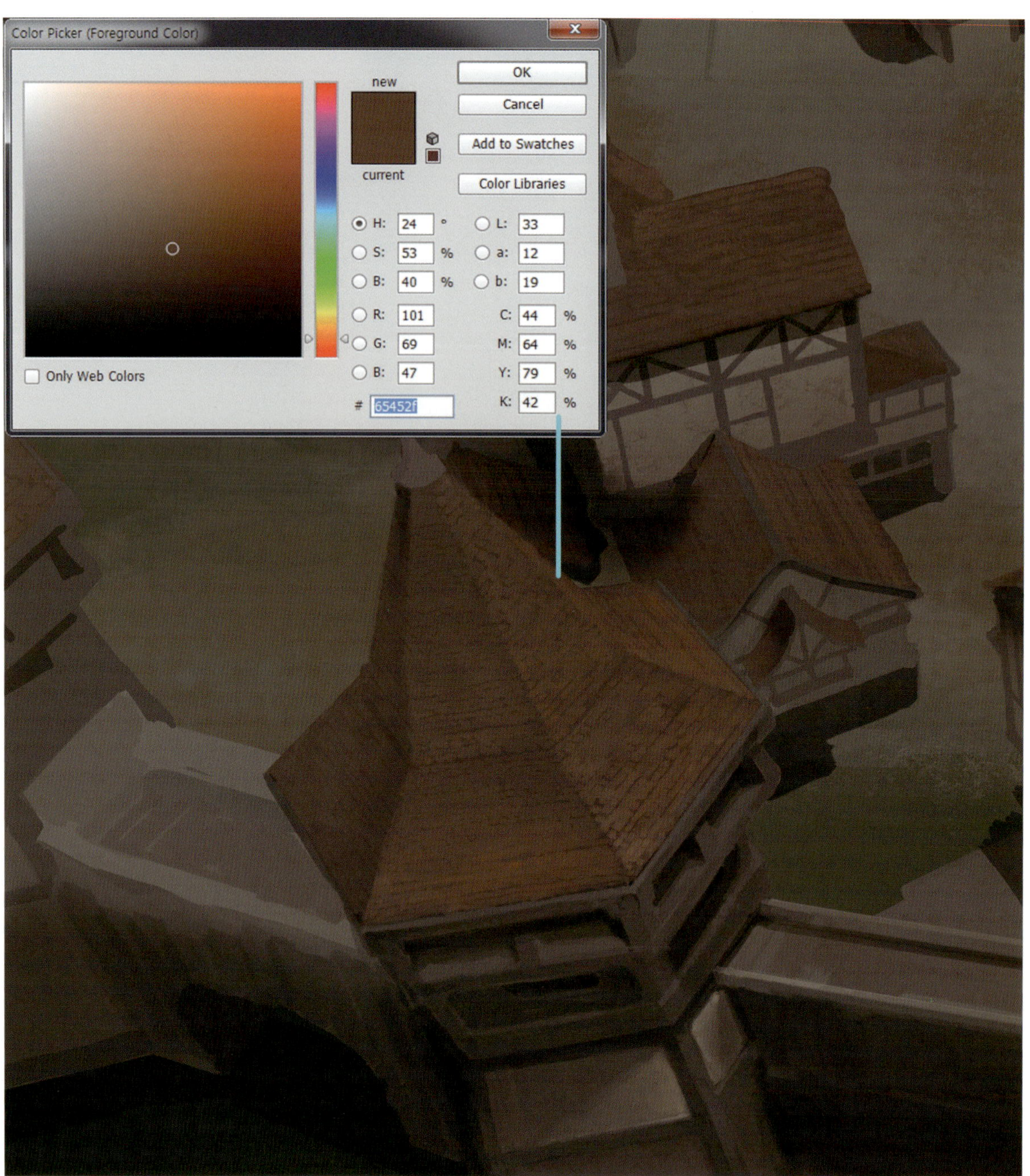

27

다시 지붕 쪽으로 눈을 돌려서 기와의 밝은 톤을 추가해 보겠습니다. 예시의 색을 이용해 어두운 선을 피해 터치합니다. 각이 있는 지붕이라 면의 색과 명도가 조금씩 다르게 표현됩니다. 빛 방향에 가장 가까운 위치의 면을 가장 밝게 터치하고 좌측으로 돌면서 서서히 어둡게 처리합니다. 터치 요령은 가장 우측을 opacity 100%로 시작했다면 좌측 면으로 전개될수록 투명도를 점차 낮추며 터치하는 것입니다. 그리고 예시에 제시되어있는 컬러 피커를 보면 중앙에서 약간 우측으로 즉 채도가 확보된 상태에서 명도를 올린 것을 알 수 있습니다. 빛의 색보다는 재질의 밝기만 조정할 때 쓰는 방법입니다.

28

담장은 벽돌로 만들어졌기 때문에 일괄적인 색감으로 진행합니다. 먼저 상단의 턱을 먼저 표현합니다. 가장 윗면에 밝은 톤으로 선을 추가하고 옆면에 밝은 톤으로 튀어나온 부분과 양식을 그려줍니다.

29

이후 턱의 구멍을 조금 더 표현하고 옆면에 질감도 추가합니다. 벽면 표현은 이전 실내 그리기 과정에서 많이 언급되었습니다. 윗면의 밝은 색은 일정하게 터치하지 않고 불규칙하게 터치합니다.

30

이전 과정과 동일하게 다른 구조물도 똑같이 진행합니다. 단 가까운 거리의 사물을 우선으로 그려줍니다.

31

큰 스케일의 마을은 표현해야 하는 구조물이 많기 때문에 디테일 표현 순서를 지키며 진행해야 안정감있는 샷을 얻을
수 있습니다. 순서는 가까운 거리의 큰 사물을 시작으로 멀리 있는 사물로 이어집니다.

32

우측 담장으로 터치가 이어지는데 주변 색으로 어두운 부분을 위주로 표현합니다.

33

다리 윗부분에 돌 질감을 추가하고 밝은 톤을 이용해 난간의 밝은 면을 그려줍니다. 돌 질감은 레이어를 새로 생성해서 어두운 색을 넓게 도포 후 동그라미로 지우는 방식으로 표현합니다.

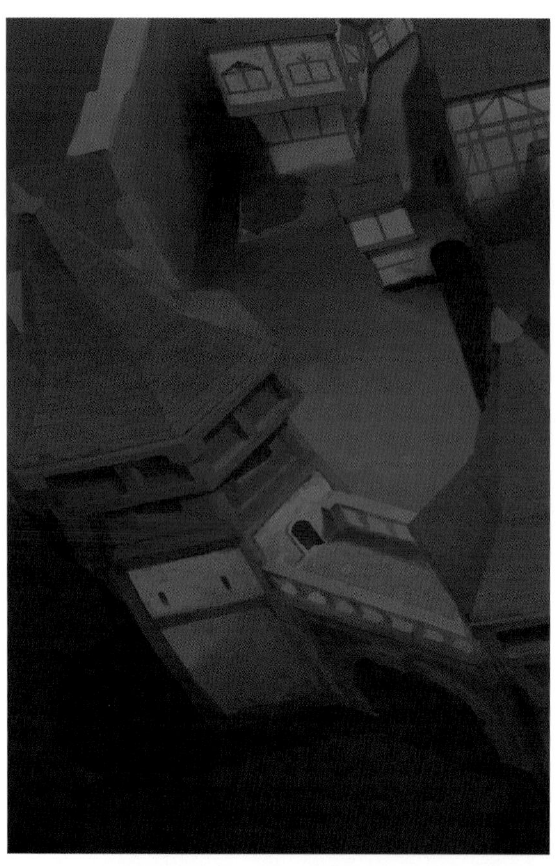

마을의 좌측 입구 쪽도 똑같은 구조물이 보입니다. 이 곳
도 방식은 동일합니다. 하단이 어두워 보이도록 상단 부를
밝게 그리고 창문 구멍이나 입구를 만들어줍니다.

35

입구 표현은 우측 중거리에 있는 곳부터 원거리 쪽까지 진행합니다. 이때 디테일 정도는 근거리보다 떨어진다는 느낌
으로 요약합니다. 최대한 면을 위주로 그린다고 생각하면 됩니다.

36

담장의 윗면 중앙에 어두운 색으로 선을 넣어 턱이 튀어나온 것처럼 묘사합니다.

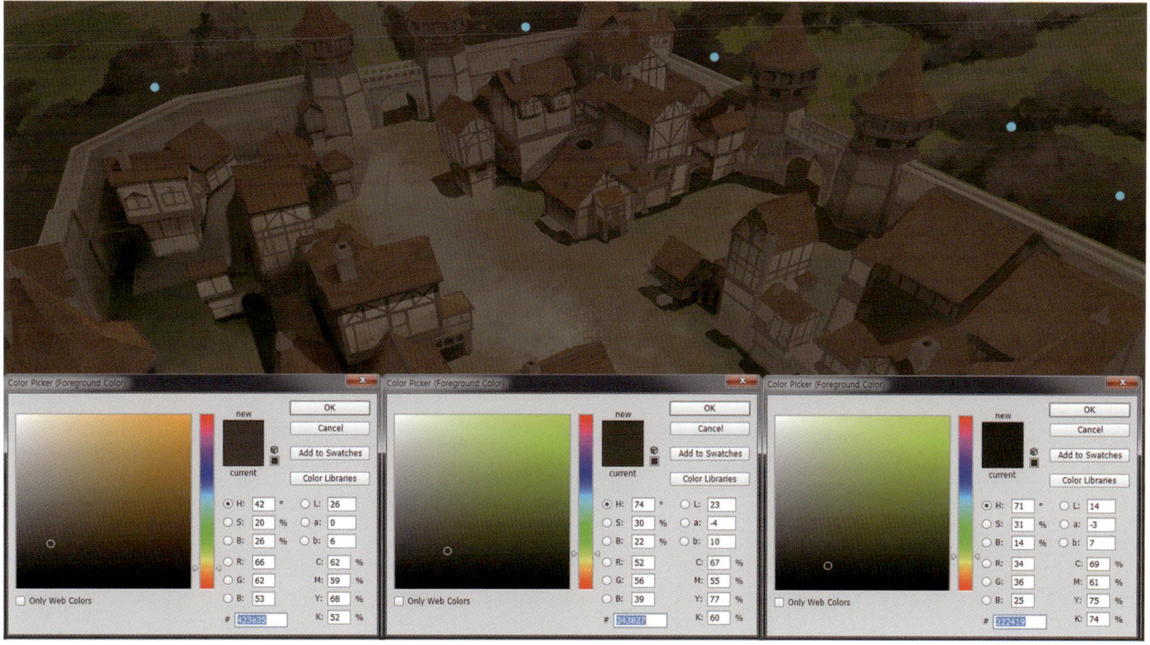

37

잠깐 마을을 벗어나 외곽에 있는 숲을 그려보겠습니다. 갑자기 바깥쪽을 그리는 것 같은데 그림은 한곳에 집중되는
것보다는 전체적인 분위기를 느끼면서 그리는 것이 더 중요합니다. 그럼 예시에 제시한 컬러를 이용해 숲을 그려봅니
다. 원거리에 있는 사물이다보니 형태를 상세하게 잡기보다는 일단 덩어리로 요약하는 것이 좋습니다. 브러시는 구름
을 그렸던 브러시를 이용하면 좋습니다. 색감은 명도와 채도가 낮은 옐로우와 그린 계열의 색을 혼합해 사용합니다.
지면보다 숲을 어둡게 해야 양감이 살아납니다.

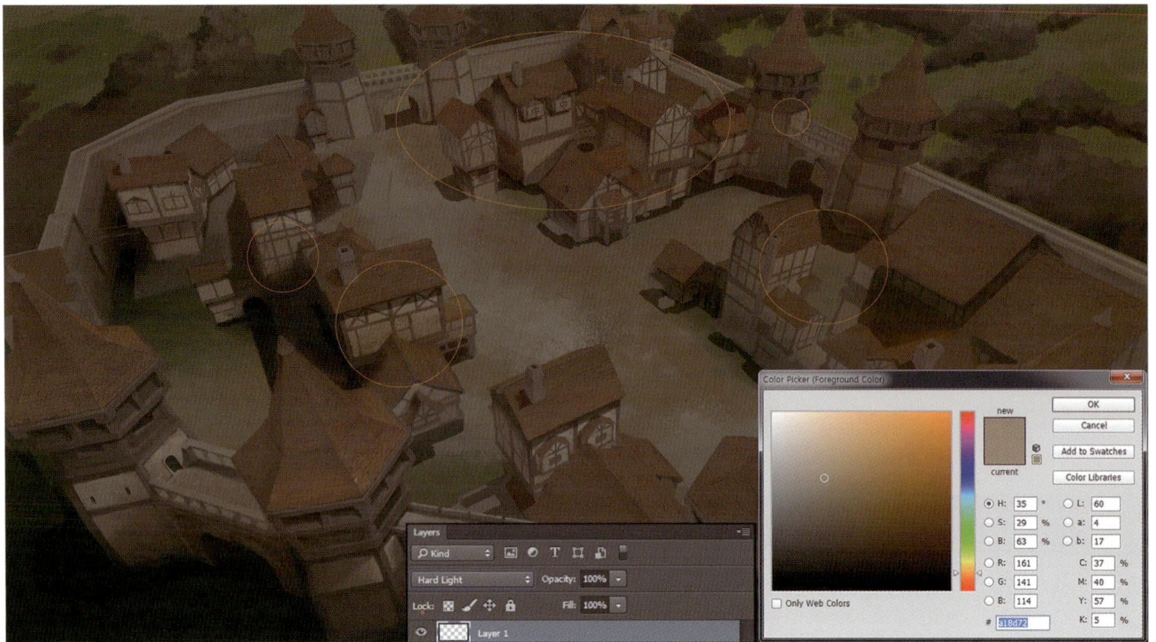

38

레이어 속성에 hard light라는 것이 있습니다. 이 모드는 해당 레이어의 채도와 명도를 증가시키고 어두운 부분에 작용해 주변을 밝게 만듭니다. 이 레이어 모드로 예시의 색을 이용해 에어브러시로 가볍게 터치합니다. 이 과정은 빛을 한 색으로 통일해 퍼뜨리는 효과를 얻기 위해 사용합니다. 약간 붉게 퍼진 색이 분위기를 부드럽게 만들어줍니다. 너무 남용하면 안 되고 조금만 터치합니다.

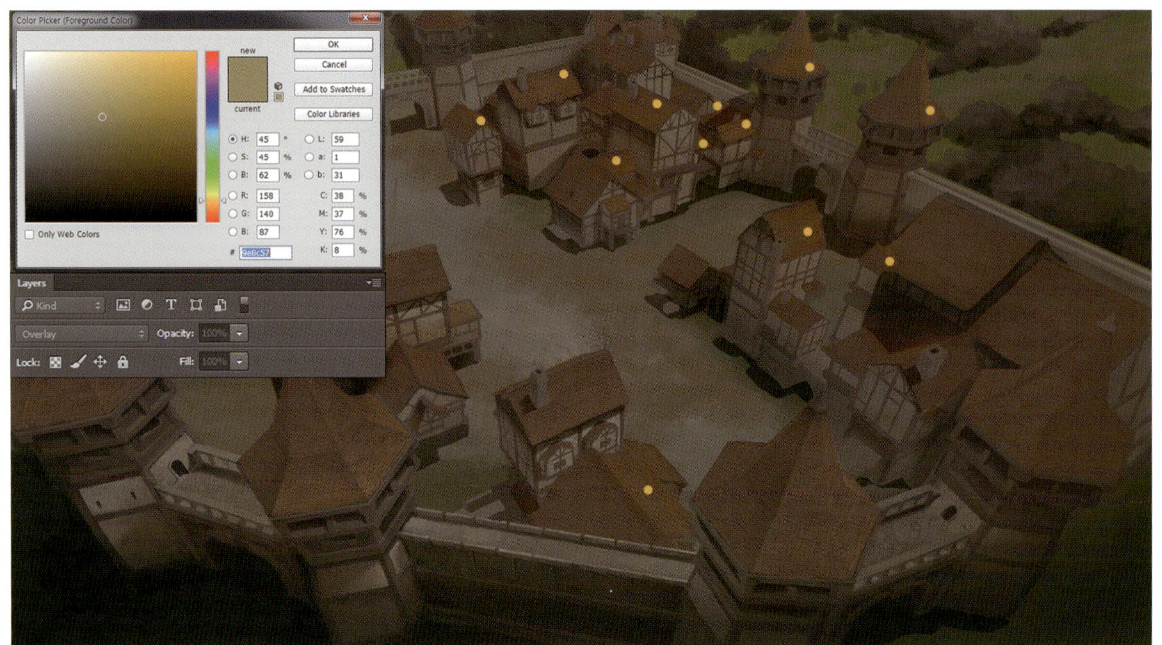

39

계속해서 레이어를 하나 새로 생성해서 속성을 overlay로 바꿔줍니다. overlay는 채도와 대비가 강해집니다. 예시에 표시한 노란색 점을 보시면 지붕의 윗면이라는 것을 알 수 있는데 빛을 많이 받는 위치입니다. 여기에 밝은 옐로우 톤으로 터치합니다. 브러시는 에어브러시를 이용합니다.

40

이제부터는 본격적인 디테일 작업이 들어갑니다. 지금까지는 그림의 전반적인 양감과 빛의 균형만 잡았다고 생각하면 됩니다. 순서는 상관없지만 시선이 많이 가는 우측 편 건물을 먼저 시작해 봅니다. 터치를 하는 요령은 브러시의 크기와 색인데, 브러시는 실제 물체의 크기와 비슷한 크기로 터치하는 것이 좋고 현재 예시와 같이 확대를 해서 진행합니다. 기존 색을 alt로 찍으면 컬러 피커에 나타납니다. 그 색에 명도만 조정해서 터치하거나 어두운 색을 이용해 물체의 구석진 부분을 먼저 터치합니다.

41

배경 일러스트 작법서 1편에서 나온 터치를 스케일에 맞추어 진행해야한다는 내용이 있습니다. 그 내용과 같은 부분인데 예시에 보이는 눈모양의 시선이 있습니다. 이곳이 그림에서 가장 가까운 거리이자 주시점이라고 보고 나머지 화살표 방향으로 원거리의 사물로 바뀝니다. 같은 크기의 물체라도 거리에 따라 터치 방법이 달라져야 합니다. 예를 들어 가까운 지붕의 기와는 기와들 사이의 어두운 부분이나 파손 부위가 표현된다면 원거리는 면으로 요약하는 것입니다. 디지털 드로잉도 그림이다보니 앞뒤를 가리지 않고 묘사하게 되면 원근감이 무너지기 시작합니다.

42

가까운 거리에 있는 건물들의 디테일을 표현해보았습니다. 그림에서 가까운 시선에 있는 건물에 밝은 색과 어두운 색이 만나는 지점을 상세하게 표현하는 과정이 중요합니다. 어두운 색은 각 다른 재질이 만나는 부분에 집중시키고 밝은 색은 중간 톤 사이에 배치해 심심함을 없애줍니다.

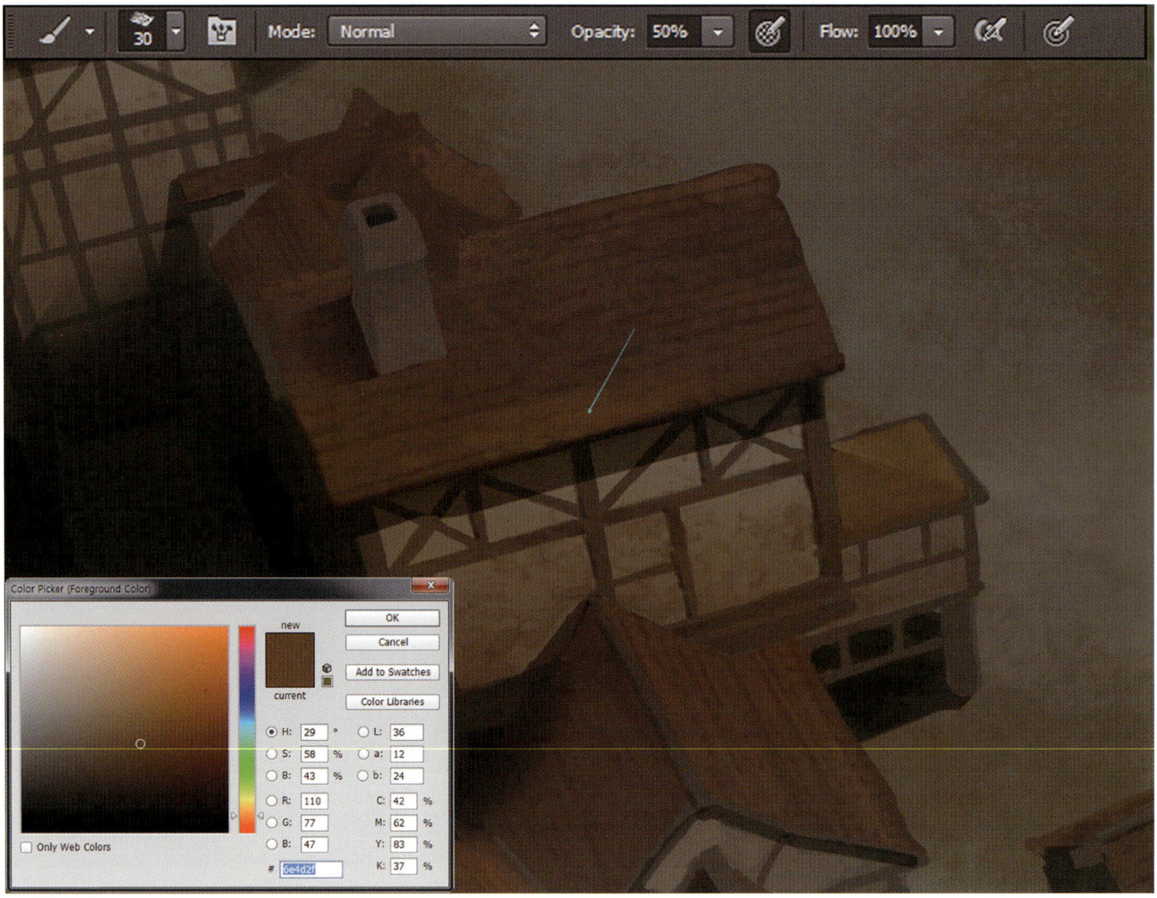

43

과정을 다시 살펴보면 먼저 지붕에 톤 변화를 먼저 만들어줍니다. 이때 브러시의 opacity를 조금 바꾸면서 터치하면 더욱 다양한 변화를 얻을 수 있습니다.

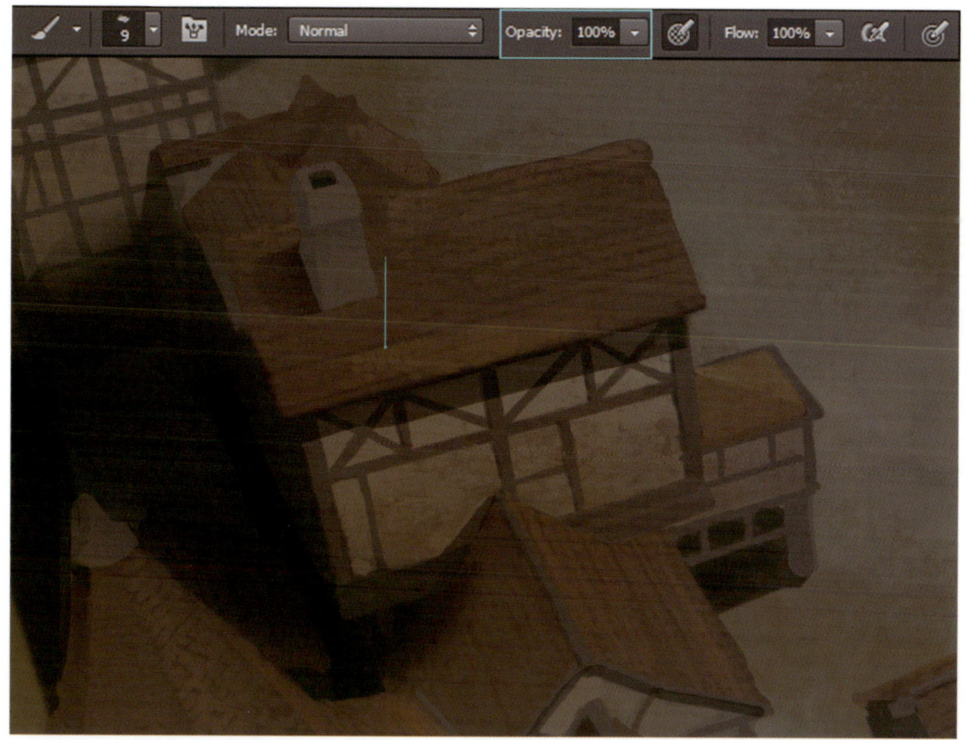

44

톤 변화를 만들면 밑색과 섞여있는 여러 가지 톤이 보이기 시작합니다. 그 색들을 그대로 스포이드 피킹해서 opacity 100%를 유지해 진하게 형태를 만들어 줍니다.

45

사물의 입체감을 잘 느낄 수 있는 것은 어두운 색이 균형있게 분포되어있어야 한다는 것입니다. 예시와 같이 빛이 도달하지 못하는 곳까지 고려해 어두운 색을 터치합니다. 그 터치는 그림자나 명암 또는 어두운 공간일 수도 있습니다.

46

근경에 있는 다른 건물도 묘사를 해보았습니다. 이전 과정과 큰 차이는 없고 비슷한 방법으로 이어 진행합니다.

47

이제 디테일 2단계로 들어가보겠습니다. 예시를 자세히 보시면 질감 표현이 더 상세하게 들어간 것을 알 수 있습니다. 조금 밝아진 것 같은 느낌이 들지만 사실 밝아졌다기보다 색이 다양해진 것입니다. 기와를 보시면 기와 사이에 어두운 터치도 있지만 채도가 다른 색이 중간에 섞여있는 것이 더욱 사실적인 느낌을 줍니다.

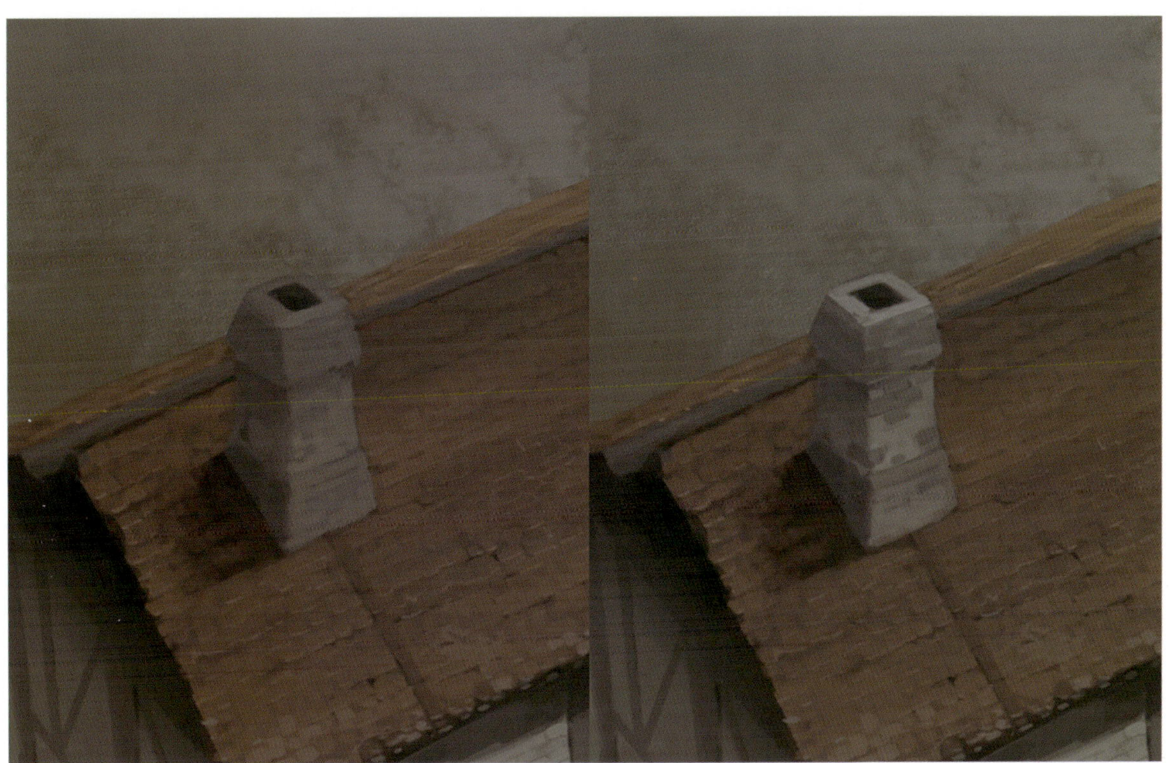

48

굴뚝도 밝은 면을 추가하며 디테일을 살려줍니다.

49

높이 있는 사물들은 대부분 빛에 많이 노출되어 있습니다. 건물은 야외에 있는 태양광의 영향을 받기 때문에 보다 넓은 영역의 빛 효과를 받습니다. 그렇기 때문에 사물의 옆면을 너무 어둡게 하지 않아야 자연스런 빛 효과를 얻을 수 있습니다. 대부분 이 부분을 많이 놓치기 때문에 특별히 신경 써야할 부분입니다.

50

디테일 1단계 과정을 중거리에 있는 건물에도 적용해봅니다. 과정은 비슷하지만 중거리로 벌어졌기 때문에 디테일은 근경보다 더 요약합니다.

51

중거리의 건물은 재질 사이사이에 어두운 디테일보다는 면의 톤 변화를 적극 활용해 디테일을 만듭니다.

52

디테일 단계로 들어갈 때는 되도록 어두운 색을 먼저 터치하는 것이 좋습니다. 사물의 윤곽을 먼저 만드는데 브러시의 강도를 조절하면서 터치하는 것이 좋습니다. 충분히 어두운 색을 이용해 opacity 값을 이용해 톤 차이를 주면서 단계를 만들고 이후 밝은 면을 추가합니다.

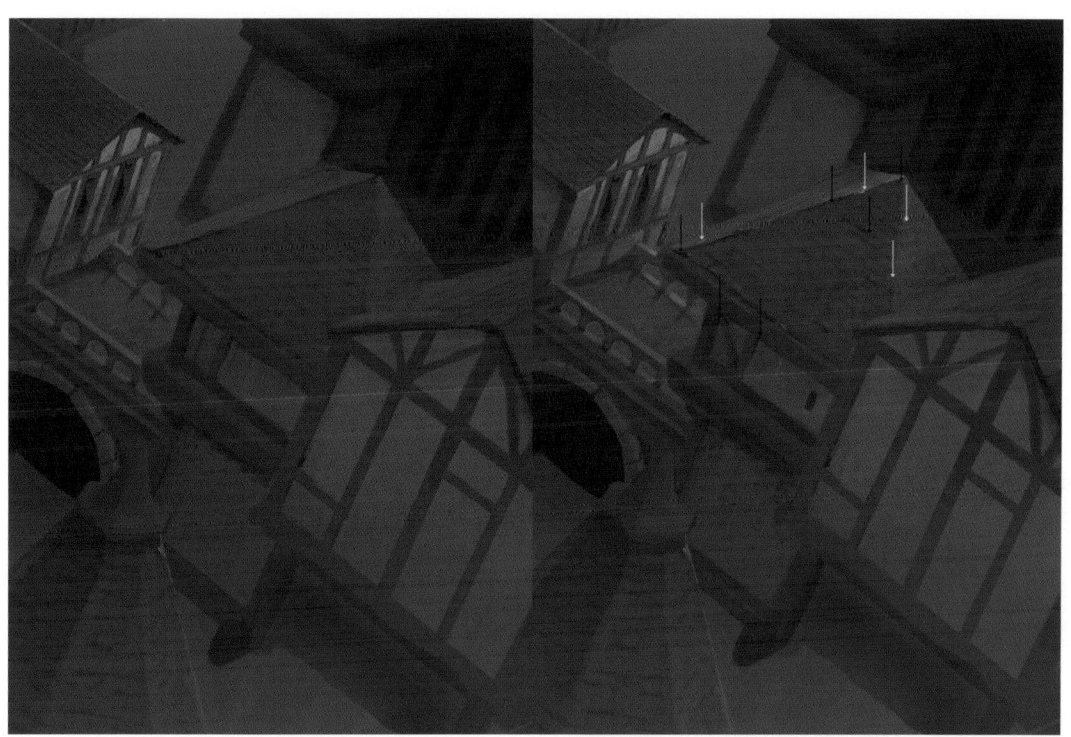

53

중거리에 있는 건물들의 디테일은 요약되어야 한다고 했는데, 일단 밝은 색과 어두운 블랙 포인트로 사물에 명쾌한 느낌을 전달해줍니다.

54

어두운 블랙 포인트는 다른 건물에도 적용됩니다. 예시와 같은 경우는 건물의 처마 안쪽을 많이 어둡게 처리하고 하단 턱밑을 어둡게 터치했습니다.

벽의 질감은 이전 단락 실내 그리기에서 많이 언급되었습니다. 대부분 벽 질감 그리는 과정에서 어려움을 겪는 분들이 많은 것 같은데 방법은 간단합니다. 먼저 레이어를 새로 생성하고 어두운 면을 포괄적으로 터치합니다.

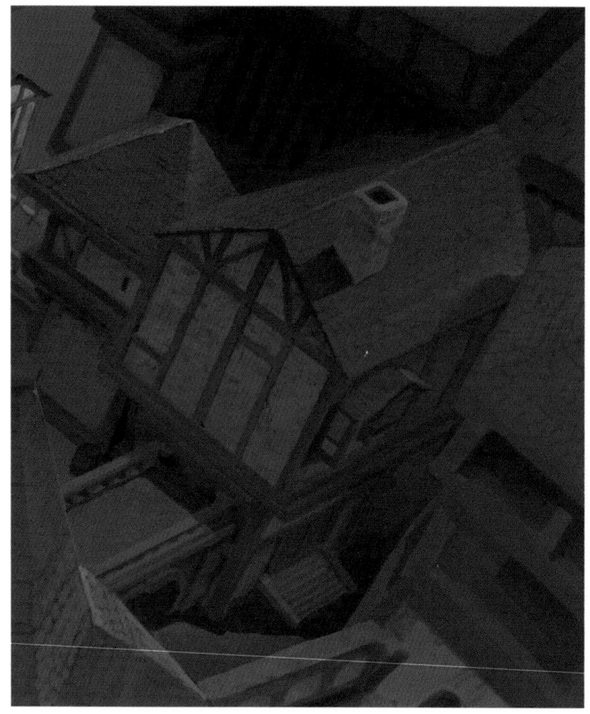

넓게 터치한 면을 지우개 브러시로 지우며 벽의 질감을 만듭니다. 벽에 있는 돌이나 흙의 느낌을 만드는 과정인데 브러시 크기가 중요합니다. 브러시는 어떤 것을 써도 좋지만 실제 돌의 크기 정도로 줄여 터치하는 방법입니다.

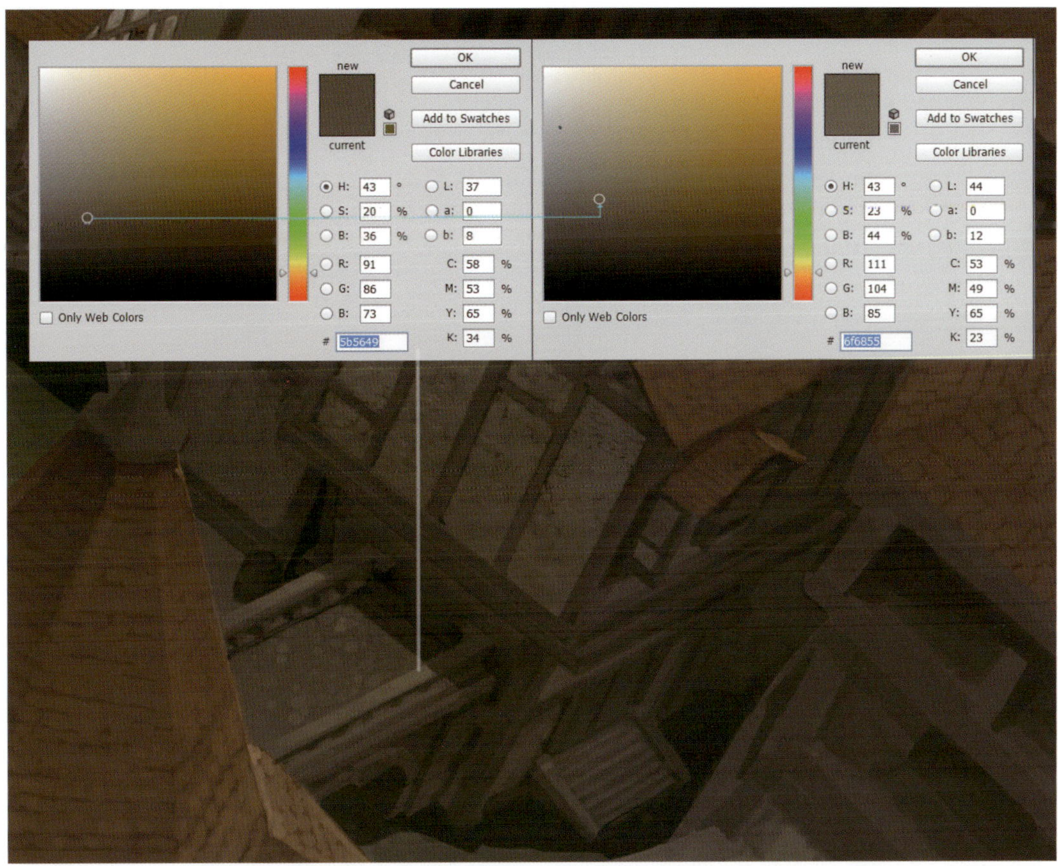

57

건물의 빛이 닿는 부분의 명도를 조금씩 증가시켜줘야 합니다. 방법은 현재 톤에서 피커 상에서 수직으로 이동하는 것입니다. 이렇게 수직으로 올리면 명도만 증가합니다.

58

지붕 쪽에 어두운 블랙 포인트로 힘있게 터치해 줍니다. 어두운 터치가 만들어주는 효과는 사물을 뚜렷하게 만들어 줍니다. 처음에는 조금 어색하게 느껴지지만 연습을 통해 자연스러운 위치를 찾아야합니다.

59

마을의 가장 우측 구석에 지붕만 보이는 부분이 있는데 이 쪽은 간단하게 묘사하고 방치합니다. 후에 이 부분에 식물을 배치할 것입니다.

60

처마 쪽에 심심함을 없애기 위해 작은 창문을 추가하고 작은 건물의 양식도 표현합니다.

61

잠시 작업 단계를 확인하고 과정을 진행합니다. 근거리에서부터 원거리까지 순환하는 방식으로 디테일 작업을 진행합니다.

62

여러 건물들이 서로 엮여있는 상태라 각 오브젝트를 따로 표현하기에는 무리가 있습니다. 피로감이 많은 작업이기 때문에 전반적인으로 비슷한 색의 터치는 일괄적으로 진행합니다.

63

어두운 터치와 밝은 터치를 이용해 사물의 접착력을 높이고 그림자와 작은 양식을 표현합니다.

64

원거리에 있는 건물들은 간단하게 어두운 색과 질감만 추가합니다.

원거리 좌측 건물도 간단한 묘사가 들어갑니다. 터치는 이전 과정과 다르지 않고 건물의 위치가 바뀌었기 때문에 빛을 받는 각도도 바뀌게 됩니다. 우리가 보는 정면부가 꺾인면이고 조금 어두운 반사광의 영역이 됩니다. 그림자는 좌측으로 길게 떨어집니다.

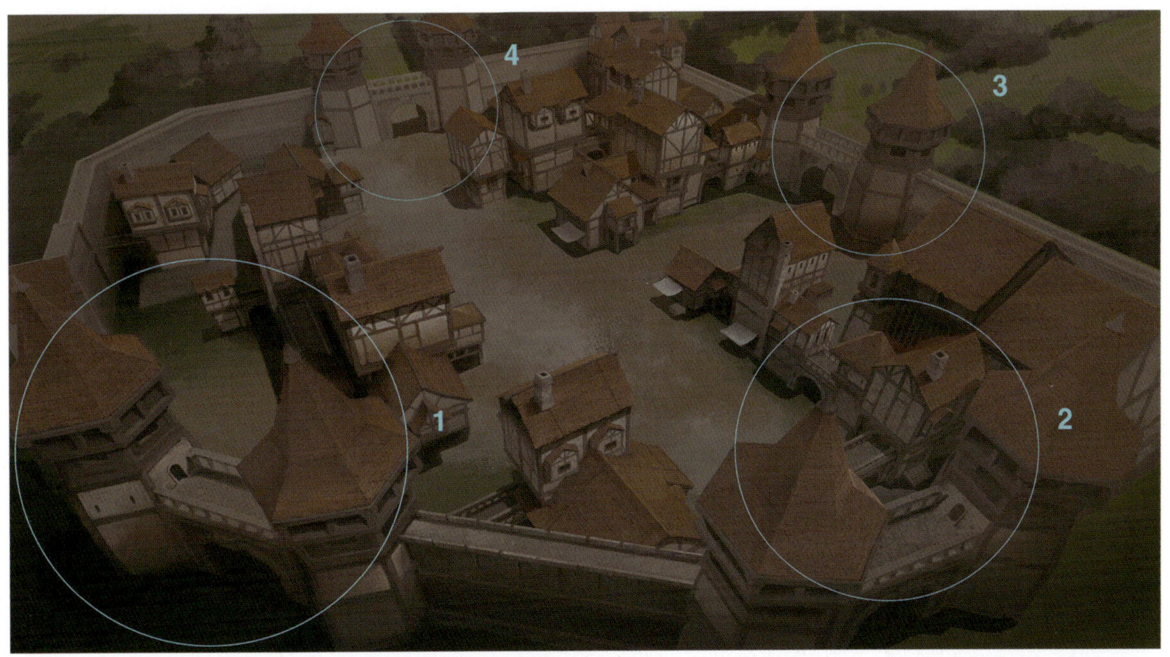

순환하는 방식으로 전체적인 묘사가 마무리되었습니다. 이제부터는 그림의 품질을 결정하는 포인트를 만들어 주는 과정입니다. 보다 선명해 보이고 화려해 보이는 정교한 터치를 합니다. 순서는 전과 같이 가장 가까운 거리의 사물부터 먼저 진행합니다.

그림에서 가장 가까운 거리에 있는 지붕을 봅니다. 이 부분에 기존 색보다 명도와 채도가 약간 높은 상태로 터치를 더해 줍니다. 물론 전부다 해당하는 것은 아니고 조금씩 빈 곳을 남기며 진행합니다. 나무 구조물도 어두운 색으로 나뭇결을 그려줍니다. 이때 브러시는 어두운 색의 낮은 opacity로 진행합니다.

담장에 붙어있는 다리로 시선을 돌려봅니다. 여기서 중요한 부분은 효과적인 터치를 해야한다는 것입니다. 벽면을 자세히 보시면 밝은 부분에는 반대로 어두운 터치를 해서 형태가 바로 드러나도록 하고 어두운 부분에는 밝은 색으로 터치해 효과를 눈으로 확인합니다.

69

예시의 좌우 그림을 자세히 살펴봅니다. 별 차이가 없어 보이지만 많은 변화가 있습니다. 이전 과정과 동일하지만 중요한 부분이 하나 더 있는데 사물과 사물의 거리 차이와 분리입니다. 오른쪽 그림을 자세히 보시면 근경의 지붕과 뒷면에 집과 거리가 차이가 나는 것을 확인할 수 있습니다. 분리되어야하는 부분에 하이라이트나 블랙으로 강조를 더해 확실한 원근을 만드는 것입니다.

70

디테일하게 터치를 하는 과정이지만 한 가지 더 신경써야 할 부분은 빛 방향에 맞는 명암입니다. 지붕을 보시면 빛의 방향에 맞추어 어둡게 만들거나 밝게 터치한 것을 알 수 있습니다.

71

중 거리에 있는 사물은 대부분 밝은 색 위주로 형태를 마무리합니다.

72

다리의 옆면에 어두운 색으로 돌 사이의 질감을 추가합니다.

73

가장 먼 거리에 있는 구조물입니다. 과정은 이전과 동일하고 면을 요약하는 느낌으로 진행합니다.

74

건물의 표현이 어느 정도 정리되면 이제 바닥 차례입니다. 바닥은 마을을 그릴 때 가장 중요한 부분이라고 할 수 있습니다. 전체적인 분위기에 많은 영향을 주기 때문인데, 현재 그림에서 바닥이 하는 역할은 밝은 분위기를 만드는 요소일 것입니다. 그림에서 느껴지는 밝은 색은 대부분 건물의 벽면뿐이고 나머지는 다소 어두운 톤을 가지고 있습니다. 여기에 밝은 색을 보여줄 수 있는 부분은 바닥뿐입니다. 일단 길을 따라 밝은 흙바닥을 표현하고 건물 주변을 그린 톤으로 분리해 줍니다.

75

바닥의 터치 요령입니다. 밝은 부분은 두 가지 정도의 명도가 느껴지도록 미약한 변화를 만들고 그 위로 풀밭으로 보이는 터치를 합니다. 이때 그린 톤은 바닥의 색으로 간격을 만들어 줘야합니다.

76

계속해서 바닥의 풀밭과 흙 사이의 간격을 더 세밀히 분리해 자연스러운 지면을 연출합니다.

77

풀밭 쪽에 어두운 색을 추가해 풀의 덩어리를 표현합니다. 여기서 터치의 요령은 풀을 자세히 표현하는 것보다는 덩어리의 음영을 만들어 규모만 느껴지게 합니다.

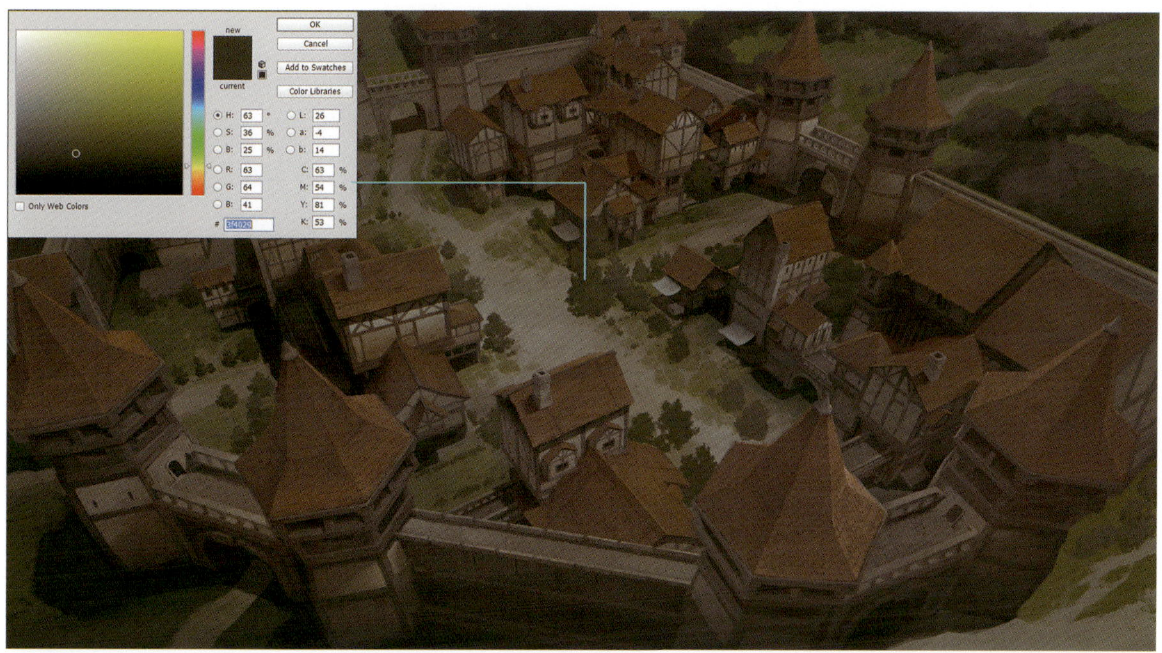

78

마을 안쪽에 나무를 그려 보다 더 풍부한 분위기를 연출해 줍니다. 나무는 바닥의 색보다 어둡게하는 것이 좋습니다. 지면 위로 오브젝트를 추가할 때는 명도를 다르게 해서 시원한 대비를 확보하는 것이 중요합니다.

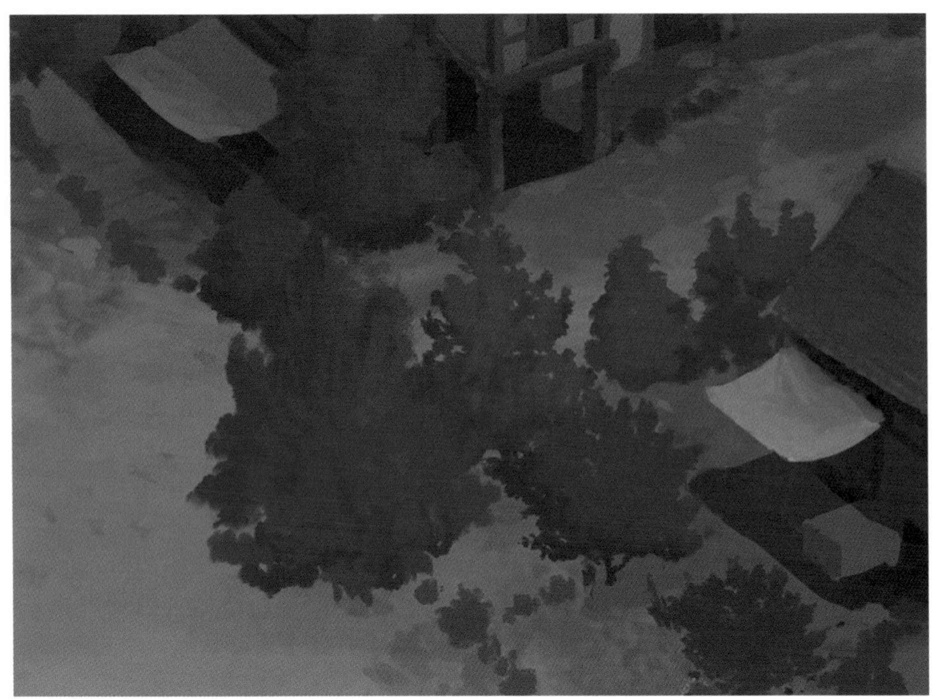

79

나무는 투톤 정도로 나누어 터치하고 어둡고 밝은 대비로 덩어리를 만듭니다. 그림의 시점이 높기 대문에 나무들도 하단부를 어둡게 합니다.

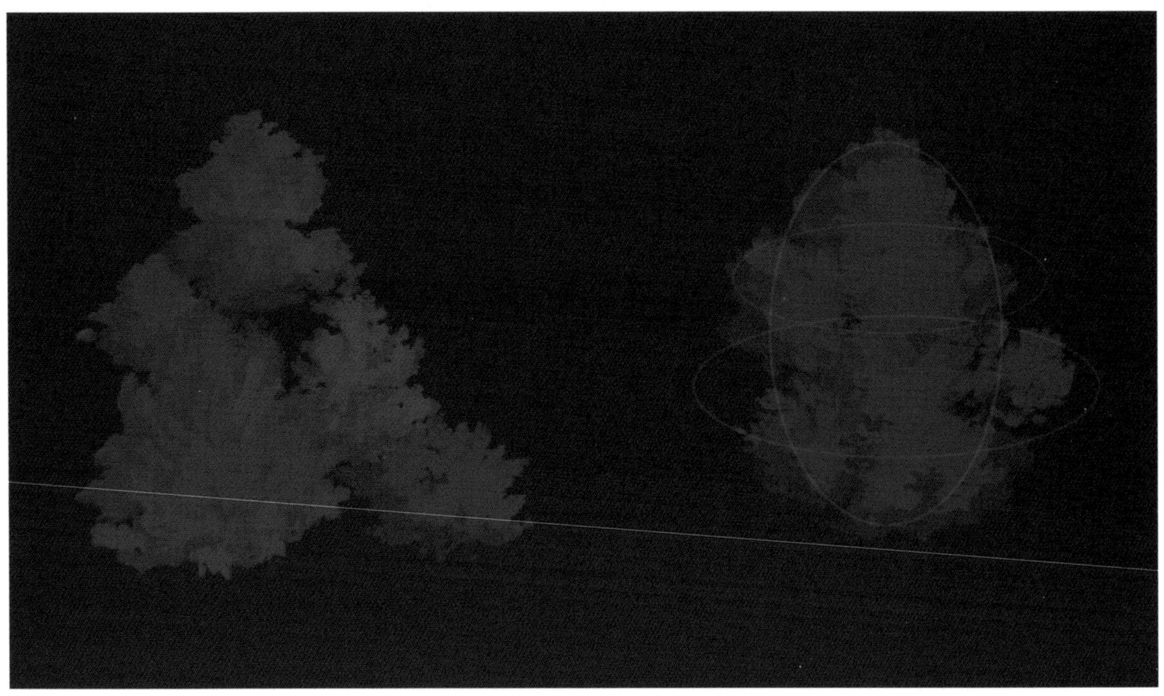

80

나무의 덩어리 형태입니다. 작은 덩어리들이 모여 큰 덩어리를 이루는 느낌으로 터치합니다. 디테일은 거리에 맞추어 잎의 크기를 정해야 하는데 큰 마을 안에 있는 작은 나무들이기 때문에 다소 요약된 형태를 만듭니다.

81

나무의 밑 줄기에 어두운 터치를 해 덩어리의 매듭을 짓습니다.

82

마을 안의 나무 밑에 그림자를 추가합니다. 지면의 색에 맞추어 어두운 톤으로 바꿔줘야 합니다. 많이 어두운 색을 이용해 opacity를 낮추고 터치하면 편하게 톤을 만들 수 있습니다.

83

마을 안에 나무의 덩어리를 추가한 후에 외곽의 숲으로 시선을 돌려 터치를 추가합니다. 나무를 끝까지 마무리하지 않고 덩어리 형태만 두고 넘어가는 이유는 전체 규모에 맞는 터치를 하기위해 디테일을 나누어 진행하는 것입니다.

84

숲의 덩어리를 만드는 것은 큰 전개만 가지고 진행하는데 이전 과정에서 터치한 색만 가지고 형태를 만들어 나갑니다. 어두운 색 쪽으로 밝은 색을 이용해 터치 형태가 드러나도록 하고 밝은 쪽은 어두운 터치로 구석을 만드는 방식으로 진행합니다.

85

좌측 원경에 있는 숲도 같은 방식으로 진행합니다.

86

외곽에 길이 만들어지는데 색감은 기존 흙색을 그대로 이용합니다. 길을 조금 더 분리해 주는 기분으로 터치합니다.

87

눈에 잘 띄지 않아도 약한 변화의 터치도 중요합니다. 예시와 같이 지면에 다른 색의 터치를 더해줍니다.

88

이전 과정에서 지면에 약한 흙의 흔적을 만들었습니다. 두 가지 톤의 움직임이 있는데 두 가지의 터치가 따로 노는 느낌입니다. 이런 경우는 터치가 섞이는 느낌보다는 각기 다른 역할을 하도록 하는 기법입니다.

89

외곽에 있는 숲까지 표현한 후에 다시 마을 안쪽에 있는 나무를 터치합니다. 이번에는 나무의 본래의 색이 살아있는 톤으로 잎의 형태를 구체화합니다.

90

다른 위치의 나무들도 마찬가지로 한 단계 높은 명도로 디테일을 더해줍니다. 밝은 톤으로 출발한 나무는 반대로 어둡게 터치하며 형태를 다듬어 나갑니다.

91

구석진 곳에 있는 나무들도 같은 과정으로 형태를 다듬어 나갑니다. 여기까지 했다면 마을 그리기가 거의 마무리된 상태입니다. 큰 마을을 그린다는 것이 보통 일이 아니라는 생각이 항상 들지만 사물 하나하나를 서로 연관시켜 차례차례 그려나가다 보면 어느새 그림은 완성 되어가고 있을 것입니다.

92

여기까지가 특별한 연출 없이 진행된 그림입니다. 잠시 그림을 보며 부족한 부분을 체크해봅니다. 그림이 조금 어둡다는 느낌이 듭니다. 하지만 의도적으로 조금 어둡게 그리는 것이 좋습니다. 그림 경험이 많이 없는 분들은 본인이 생각했던 결과물보다 어둡게 시작하고 이후에 강한 빛 효과를 주면 보다 조절이 용이한 샷을 얻을 수 있습니다. 여기에 소품을 추가하거나 날씨의 변화까지도 연출 가능합니다.

93

이번 과정은 마을 전체에 빛을 더해주는 것으로 시작해봅니다. 현재 빛은 오른쪽에서 왼쪽으로 향하고 있습니다. 가장 높은 건물을 먼저 터치하는 것을 원칙으로하고 높이가 높은 곳을 가장 밝은 톤으로 그려나갑니다. 터치는 긁어 나가는 느낌으로 가볍게 터치합니다. 계속 덮어주는 느낌입니다.

94

먼 거리에 있는 구조물에서 빛 효과를 내어줍니다. 마찬가지로 상단을 가장 밝게 터치합니다.

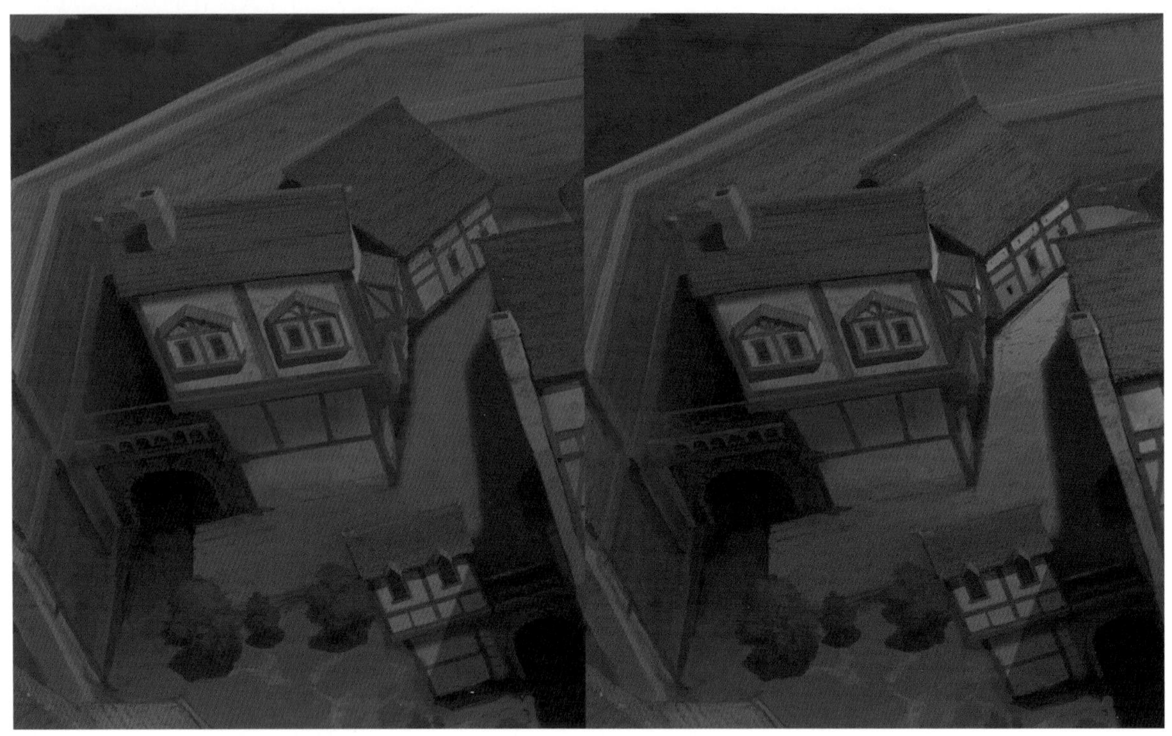

95

좌측 원거리에 있는 건물이 밀집되어 있는 곳을 찾아봅니다. 그 곳의 건물 사이 바닥과 벽면에 밝은 터치를 추가합니다.

96

빛 효과는 밝은 색만 추가하는 것이 아니라 때로는 어두운 공간을 강조하여 상대적인 효과를 얻을 수 있습니다. 이것
이 빛의 강도를 만드는 첫 단계입니다. 빛이 반응하는 곳만 찾지 않고 어두운 공간을 이용합니다.

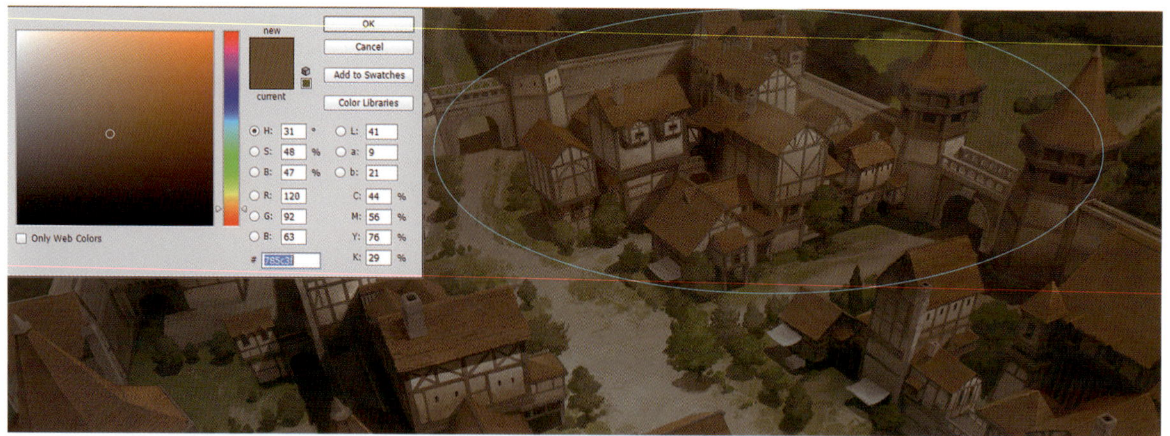

97

이렇게 1차 빛효과 터치가 끝나면 다시 필터효과를 추가해줍니다. 레이어를 새로 생성하고 예시와 같은 색감의 톤으로 원거리에 에어브러시로 도포합니다.

98

레이어를 hard light로 변경하면 다음과 같은 결과를 얻을 수 있습니다. 빛의 온도를 균일하게 퍼뜨리는 효과를 냅니다.

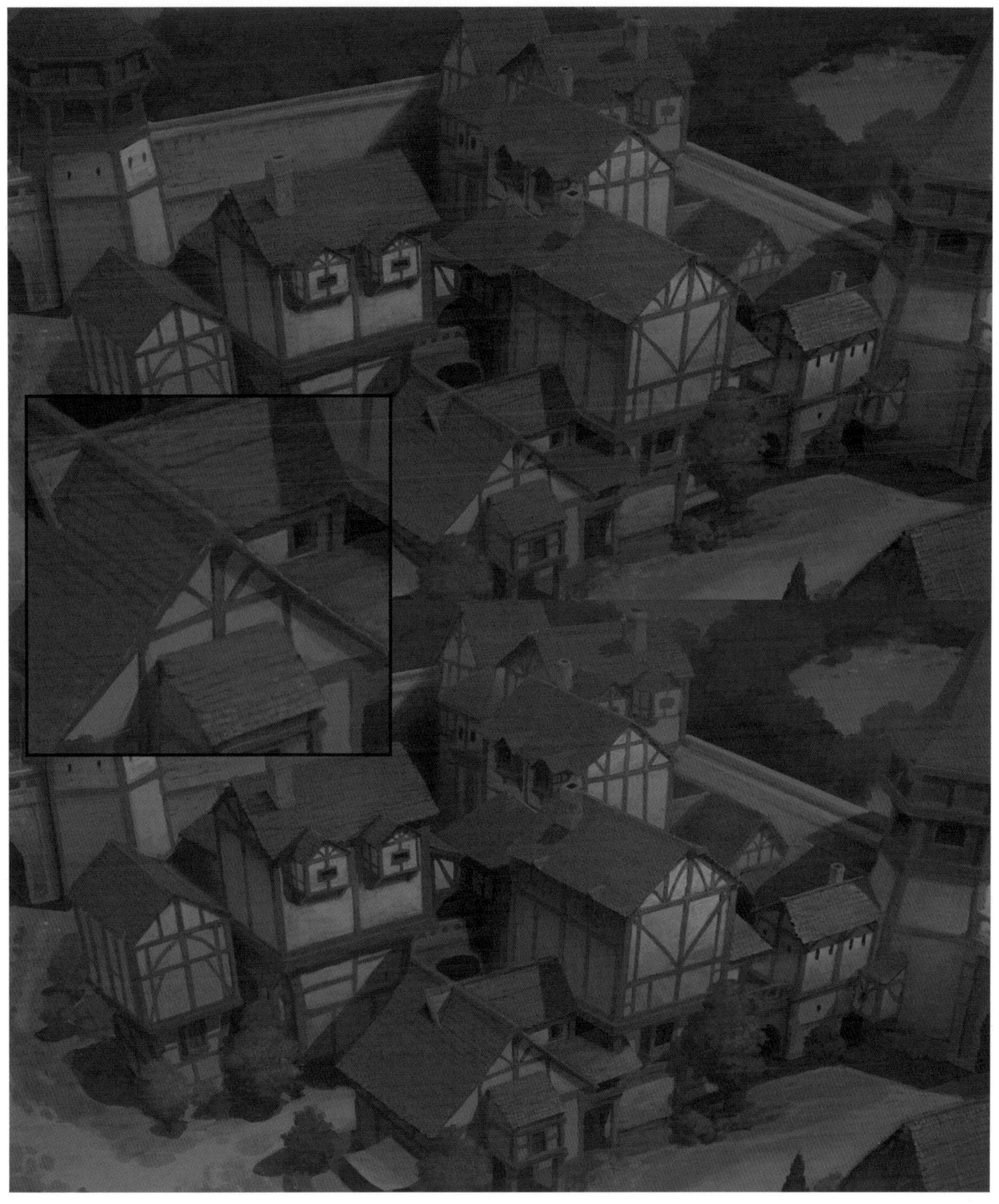

99

필터를 입힌 건물 주변은 전반적으로 채도가 상승되어 있습니다. 이 색감에서 명도와 채도를 또 한 번 올려 모서리 끝부터 하이라이트 효과를 줍니다.

100

건물과 동시에 바닥도 효과를 더해주는데 이번에는 면을 밝게 하는 것이 아니라 반짝이는 물체를 그려주는 것입니다.
예를 들어 돌이나 튀어나온 부분을 강조합니다.

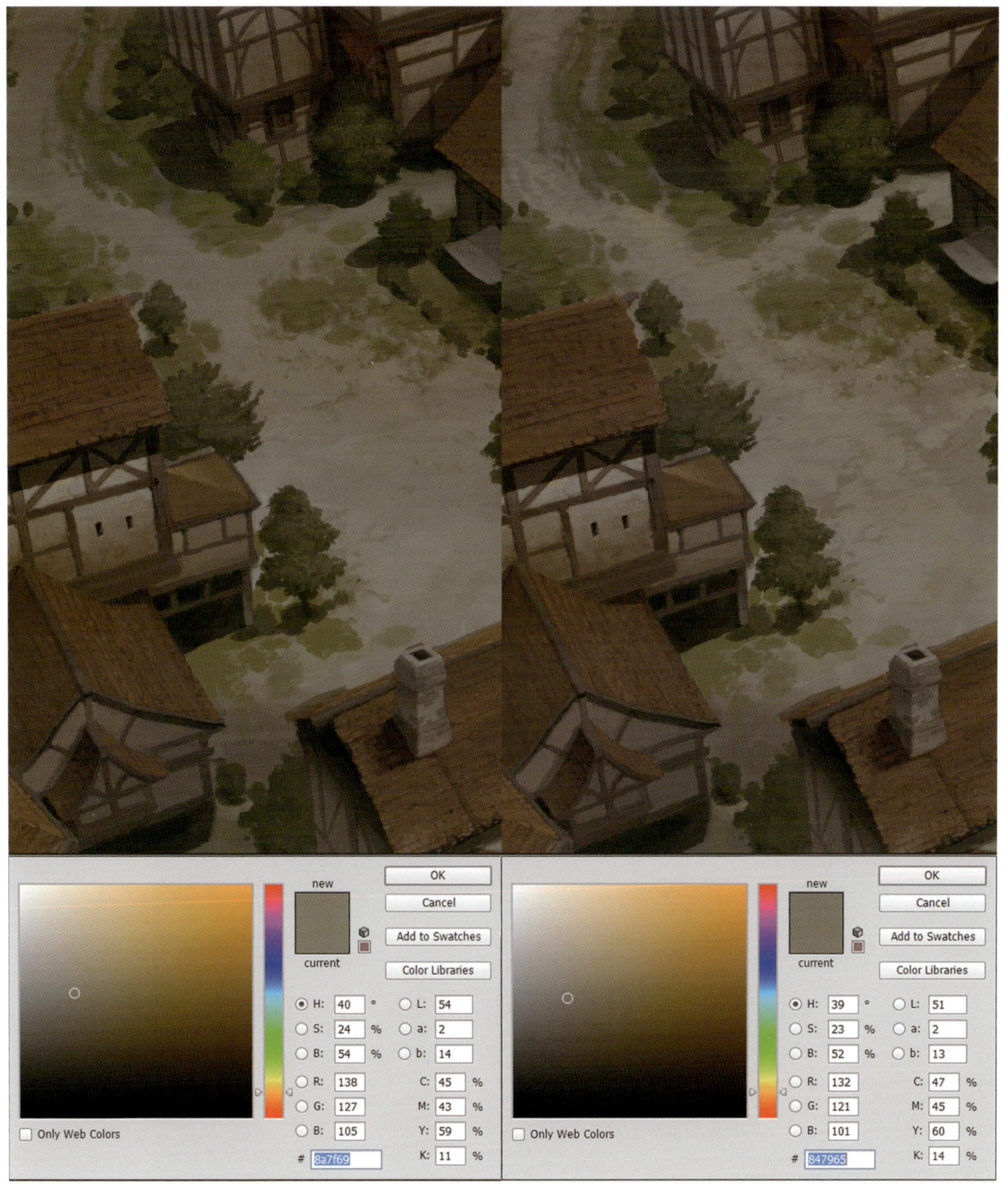

101

바닥부분에 약간 튀어나온 지면의 굴곡을 표현합니다. 예시에 있는 왼쪽 색을 보시면 약간 위로 상승된 상태를 볼 수 있습니다. 조금씩 피커로 위로 옮겨가면서 적당한 톤을 찾습니다. 변화가 너무 커지지 않도록 주의합니다.

102

이전 과정과 동일하게 좌측 원거리에 밝은 톤을 추가합니다.

103

이번에는 건물에 붙어있는 담쟁이 식물을 그려 푸근한 느낌을 만들어줍니다. 식물의 터치는 이전 단락의 건물 컨셉아트 그리기에서 나온 내용입니다. 먼저 기본색으로 외형을 잡고 덩어리를 만들며 터치합니다.

104

각 지붕이나 벽면에 식물을 추가해 보았습니다. 더욱 푸근한 느낌이 듭니다.

105

길 한가운데 가장 밝은 색을 추가해서 경로를 확실하게 보여줍니다.

106

설정상 재미를 더하기 위해서 가로등을 그려보았습니다. 어둡게 시작해서 재질별로 색을 나누고 하이라이트로 마무리합니다.

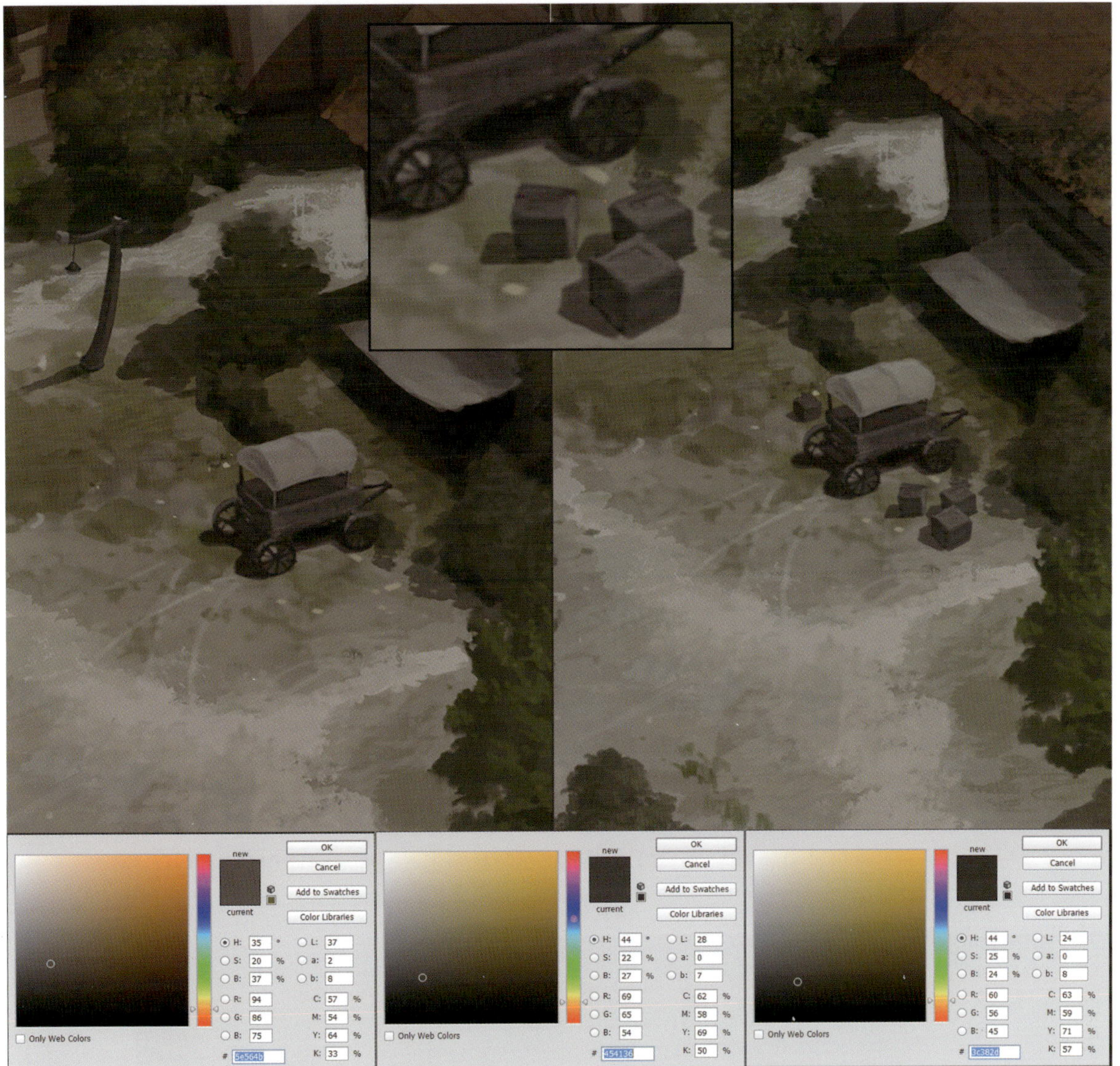

107

소품들의 색감을 나열해보았습니다. 주변의 색과 유사한 낮은 채도로 소품을 표현합니다. 윗면이 가장 밝고 정면이나 옆면은 조금 어둡게 그립니다.

108

집 주변에 작은 텃밭을 만들어보았습니다. 예시를 보시면 터치가 정교하게 들어가지 않았고 2톤 정도의 대비를 이용해 그려 넣었습니다. 거리에 따라 표현 정도가 달라져야 전체 샷에서 자연스럽게 주변과 어우러집니다.

109

활기찬 분위기를 만들기 위해 굴뚝에 연기를 그려 넣었습니다. 별거 아닌 것 같지만 이 터치 하나가 때론 드라마를 만들어내기도 합니다.

110

활기찬 느낌을 더 내고 싶은 욕심이 더 든다면 또 다른 소품을 추가해보는 것도 좋습니다. 이번에는 만국기 깃발을 매 달아보았습니다. 색을 여러 가지 사용해 그림의 포인트 컬러로 이용해도 좋습니다.

111

그림의 마지막 과정으로 향하고 있습니다. 이제 그림에 가장 강한 터치를 넣을 차례입니다. 명도를 최대한 올려서 빛이 가장 많이 노출되는 곳에 조금씩 터치합니다. 터치가 어떻게 들어갔는지 확인해 보세요.

112

나무 구조물 쪽에도 밝은 색을 이용해 결의 모양대로 터치합니다. 조금 날카롭게 그린다고 생각하는 것이 좋습니다.

113
지붕은 재질 상 반사가 많지 않기 때문에 하이라이트는 예시와 같이 마무리하지만, 나무 쪽은 보다 강하게 터치합니다.

114

멀리 있는 건물의 지붕은 단순한 면으로 요약해 밝고 강하게 터치합니다. 터치가 어떻게 요약되고 있는지 관찰해보세요.

115

중거리 이상의 모든 사물에 요약된 터치로 강하게 하이라이트를 만들어줍니다. 이 과정이 그림의 화려함을 보여주는
마지막 단계입니다.

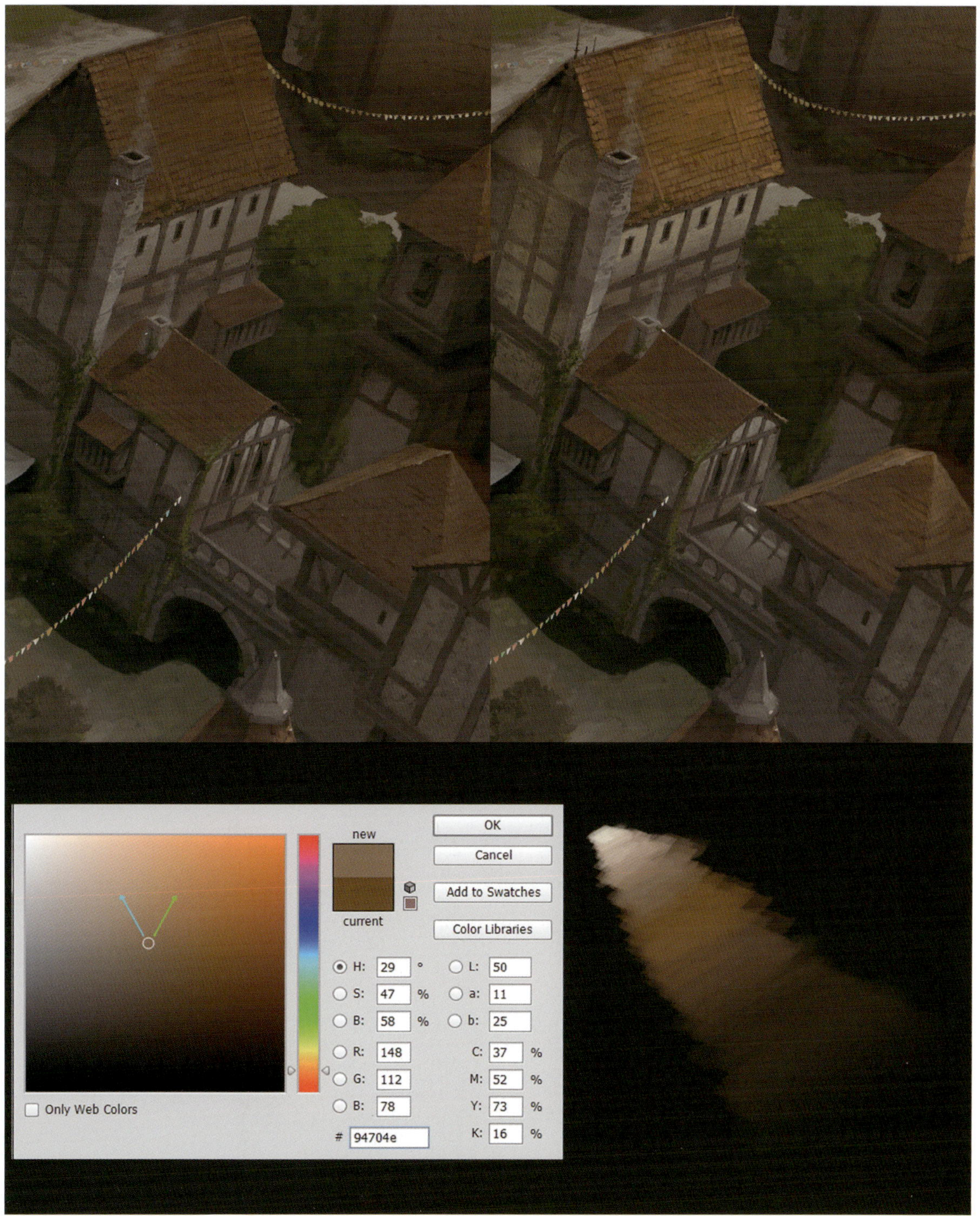

116

여기서 잠시 하이라이트까지 도달하는 색감을 어떻게 만드는지 확인해봅니다. 예시를 보시면 컬러 피커에 좌우 화살표로 표시를 해두었는데 파란 쪽이 빛이 추가되는 지점이고, 녹색 화살표 쪽이 재질의 반사를 표현하는 색감입니다. 두 개의 차이점은 빛이 많이 노출되어 본래의 색에 화이트가 많이 첨가되는 것이 파란 화살표이고, 재질의 반사 즉, 물체 자체의 빛 전달역이 높아 생기는 플라스틱 같은 색감에 쓰입니다. 저자는 대부분 빛이 많은 명도에서 어두운 쪽으로 다시 이동할때 우측 톤을 이용해 섞어줍니다.

117

이 그림의 목표는 편안하고 사실적인 느낌과 더불어 과도하지 않은 디자인을 적용해 안정적인 컨셉을 전달해 주는 것입니다. 그러나 아무 개성이 없는 그림이라고 생각할 수 도 있습니다. 이 그림에서 보여주고 싶었던 것은 절차가 정확한 그림을 그려 후에 필터링을 하거나 다른 그림으로 수정해도 아무 무리 없는 이미지를 만드는 과정입니다.

118

그림을 마친 후 갑자기 다른 느낌으로 전환하고 싶을 때가 가끔 있습니다. 지금까지와 같은 과정으로 진행된 그림이라면 충분히 분위기 수정이 가능합니다. 예시와 같이 더 밝은 분위기를 만들거나 또는 다른 색감으로 만들어도 좋습니다. 그러면 간단한 편집으로 그림의 분위기를 조금 바꾸어보겠습니다.

119

그림을 안정적으로 마친 후에 가장 먼저 아쉬워지는 부분이 그림의 대비입니다. 그 강한 대비를 만들어봅니다.

120

포토샵 편집으로 가장 편하게 대비를 올려 볼 수 있는건 닷지 툴입니다. 이것은 단순히 목표지점을 밝게 만드는 툴입니다. 닷지 툴로 기존의 빛을 강조한 부분에 더 강하게 빛을 확장해봅니다.

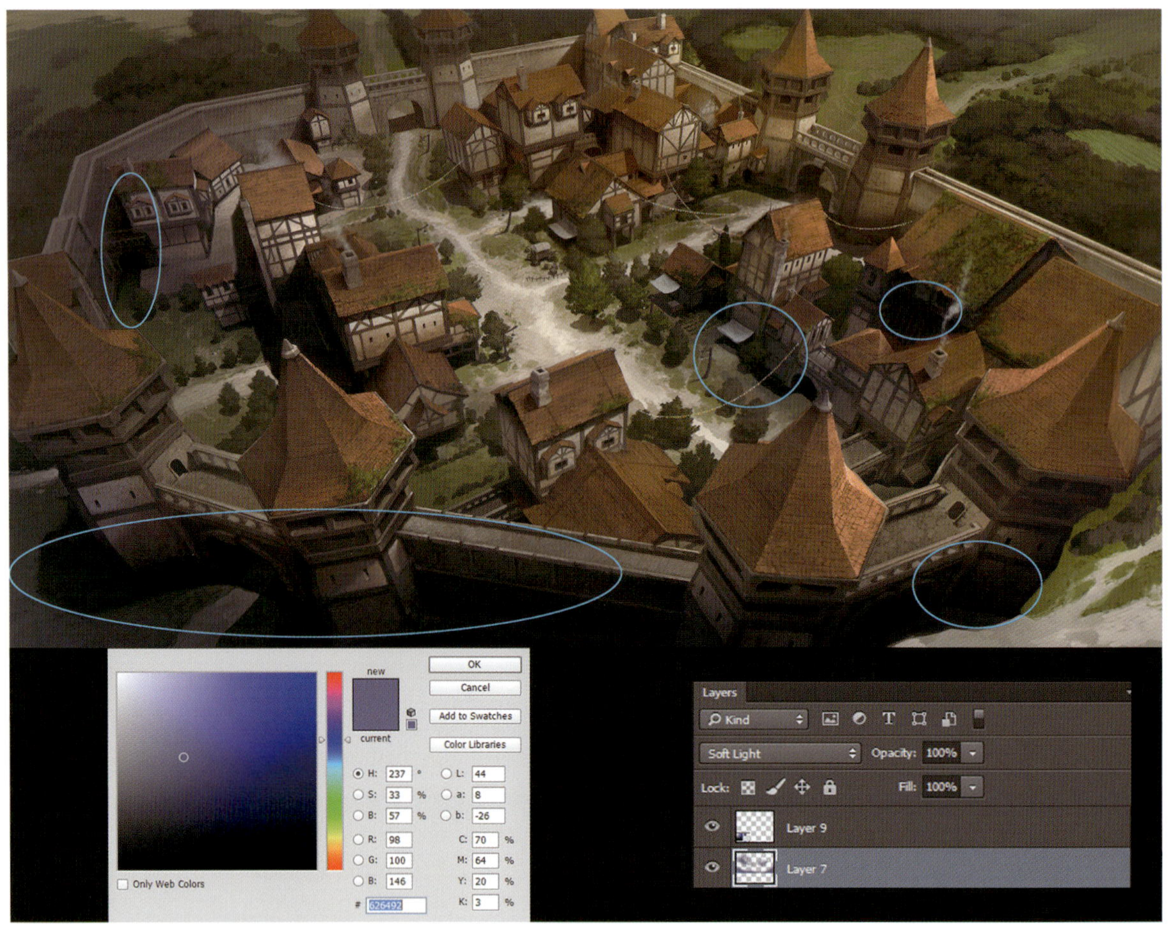

121

강한 빛이 들어간 만큼 강한 음영의 색도 들어가야 시원한 대비를 느낄 수 있습니다. 음영에 색을 첨가해 공기의 느낌을 한층 높여줍니다. 레이어를 추가하고 soft light 레이어 필터로 바꾼 후 색을 첨가해봅니다. 주로 어두운 쪽에 첨가합니다.

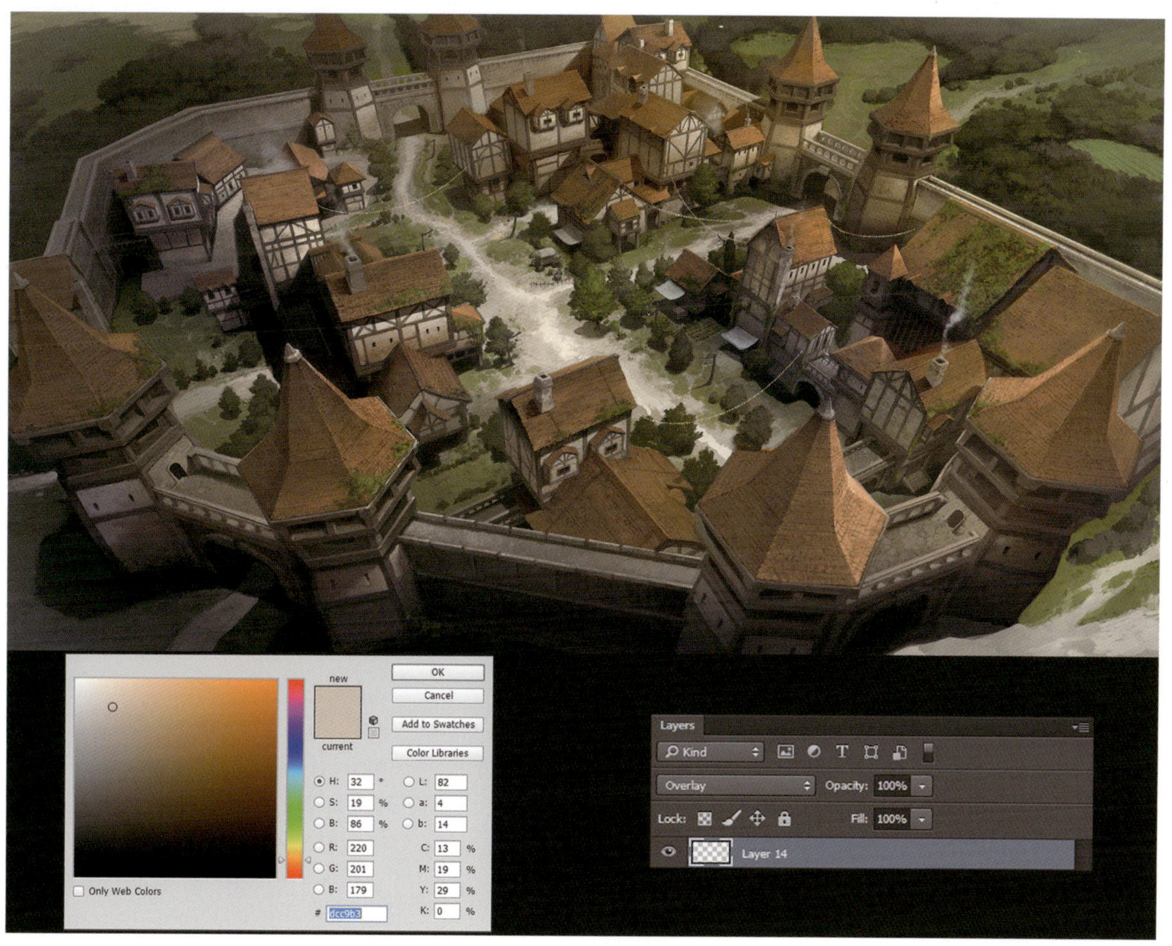

122

다시 레이어를 추가해 overlay로 바꾸고 한층 포근한 색을 빛 방향으로 터치합니다.

123

이렇게 편집까지 최종 마무리를 지어보았습니다. 오브젝트가 많은 그림을 그릴 때 혹은 스케일이 큰 그림을 그릴 때 가장 중요하게 생각하는 것이 원근감입니다. 사실 그 원근을 만들기 위해 많은 테크닉이 필요하다고 생각되겠지만 한 가지만 집중하면 됩니다. '무조건 뒷면의 사물과 색을 자연스럽게 분리한다.' 라고 생각하는 것이 편하게 그림을 그릴 수 있는 포인트입니다. 뒤의 사물과 앞의 사물의 거리를 만들다 보면 자연스럽게 어딘가는 밝아지거나 어두워지기 마련입니다. 아무리 많은 사물이 등장해도 한 그림이라고 생각하고 그리는 것이 좋은 생각입니다. 한 곳에 눈이 머무르며 특정 위치를 파고드는 묘사는 지양해주시고, 넓게 보고 순환하는 묘사 방식을 가져가야 후에 어떤 그림이라도 자신있게 그려낼 수 있습니다.

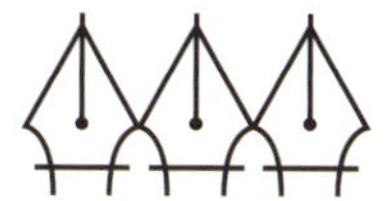

설경 만들기

1

이번 단락은 눈이 내린 마을을 그려 볼 것입니다. 이전 과정에서 완성한 마을 컨셉을 설경으로 바꾸는 방법을 알아보겠습니다.

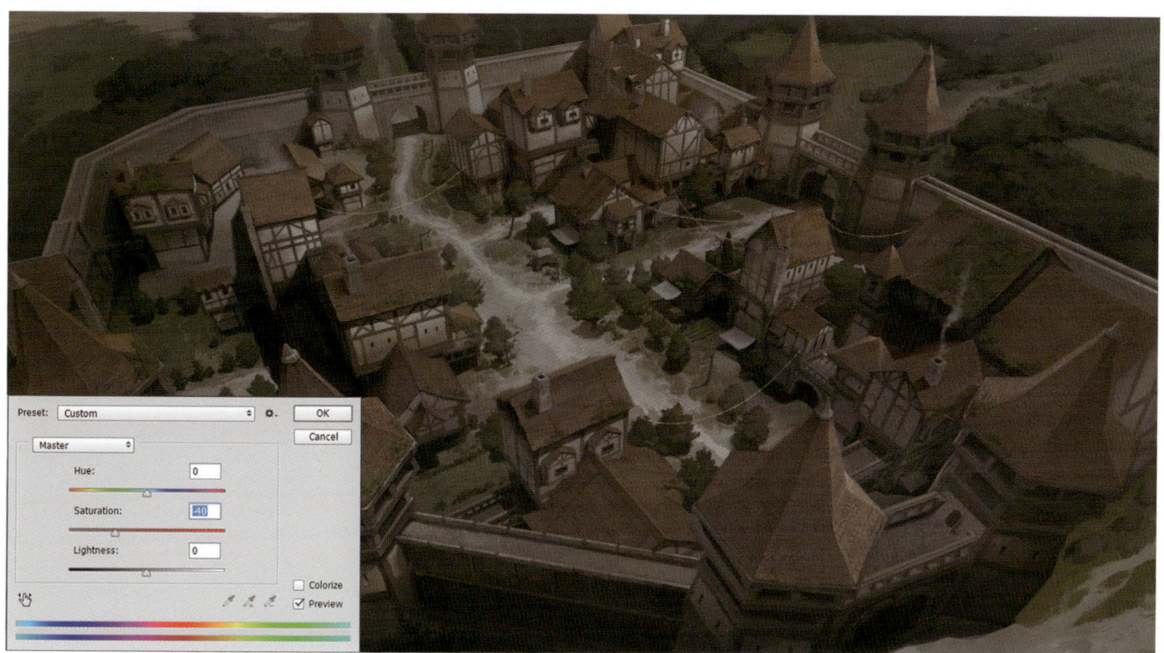

2

첫 번째 순서는 그림의 채도를 낮추는 것입니다. 아무래도 흰색이 많이 들어가는 설경에 채도가 높은 컬러가 있으면 조금 부담스러운 느낌이 들 수 있기 때문입니다. 단축키 ctrl+U를 누르고 hue/saturation을 열고 예시와 같이 saturation(채도)을 -40정도 떨어뜨립니다.

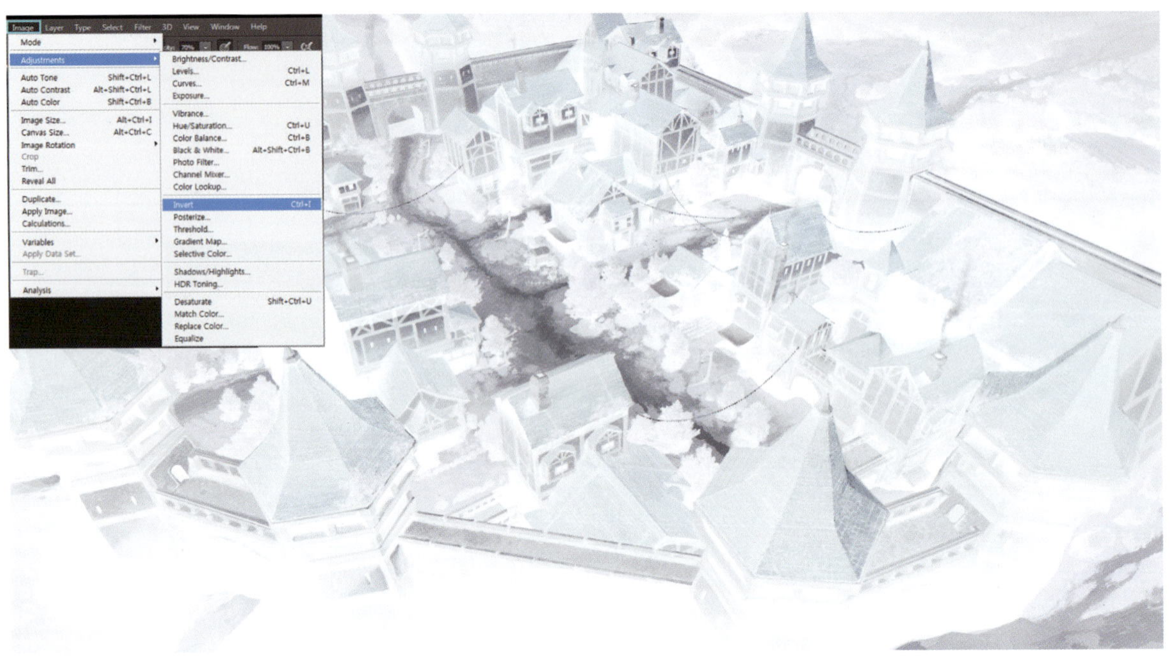

3

포토샵에는 invert라는 기능이 있는데 색을 반전시키는 툴입니다. 포토샵 상단쪽에 image-adjustment-invert입니다. 단축키는 ctrl+I 를 누르면 예시와 같이 색이 반전됩니다. 이렇게 색을 화이트 계열로 반전 시키는 이유는 화이트 계열 이미지를 이용해 눈의 효과를 얻기 위해서입니다. 기존 이미지는 ctrl+J로 복사해 둡니다.

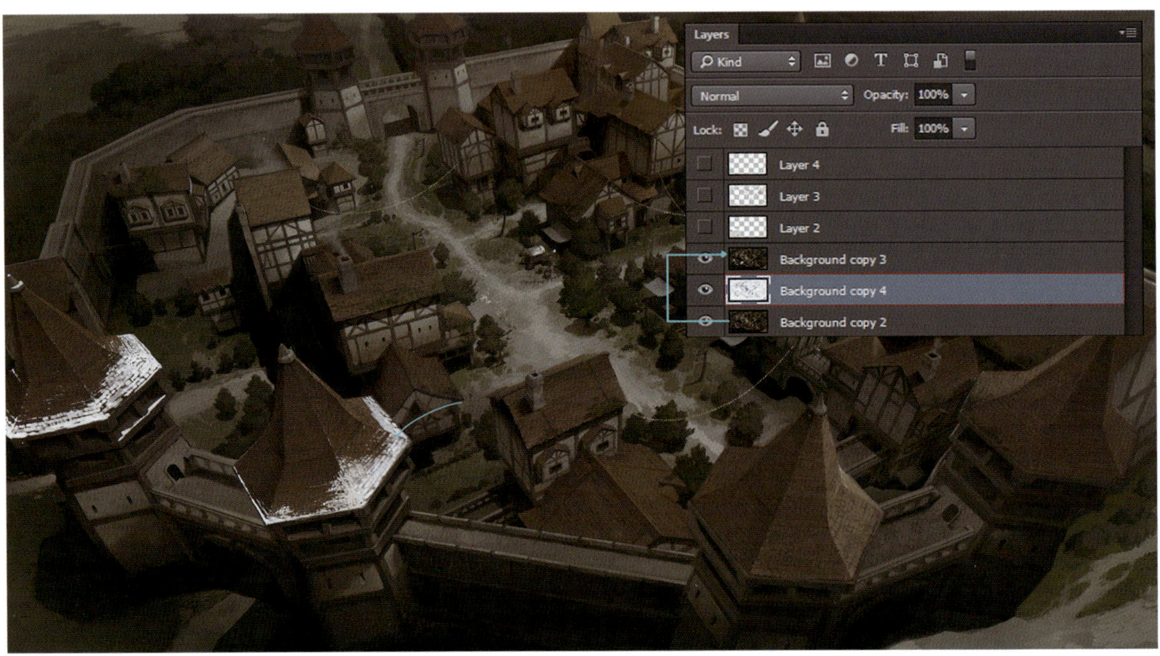

4

이전 과정에서 invert로 만든 화이트 이미지를 원본 레이어 아래로 이동합니다. 그렇게 맨 위로 올리고 원본 이미지를 지우개 브러시로 조금씩 지우면 예시와 같이 하얀 눈 느낌을 얻을 수 있습니다.

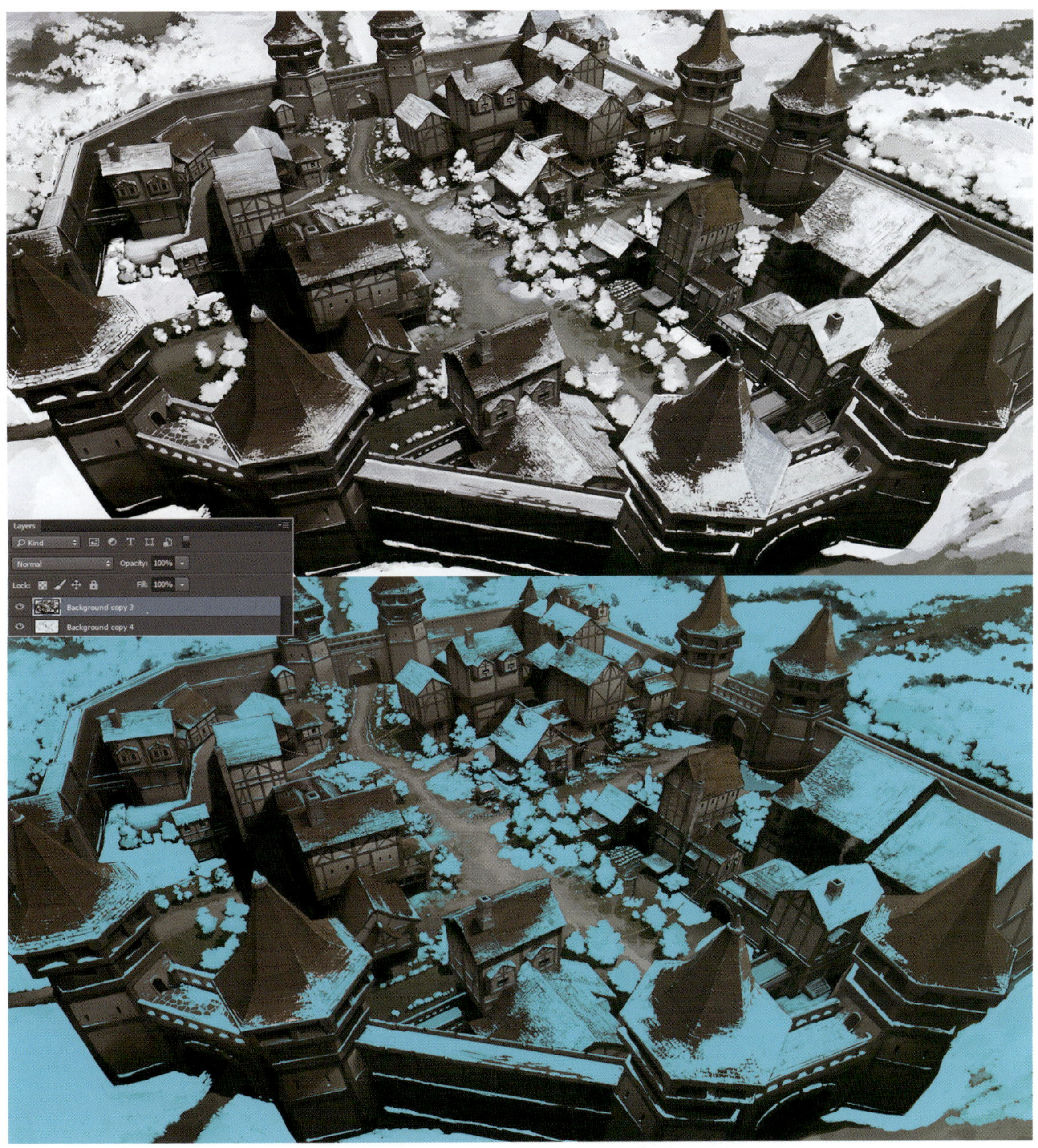

5

원본을 계속 지우며 쌓인 눈을 표현합니다. 이 과정은 상당한 체력 소모가 예상됩니다. 그림의 방법에 따라 다르겠지만 이건 방법의 장점은 두 개의 이미지를 얻을 수 있는 점입니다. 그림에 눈이 적게 나온다면 이 방법은 좋지 안습니다. 예시의 파란색은 어떤 형태로 눈을 표현했는지 보여주기 위해 준배했습니다. 지붕 위로 눈이 쌓인 부분은 전부 덮는것보다는 조금씩 공간을 남기며 지워 주시기바랍니다. 물론 눈이 엄청 많이 와서 다 덮힌 분위기를 연출하고 싶다면 많이 지워주면 됩니다. 지우는 브러시는 opacity를 100%로 하지 않고 70-80%정도로 지워주면 자연스럽게 색의 단계가 생기며 좋은 결과물을 얻을 수 있습니다.

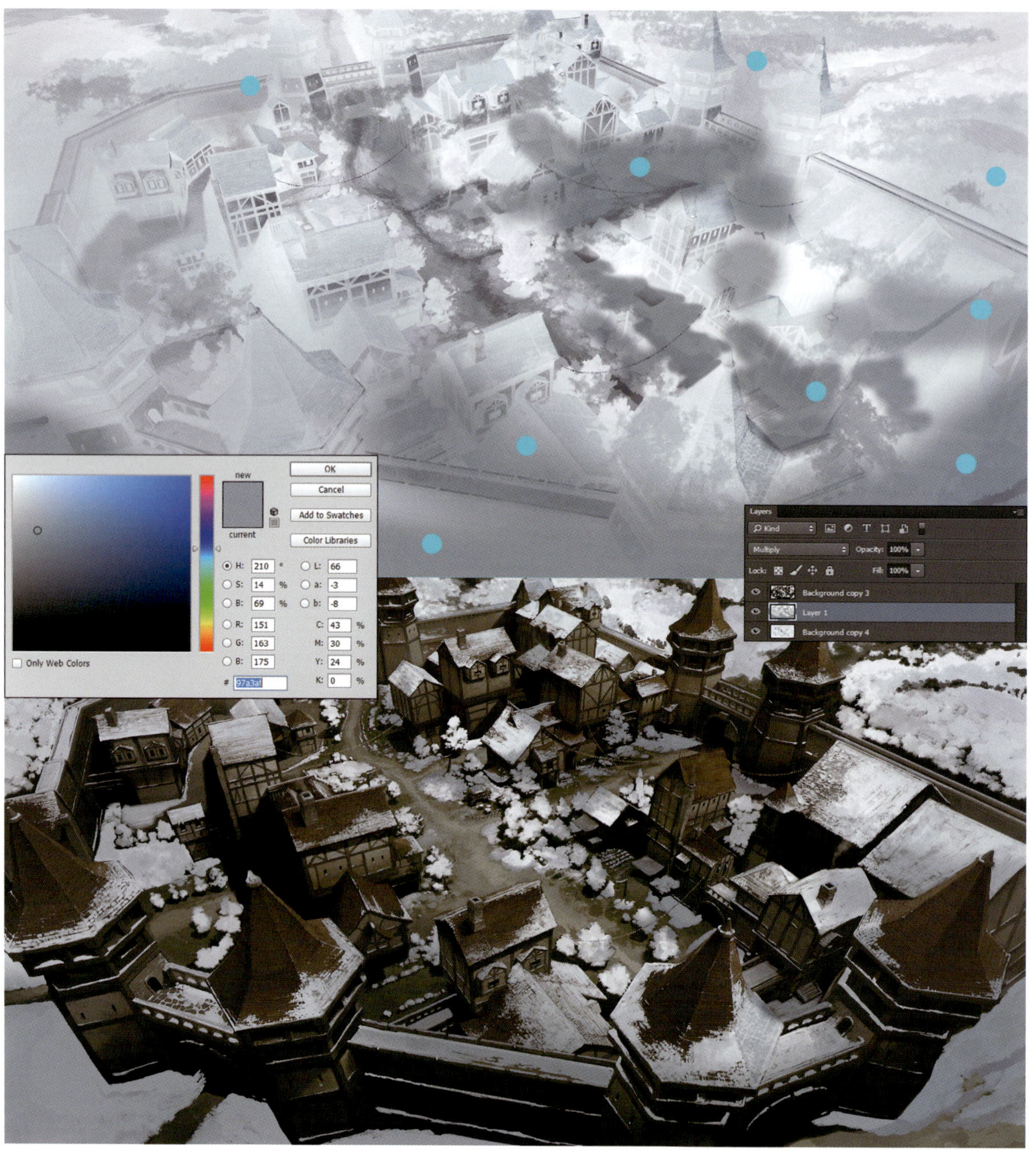

6

화이트 이미지 레이어에 눈 음영을 그려 무게감을 줘야 합니다. 이러한 눈의 음영 효과가 있어야 주변과 더 자연스럽게 어우러집니다.

7

음영을 그린 후에 라인을 정리해 줍니다. 예를 들어 그림자의 끝부분을 지우며 깨끗하게 마무리합니다.

8

이전 단계의 그림자 레이어에 블루 톤을 더해 주면 추운 공기의 느낌을 얻을 수 있습니다. ctrl+B로 blue만 증가시킵니다.

9

soft light 레이어를 만들고 표시한 곳에 에어브러시로 필터 효과를 내줍니다. 따뜻한 느낌을 주기 위해서 빛 주변에 포괄적으로 터치합니다.

10

빛의 색을 연출했다면 항상 공기의 색도 추가하는 것이 원칙입니다. 공기의 느낌은 음영의 색에서 드러나기 때문에 그림자나 어두운 곳 위주로 푸른 색의 필터링을 더해줍니다. soft light 레이어를 이용해 예시의 색으로 터치합니다.

11

이렇게 설경으로 변신한 마을입니다. 효과적인 방법으로 빠르게 다른 결과물을 만들어낼 수 있는 방법이고 재미있는 방법이기도 합니다. 하지만 이전 과정에서 안정적인 마을 샷이 있기에 가능한 것입니다.

거대 조형물 그리기

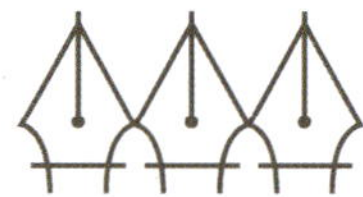

거대 석상 그리기

1

이번 컨셉은 거대 석상과 도시를 키워드로 정하고 시작해보려 합니다. 먼저 스케치를 해야 하는데 처음부터 디테일한 스케치보다 도형에 가까운 간단한 형태로 시작하는게 바람직한 방법입니다. 도형 형태로 시작할 때 좋은 점은 면적과 거리를 확실히 파악하고 진행할 수 있는 점입니다. 묘사를 많이 하게 되면 규모에 맞지 않는 구조가 만들어지는 경우가 많이 생깁니다. 러프한 도형의 형태로 그림의 계획을 세워줍니다.

2

도형 형태의 러프한 스케치를 기준으로 다시 상세한 형태를 묘사합니다. 레이어를 새로 생성해 가이드 위로 그리는 방법으로 진행합니다. 설정은 그리스 신화를 바탕으로 하고 판타지 느낌을 강조하고 거대한 스케일감을 살리는데 집중했습니다. 구조는 거대 석상이 절벽 위에 지어져 있고 하단부에 도시와 엮여있는 모습을 상상해봅니다.

3

스케치가 어느 정도 끝나면 하늘부터 그려야합니다. 하늘의 색감이 앞으로 그려질 그림의 막대한 영향을 주기 때문에 신중히 결정해야 합니다. 저자가 정한 색감은 예시에 있지만 그 색을 쓰는 이유를 알고 넘어가는 것이 좋습니다. 현재 컨셉의 색은 날씨가 조금 흐리고 공기의 질이 별로 좋지 않은 느낌으로 정했습니다.

4

좋지 않은 날씨에 채도가 낮아진 하늘에 태양광이 내리쬐는 상황입니다. 좌측 멀리 밝은 빛이 보이도록 하이라이트 톤을 이용해 터치합니다. 에어브러시를 이용해 점을 찍듯 터치합니다.

5

하늘에 희미하지만 가까이 보이는 구름을 그려보았습니다. 이때 구름의 각도가 중요한데 태양 위치를 바라보고 살짝 휘어있는 형태를 하고 있습니다. 이것은 작법서 1편에서 나왔던 낮은 시점의 하늘 그리기와 같은 내용입니다. 낮은 시점으로 바라보는 그림 특성상 하늘에 구름이 휘어져 보이는 현상을 표현한 것입니다.

6

스케치에 있는 석상의 뒷편 산을 그려보겠습니다. 예시의 색감은 산이 공기에 가려진 색이라고 보면됩니다. 그만큼 산이 멀리 있다고 생각하면 됩니다. 색감은 하늘 색에 유사한 낮은 채도와 명도로 그려줍니다.

7

계속해서 날씨와 하늘의 표현이 이어집니다. 산과 하늘의 경계에 공기의 질을 보여주는 노란색 계열의 색으로 낮은
구름이나 안개를 그려줍니다.

8

스케치 레이어를 다시 켜고 중경의 사물을 그려봅니다. 먼저 어두운 색으로 사물의 외형에 색을 채워줍니다. 색감은 붉은 계열의 낮은 채도와 명도로 터치합니다.

9

어두운색으로 이루어진 석상에 상하의 색 차이를 만들어줍니다. 이것은 고도의 차이를 표현하는 것인데 높은 물체이기 때문에 공기 층의 영향이 시작되기 때문입니다. 이 때 색감은 상부에 하늘에 비친 빛색과 유사하게 터치합니다.

10

이 그림의 투시법은 3점 투시에 가깝습니다. 시점이 아래에서 위로 향하고 있는데 이런 경우의 대부분이 3점 투시입니다. 즉 원거리가 위로 향한다는 점이 있고 멀리있는 색이 하늘이나 공기 상태를 따라가는 점이 있습니다. 그러므로 석상의 윗부분은 공기 원근법을 적용해 하늘의 색의 유사한 톤으로 그라데이션합니다.

11

바로 밝은 빛의 톤으로 넘어갑니다. 밝은 빛의 색으로 사물의 반사 위치에 터치합니다. 사실 이렇게 그리는 경우 가끔 있는데 양감을 표현하고 빛을 그리는 것이 일반적이지만 거칠게 완성된 그림과 유사한 모습을 추측해봅니다.

12

사물의 하단 쪽은 재질의 밝은 색을 한 단계 올려 터치합니다.

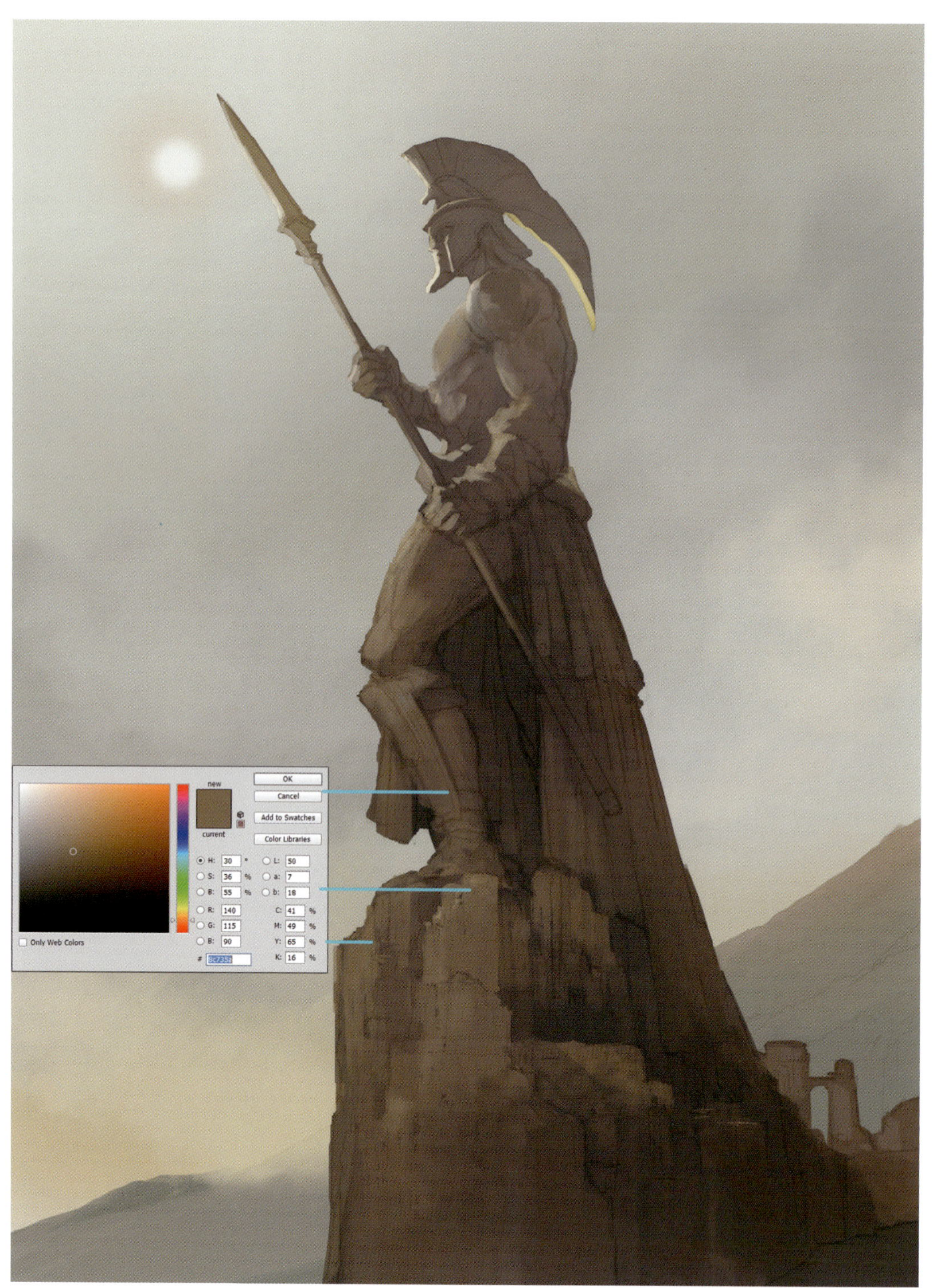

13

그림의 재질을 표현하는 색은 사물의 상단보다 하단 부에 집중되어있습니다. 사물의 크기가 워낙 크기 때문에 원근법
이 적용돼 상단 쪽에 공기와 빛의 색을 쓰고 하단 쪽에는 재질의 색을 쓰는데 지금 과정의 색 단계입니다. 이전 과정
의 색에서 명도를 올린 톤으로 바위의 양감을 표현합니다. 물론 빛 방향 쪽에 가까운 곳을 밝게 합니다.

14

아직 가상 완성 단계를 만드는 과정입니다. 색으로만 구분하는 양감 표현 과정이고 예시를 보시면 색을 단순하게 분리해 이해도를 높여 보겠습니다. 터치 때문에 복잡하게 느껴지지만 단순히 생각하면 4가지 정도의 색으로 배치만 하고 있는 것입니다. 화이트 점은 하이라이트이로구나 파란색 점은 재질, 녹색은 음영, 적색은 원거리입니다.

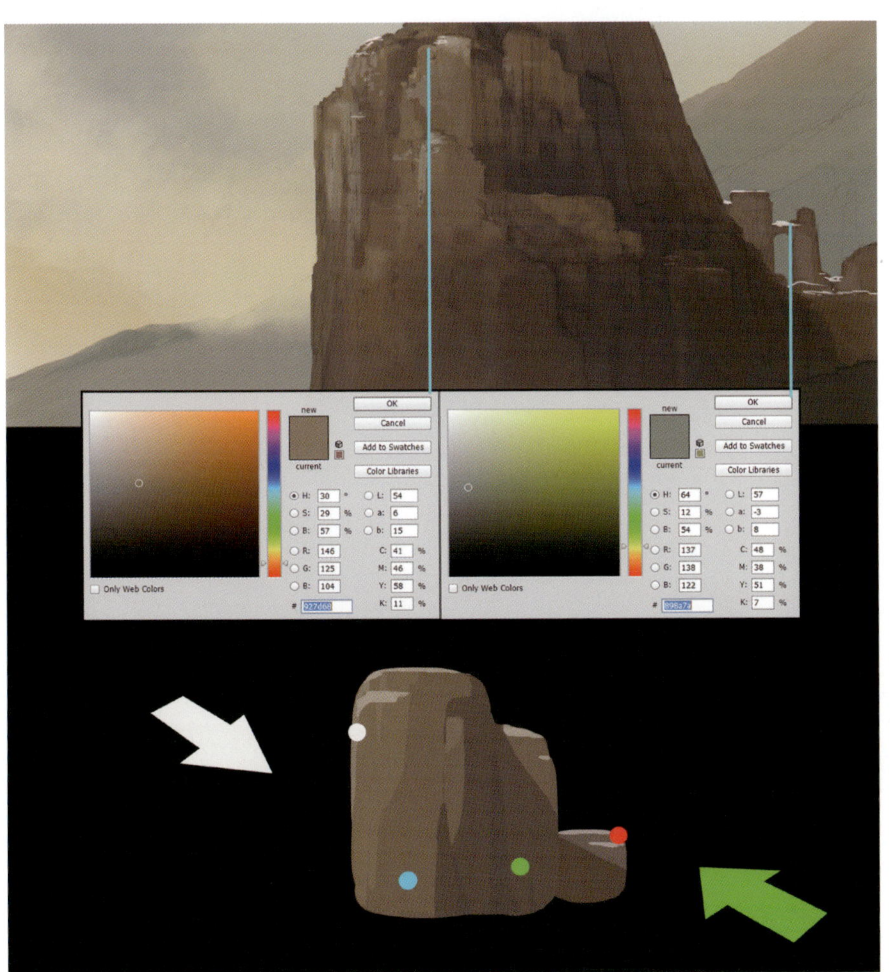

15

큰 덩어리에서 작은 덩어리로 전개되는 상황이고 빛이 많은 좌측은 밝고 점차 우측으로 어두워집니다.

16

석상의 높은 위치는 태양과 가깝기 때문에 밝은 색을 띠고 있거나 기류의 영향으로 하늘색과 유사한 느낌이 나기도 합니다. 석상의 상단 부에 밝은 터치해 원근감을 줍니다.

17

일단 매끄럽게 양감을 만든 후에 돌 질감을 추가합니다. 사실 질감을 그리기보다는 조각된 틈새나 선을 추가해 바위를 합친 느낌이 들어야합니다.

18

석상의 가슴 부위에 비치는 밝은 색은 빛의 색이라고 생각하면 됩니다.

19

손은 캐릭터를 그리는 분들도 가장 큰 난관이라고 생각하는 부분입니다. 작은 관절이 많고 크기도 작기 때문에 실수를 많이 하게 되는데 덩어리 기준으로 한 가닥씩 원통을 그리듯 진행합니다. 빛의 각도에 맞추어 밝거나 어둡게 터치합니다.

20

태양 쪽에 가장 가까운 창은 다른 부위와 다르게 명도가 아주 높습니다. 어둡게 꺾인 부분도 채도가 높아지는 특징이 있습니다. 높은 하늘의 색과 비슷해지는것이 아닌 태양 빛의 색에 가깝습니다.

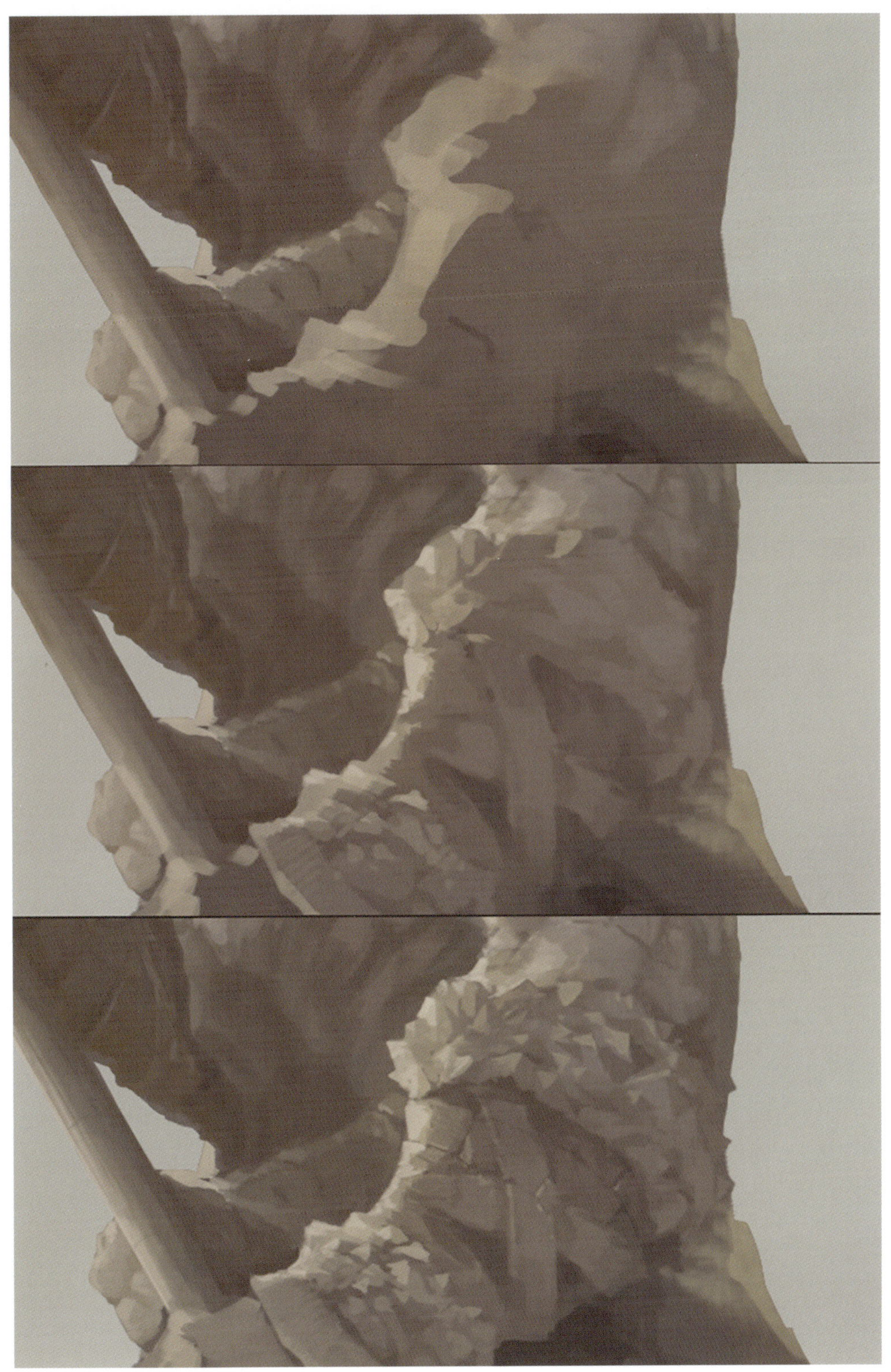

21

왼 팔의 양감과 질감의 묘사를 합니다. 순서대로 본다면 밝은 빛 위치를 표시한 후에 반사광으로 튀어나온 면을 강조하고 어두운 색으로 구조를 만들어줍니다.

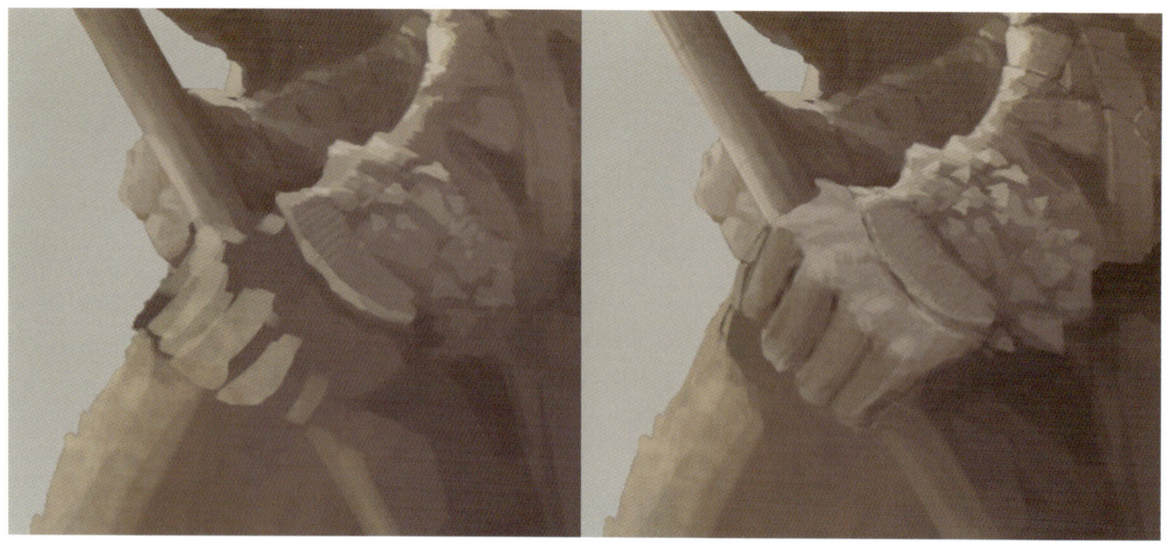

22

왼쪽 손은 손등 부위가 가장 밝습니다. 터치를 자세히 보시면 알 수 있듯이 터치가 그리 많지 않습니다. 최대한 적은 터치로 표현하는 연습이 필요합니다.

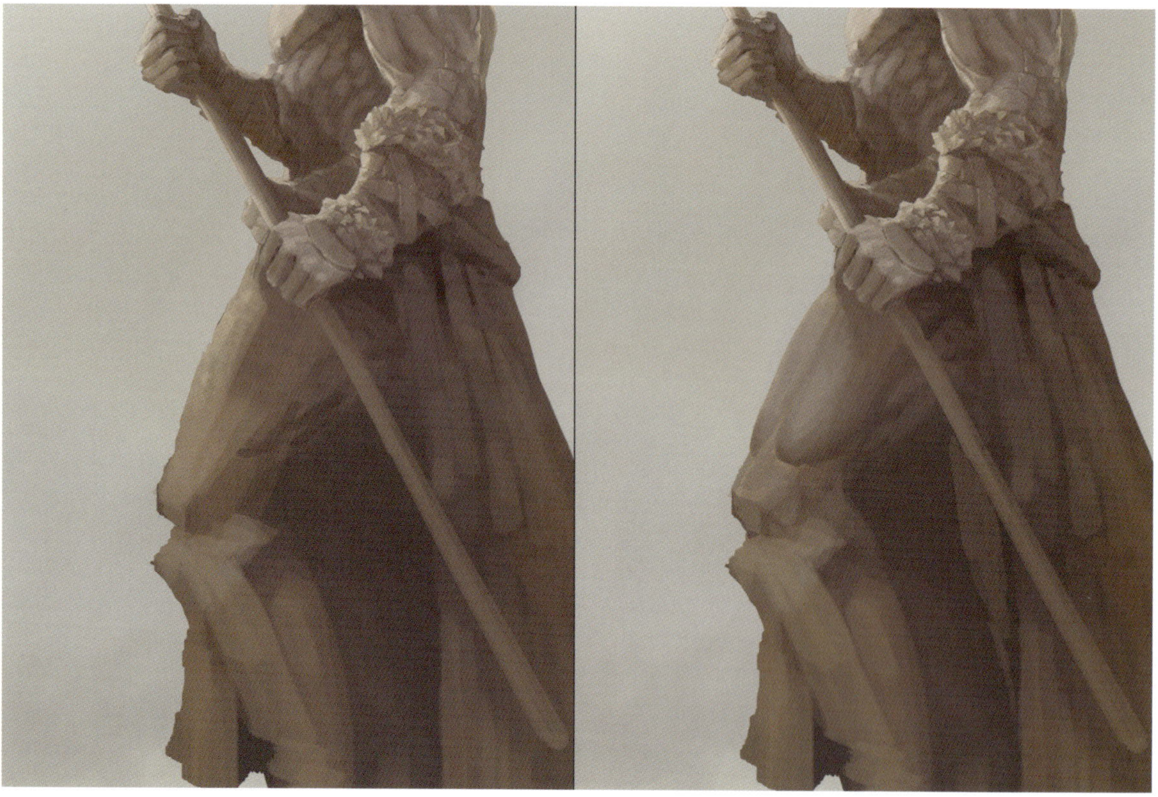

23

높은 위치에서부터 차근차근 아래로 묘사가 옮겨지고 있습니다. 팔을 그리는 방법과 동일하게 먼저 양감을 표현합니다. 먼저 어두운 색으로 부드럽게 덩어리만 그려줍니다.

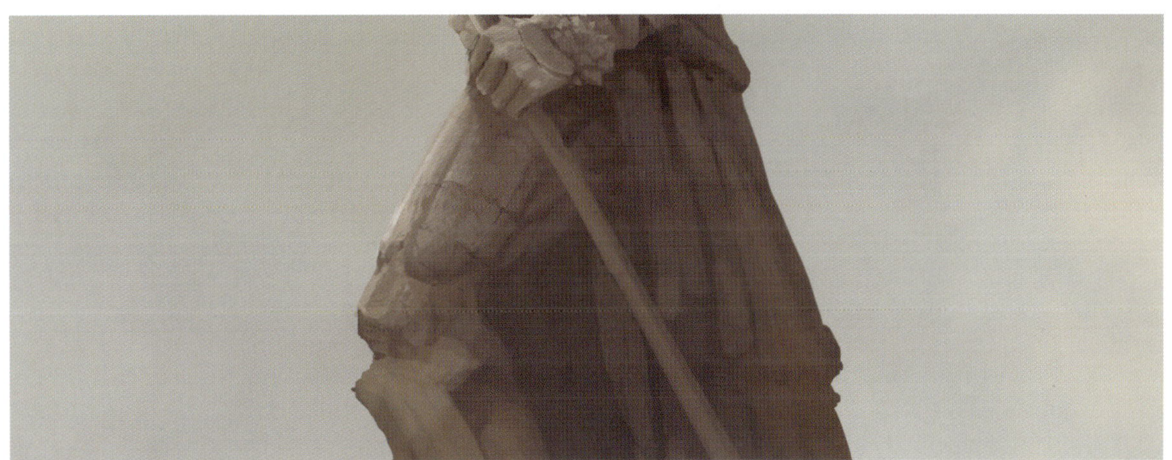

24

다리 부분도 선과 질감을 추가합니다. 이런 표현이 중요한 것이 거대한 석상의 규모를 느낄 수 있는 좋은 방식이기 때문입니다.

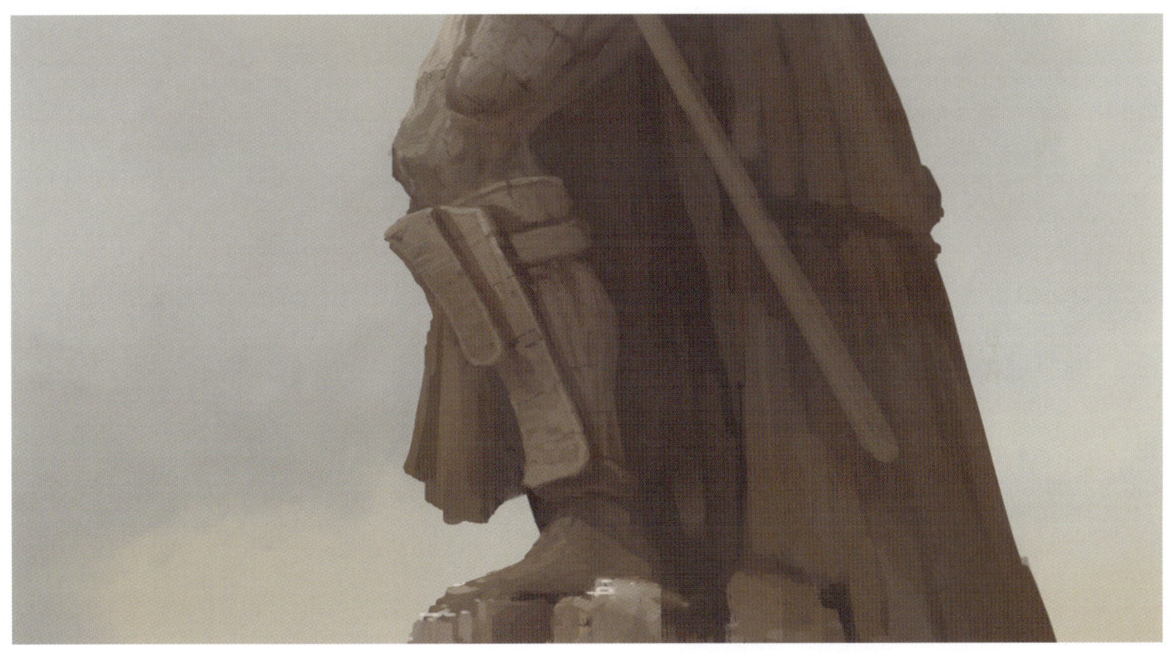

25

정강이 부분에는 갑주가 있습니다. 각진 형태를 가지고 있는 갑주는 비교적 표현이 간단한데 모서리 부분만 밝게 그린다는 느낌으로 진행합니다. 조금씩 갈라진 틈도 추가해 동질감을 강조합니다.

26

석상을 감싸고 있는 갑옷 쪽으로 순서를 옮겨보겠습니다. 어두운 색을 이용해 한 가닥씩 결을 만들어봅니다. 결을 만들었다면 가로 결을 추가합니다. 이것은 갈라진 돌 틈새를 표현하는 것이고 강약을 조절해 질감을 추가합니다. 하이라이트 톤은 모서리 위주로 그려줍니다.

27

이제 하단의 건물이 있는 바위로 순서를 옮겨봅니다. 이 과정에서 터치의 움직임을 자세히 살펴볼 필요가 있습니다. 이전 과정에서 러프한 색 배치를 했다면 이 색을 이용해 정확한 양감을 만들어야 합니다. 꺾인 면과 밝은 면 그리고 그림자를 분리합니다.

28

바위 상단 쪽에 건물이 세워져 있는 모습을 만들어보았습니다. 사실 바위를 직접 깎아 만든 느낌이기도 합니다. 건물의 형태는 기둥이 많고 단순한 형태를 띠고있는 그리스 건축물로 설정했습니다.

29

건물을 계속 그려나가야 하는데 가장 먼저 밝은 톤으로 중 규모의 바위와 건물의 양감을 만들고 바로 그림자까지 그립니다. 그림자는 현재 바위의 꺾인 면의 색을 이용합니다. 색의 단계는 크게 빛-재질-그림자로 요약해 진행합니다. 큰 사물의 그림을 그릴 때는 재질의 색과 음영이 단순하게 요약되는 경우가 있는데 이것은 사물을 보는 거리 때문입니다. 실제로 이 그림의 샷은 굉장히 먼 거리에서 보고있는 경우입니다. 그 먼 거리에서 저런 사물을 바라본다면 관찰되지 않는 색이나 형태가 많을 것입니다. 요약되는 색감이나 터치가 오히려 스케일감을 크게 만들어주는 역할을 합니다.

30

바위에 밝은 면을 추가하고 어두운 구멍을 그려 넣습니다. 건물의 옆면이나 명암 단계가 요약된 것을 알 수 있습니다.

31

새로운 건물의 형태를 추가할 때는 기존의 톤에서 밝은 영역의 톤으로 면을 추가합니다.

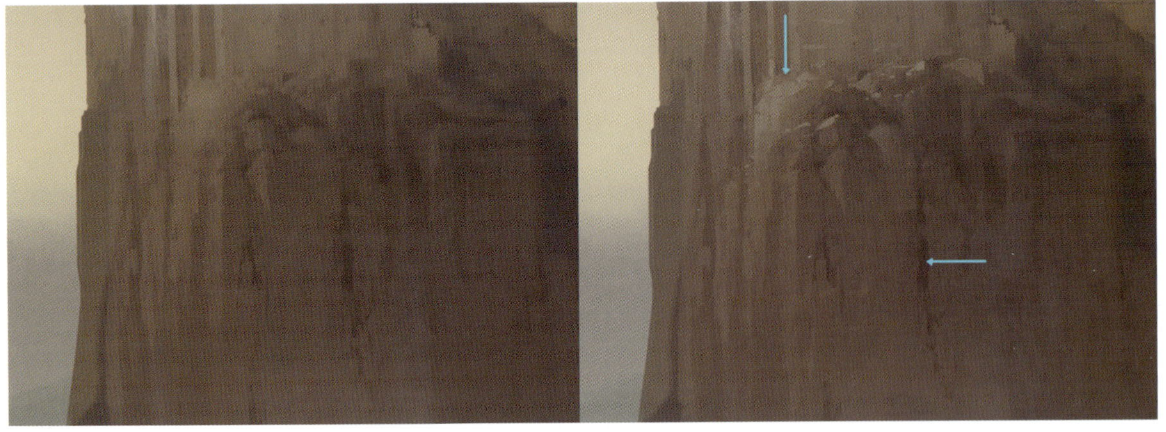

32

도시 하단에 자연 바위 벽을 그려봅니다. 먼저 어두운 톤으로 넓게 터치합니다.

33

넓게 도포한 어두운 면 위로 더 어두운 톤으로 갈라진 방위의 틈을 그려줍니다. 이렇게 어두운 터치를 그리게 되면 이전 과정에서 넓고 어둡게 그린 면적이 반사광의 영역이 됩니다. 터치 후 밝은 면도 상단 부분에 터치합니다. 터치의 요령은 브러시를 터치할 사물 크기에 크기를 맞춘다는 것입니다. 너무 작게 그리거나 너무 크게 그리지 않게 합니다.

34

예시의 빨간 점을 보시면 어두운 곳을 가리키고 있는데 이 색감은 전체 그림에 가장 어두운 부분을 표현하고 있습니다. 그림의 명도의 균형을 잘 맞추어 그렸다면 지금 어둡게 들어가는 이 터치가 자연스럽게 보일 것입니다. 이전 과정에서 너무 어두운 터치가 먼저 나와버렸다면 이 어두운 영역의 터치가 망가지면서 균형을 잃게 됩니다. 중요한 부분은 이 어두운 톤이 위치에 따라 역할도 바뀐다는 것입니다. 예시와 같이 형태를 만들고 근경 하단에 모래 먼지도 그려봅니다.

35

그림 속 사물의 형태가 어느 정도 모습을 갖추었습
니다. 한 덩어리로 보이는 오브젝트이지만 사실 뒷
편에도 구조물이 조금 보입니다. 예시에는 조금 밝
게 표시해두었는데 앞쪽 사물이 다소 어둡기 때문에
반대로 밝게 그려 사물 간에 거리를 만든 것입니다.
이것도 하나에 원근법이라고 보시면 됩니다.

36

뒷편에 위치한 구조물을 묘사합니다. 양식은 그리스 정도로 보이는 아치 형태와 기둥을 추가합니다. 색감이 조금 밝
고 들뜬 기분인데 이렇게 하는 것이 맞습니다. 거리 상 봐도 빛과 공기의 영향을 동시에 받기 때문입니다.

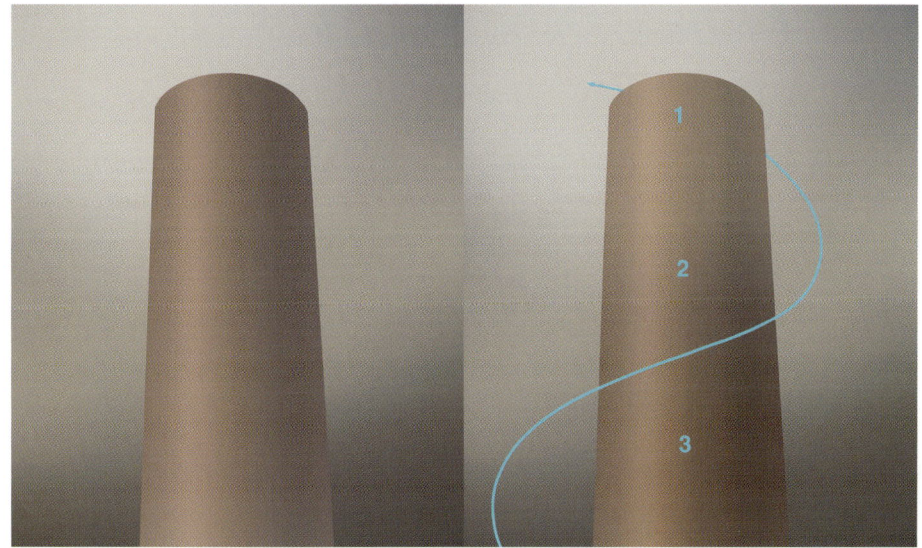

37

현재 그리고 있는 컨셉아트의 빛과 색감을 조금 알아보겠습니다. 좌측 예시를 보시면 아무 변화 없는 상태의 기둥 하나가 있습니다. 색은 현재 석상의 색과 같은 상태입니다. 우측 예시를 보시면 빛이 적용되어 색이 바뀐 것을 알 수 있습니다. 1번이 가장 밝은 색으로 보이는데 그와 동시에 공기의 색과 합쳐진 상태입니다. 명도가 올라간 동시에 하늘의 영향을 받은 결과 낮은 채도가 나타납니다. 하늘이 흐리기 때문입니다. 하단으로 내려갈수록 점차 본래의 색을 찾습니다.

38

이번 과정의 색감 그래프를 만들어보았습니다. 흐린 하늘을 색을 좌 우로 배치하고 중앙에 재질의 색을 배치합니다. 좌측 상단에 겹쳐진 밝은 색이 빛에 반응하는 색감입니다. 우측 하단에 겹쳐진 색은 공기의 색이라고 보시면됩니다.

39

이제 마지막으로 사물의 질감을 그릴 차례입니다. 먼저 그런지 브러시를 준비하고 터치 사이즈를 크게 늘려 여러 군데 도포합니다. 물론 레이어는 새로 생성합니다. 그리고 지우개 브러시로 어색한 부분을 지우면서 마무리합니다.

40

석상의 표면에 낡아 부서진 흔적을 만들면 보다 현장감 있는 분위기를 만들 수 있습니다.

41

저자의 그림 진행방식은 한 번에 모든 묘사를 끝내지 않고 순환하는 구조를 가지고 있습니다. 그러므로 다시 하늘 쪽으로 묘사의 순서를 돌릴 수 있다는 것입니다. 그럼 하늘을 그렸던 레이어를 찾아 구름의 밝은 면을 추가합니다.

구름의 어두운 부분을 터치하고 석상의 높은 곳에 그 구름의 톤을 살짝 덮어둡니다. 좀 더 높은 고도의 느낌을 주기 위해 옅은 터치를 추가합니다.

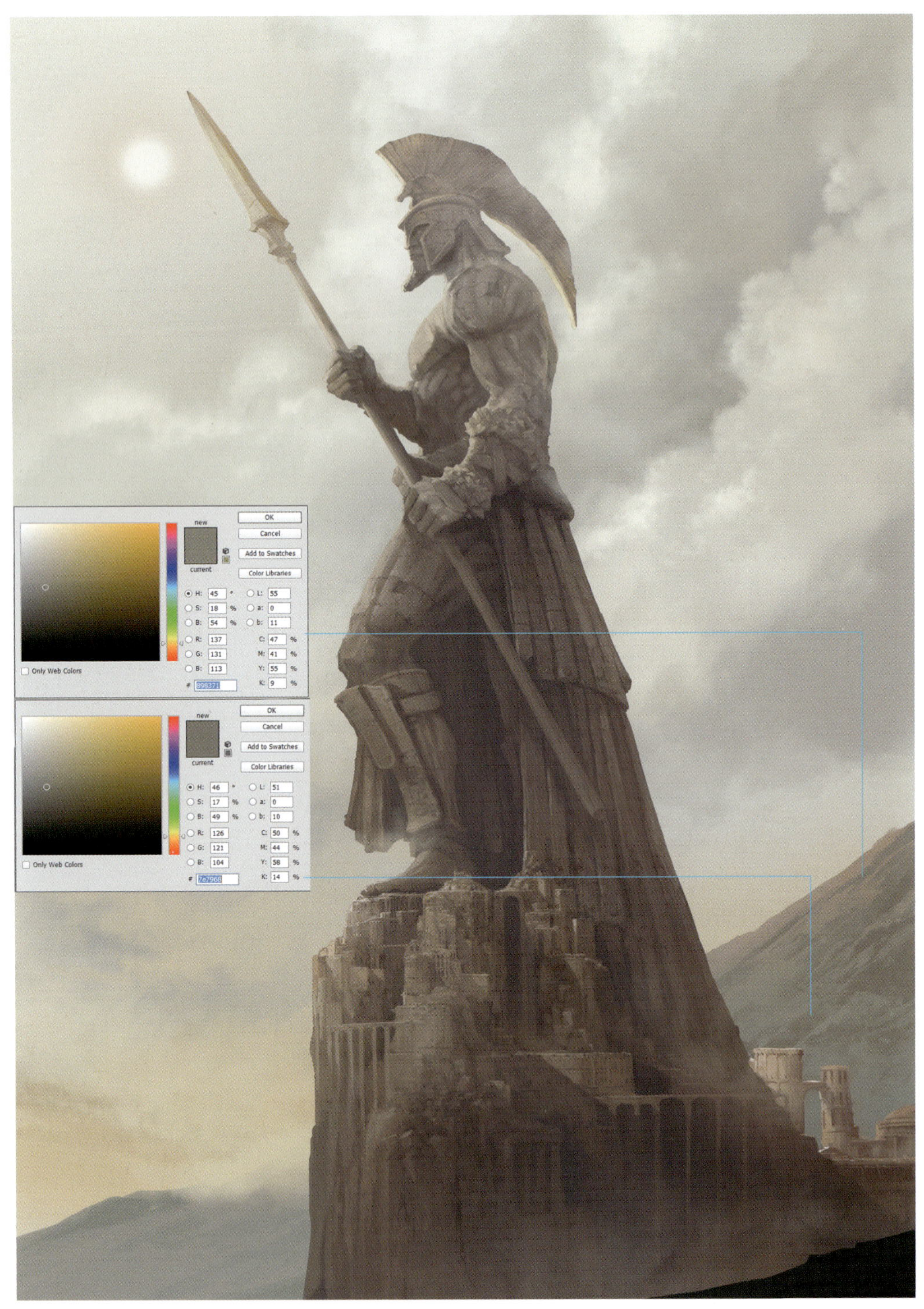

43

하늘을 그린 후에 원경의 차례에 맞게 산으로 넘어가 봅니다. 산의 표현은 디테일하게 들어가기보다 규모에 맞는 음영을 넣는게 더 중요합니다. 예시의 색은 공기의 색으로 낮은 채도의 어두운 톤입니다. 이색을 이용해 산의 음영을 그려봅니다. 바위 벽을 그린다고 생각하고 진행하면 좋습니다.

44

그림의 가장 가까운 곳은 많이 어둡게 하는 것이 좋은데 아무래도 거리가 상당히 멀기 때문에 급격한 차이를 주는 것이 좋습니다. 완전히 분리된 어두운 근경에 밝은 반사광의 톤을 이용해 재질감을 살려줍니다.

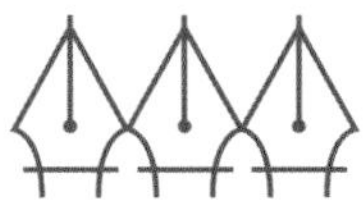

디폼(deform) 스케치

모든 사물이 깨끗한 직선이나 완벽한 곡선의 형태를 이루고 있지는 않을 것입니다. 예를 들어 현대물의 양식이나 기계같은 경우는 말끔한 형태를 이루고 있지만, 중세 판타지 풍으로 디자인을 한다면 자연스러운 구식 형태가 필요하게 됩니다. 또는 불규칙한 새로운 형태가 필요할 때 디폼 스케치를 해 재미있는 변형 형태를 만들어갑니다. 물론 일반적인 스케치를 먼저 연습 후에 진행하면 더욱 좋습니다.

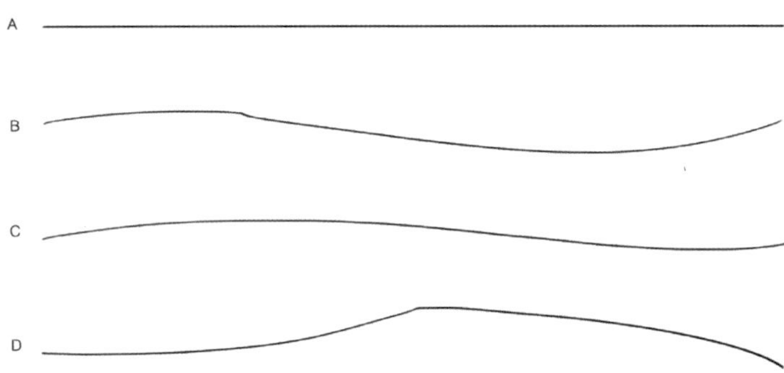

1

a부터 d까지 선을 준비해 두었습니다. 이 선들의 변형 지점이 서로 다른것을 알 수 있습니다. 하지만 시작과 끝지점은 동일합니다. 이렇게 변형된 선을 지속적으로 연습합니다. 단지 선을 긋기 보다는 나만의 규칙을 만들어야합니다.

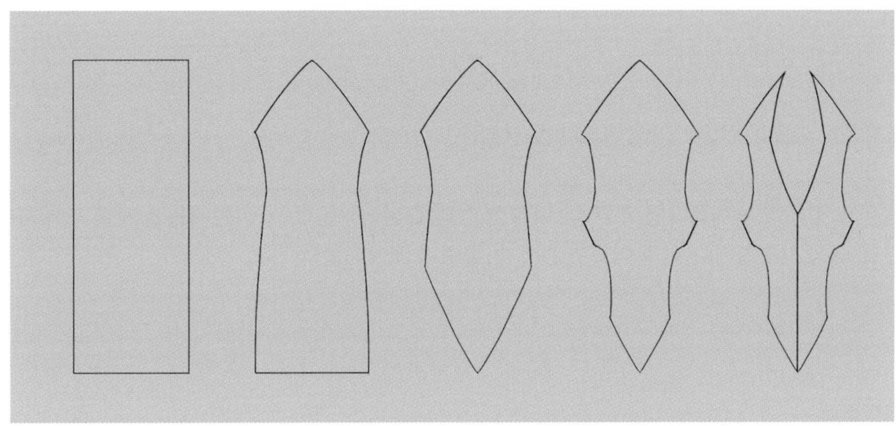

2

박스 형태에서 무작위로 형태를 변형하는 연습방법입니다. 휘어지는 각도나 뻗어나가는 선의 움직임을 보다 세련된 느낌으로 바꾸어 나갑니다.

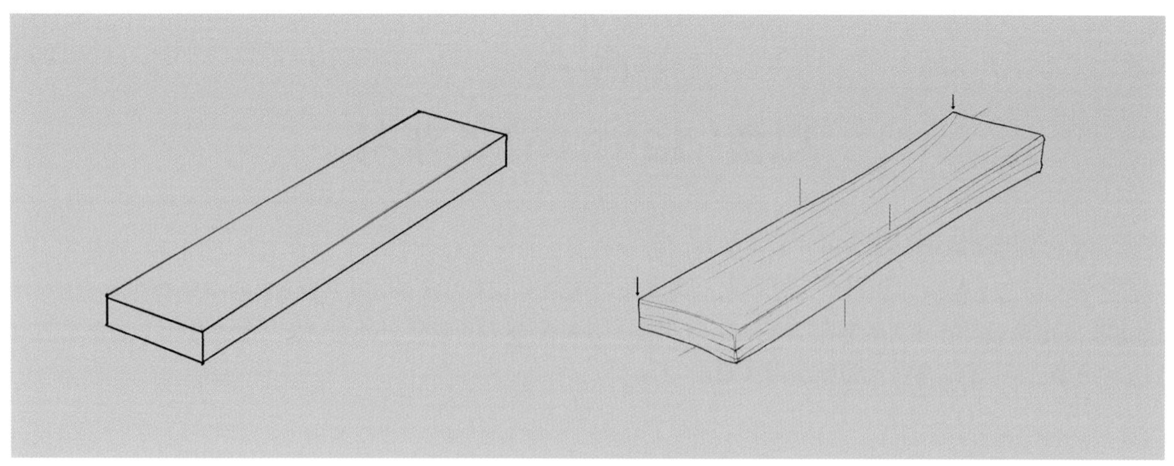

3

좌측의 나무 판자를 우측의 예시와 같이 변형하는 하는 방식으로 스케치를 해보시기 바랍니다. 우측의 판자는 외형이 자유롭게 생긴 것을 알 수 있는데, 디폼 스케치의 첫 번째 설명에서 나온 내용과 같습니다. 시작과 끝지점을 유지하고 중간에 변형을 주는 것이 포인트입니다.

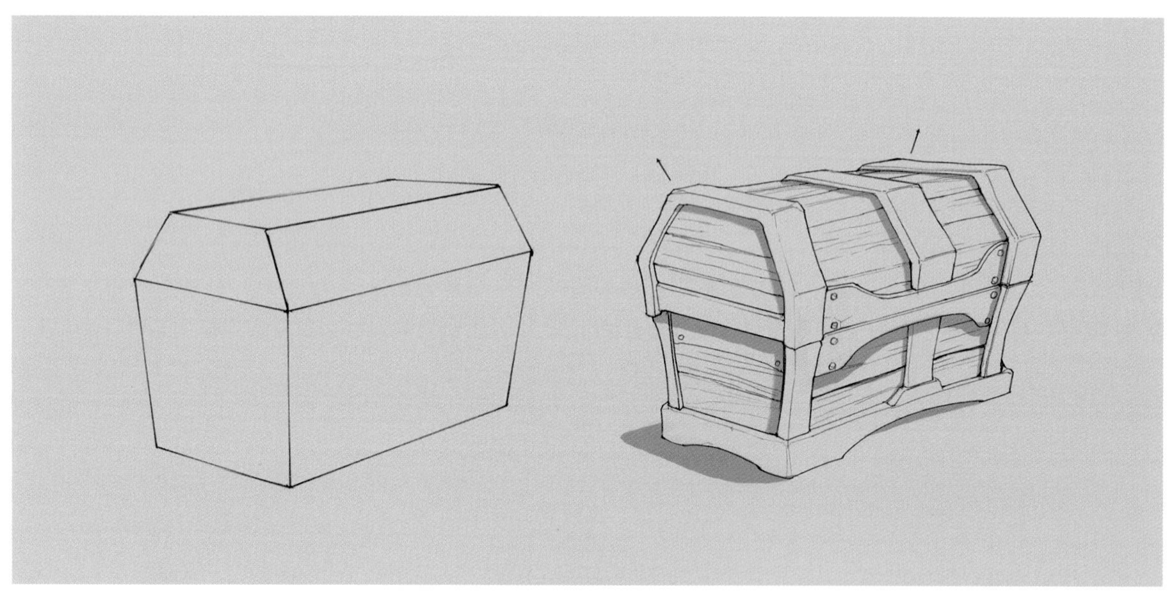

4

디폼 스케치에 어느 정도 익숙해졌다면 조금 더 복잡한 형태로 넘어가봅니다. 이번에는 상자를 스케치하는데 평소보다 모서리 부분을 더욱 강조하거나 선의 어느 부분을 뒤틀며 스케치해봅니다.

5

디폼 스케치로 그려진 컨셉아트입니다.

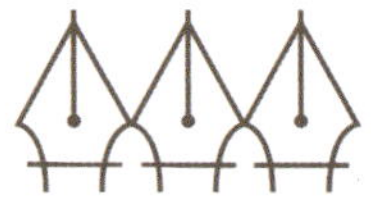

브러시의 종류와 활용

포토샵으로 그림을 그린다면 브러시의 중요도가 얼마나 높은지 알고 있을 것입니다. 그리고 그 올바른 사용법도 잘 알고 있어야 더욱 좋은 결과물을 만들어낼 수 있습니다. 저자가 실제 사용하는 브러시를 어떻게 활용하는지 알아보겠습니다.

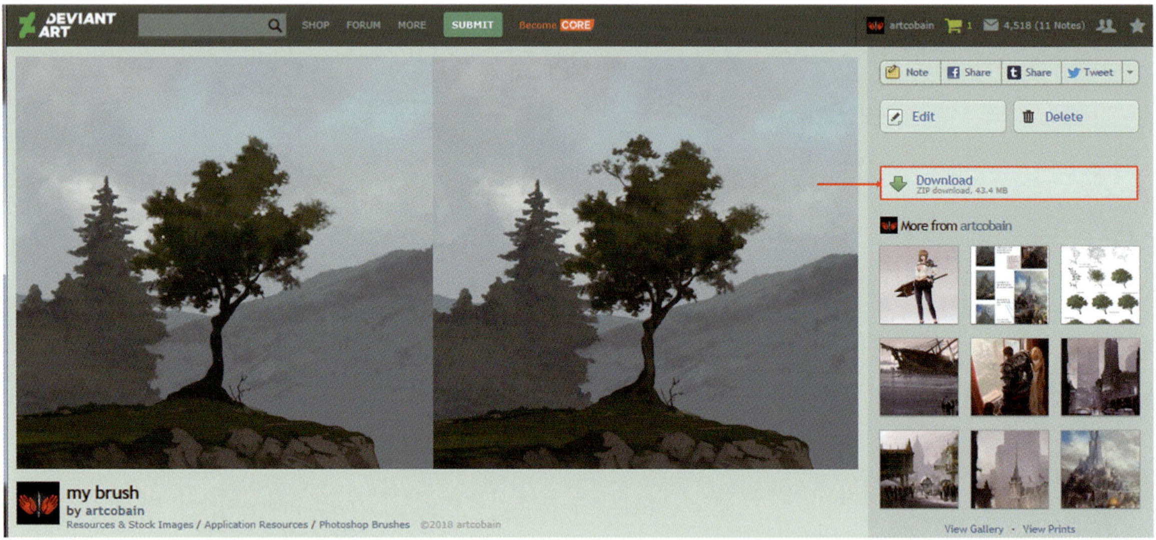

1

저자가 사용하는 브러시는 http://artcobain.deviantart.com/art/my-brush-726935125로 접속해 우측 download를 누르고 해당 파일을 저장합니다.

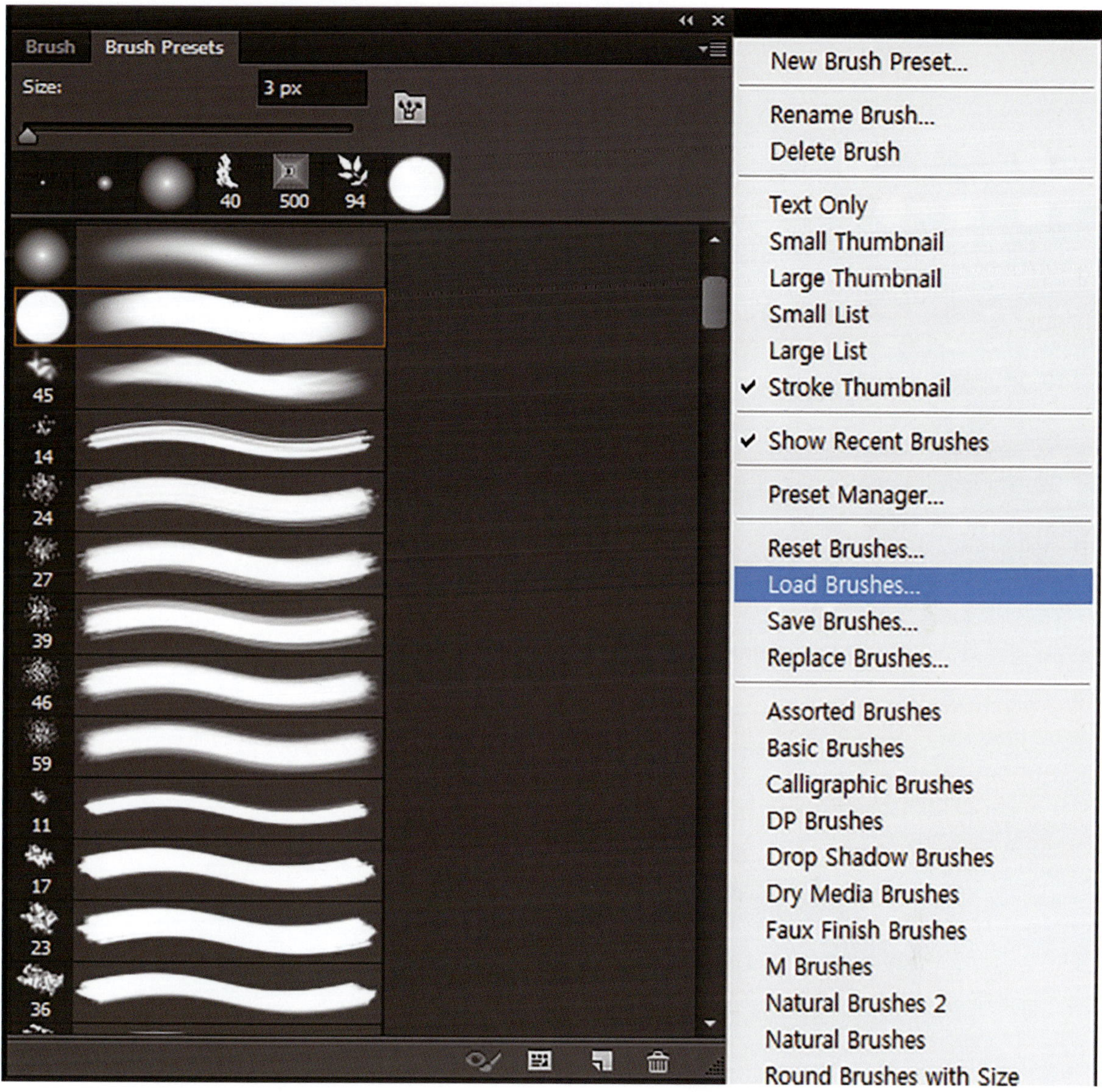

2

다운받은 브러시를 로딩해보겠습니다. brush presets에 우측 상단 표시를 클릭하면 기능이 나옵니다 여기서 예시와 같이 load brushes를 누르고 윈도우 다운로드 위치에서 브러시 파일을 불러옵니다.

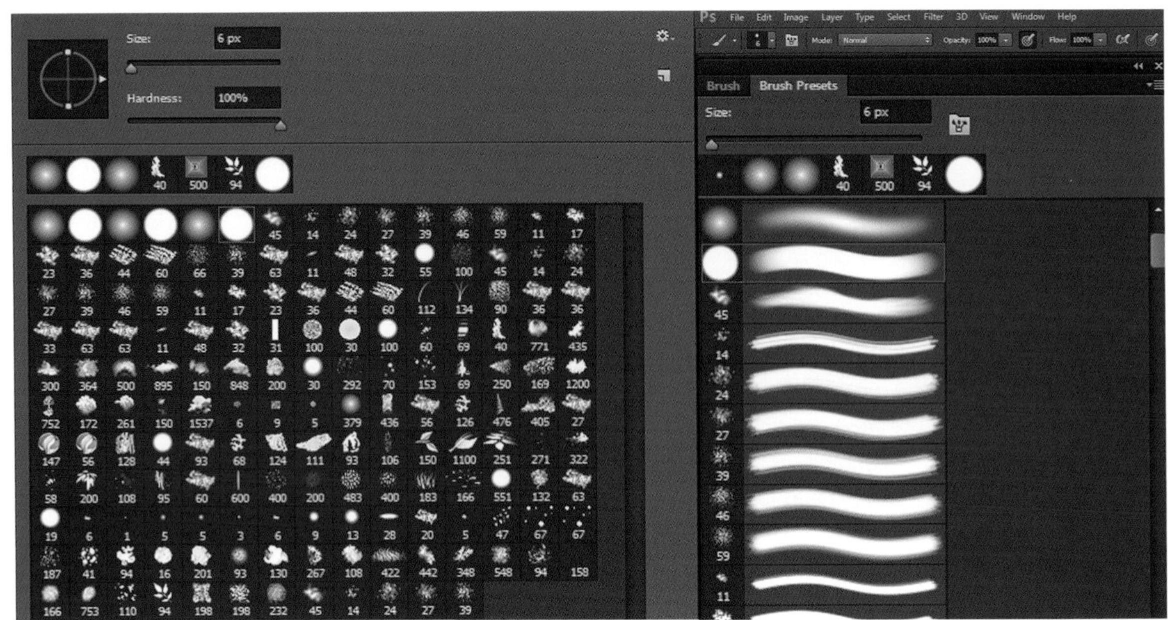

3

브러시 중에 가장 많이 사용하는 브러시입니다. 평범한 브러시이지만 부드럽고 깔끔하게 터치를 할 수 있습니다.

4

이 브러시는 자연스러운 명암 단계를 만들 때 적합하고 분명한 형태를 그려야 할 때 좋습니다.

5

외곽선이 없는 에어브러시입니다.

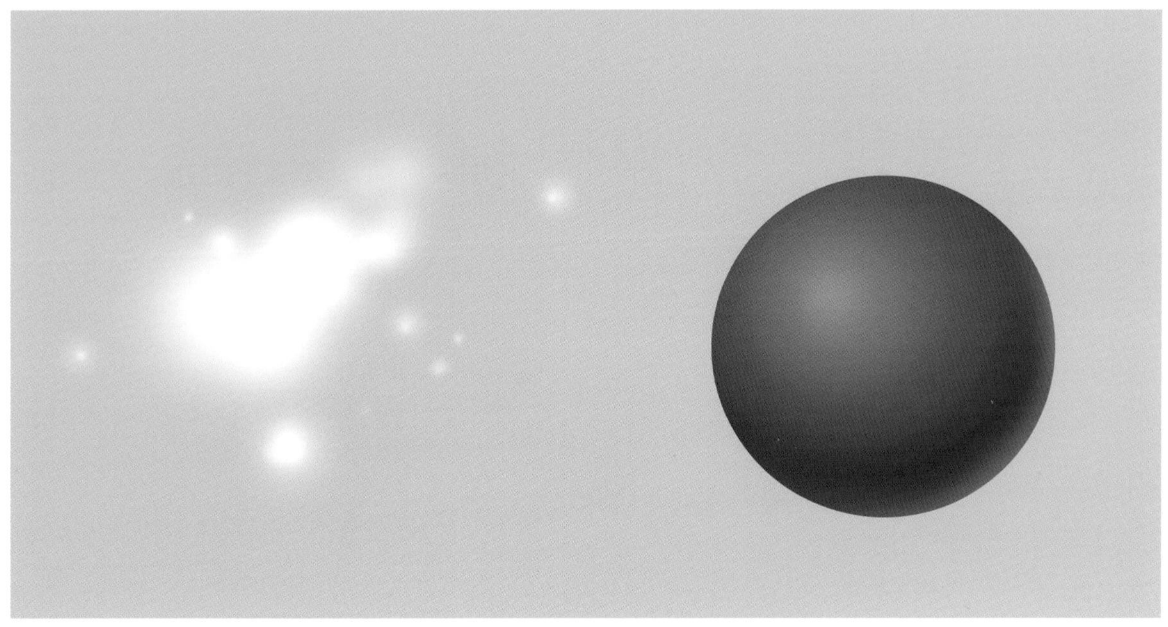

6

에어브러시는 특유에 부드러운 형태로 하늘이나 불빛 깨끗한 그라데이션에 적합합니다.

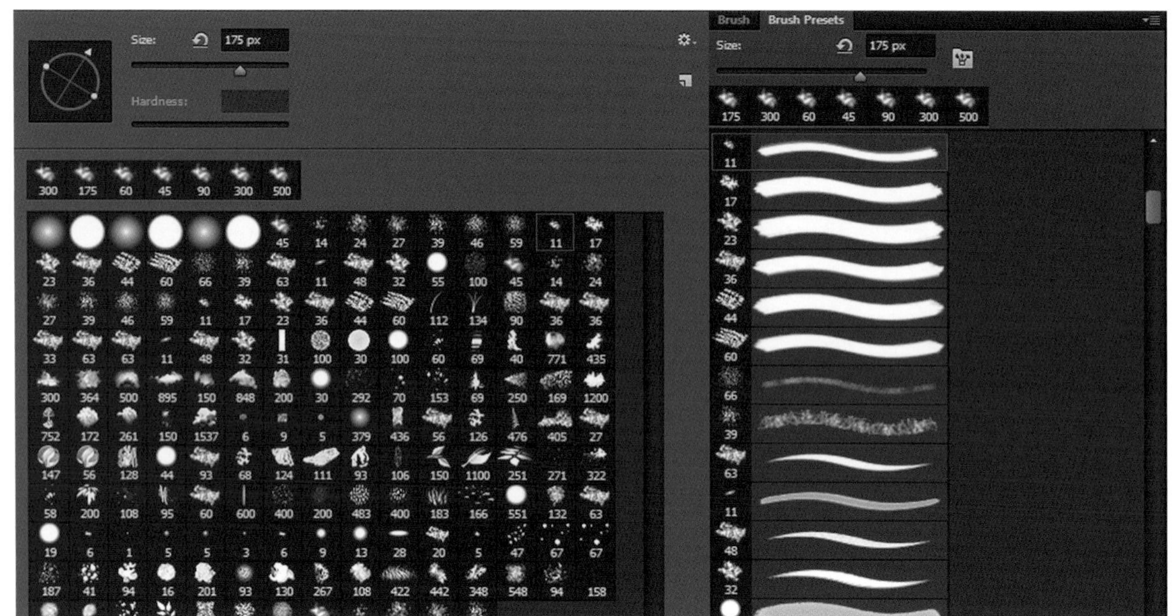

7

11번 브러시는 해상도가 다소 낮고 특이한 형태가 나옵니다.

8

이 브러시는 해상도가 조금 낮은 편이라 브러시 커서의 크기를 늘리면 예시와 같이 깨짐 현상이 일어납니다. 그럼 왜 굳이 깨지는 브러시를 쓰는가? 라는 생각이 들 수 있는데 그것이 포인트입니다. 부드러운 이미지와 불분명한 이미지는 서로 느낌이 다릅니다. 이런 경우는 불분명한 느낌에 적합합니다. 저자는 주로 거친 덩어리를 만들거나 멀리 보이는 숲을 그릴 때 자주 사용합니다.

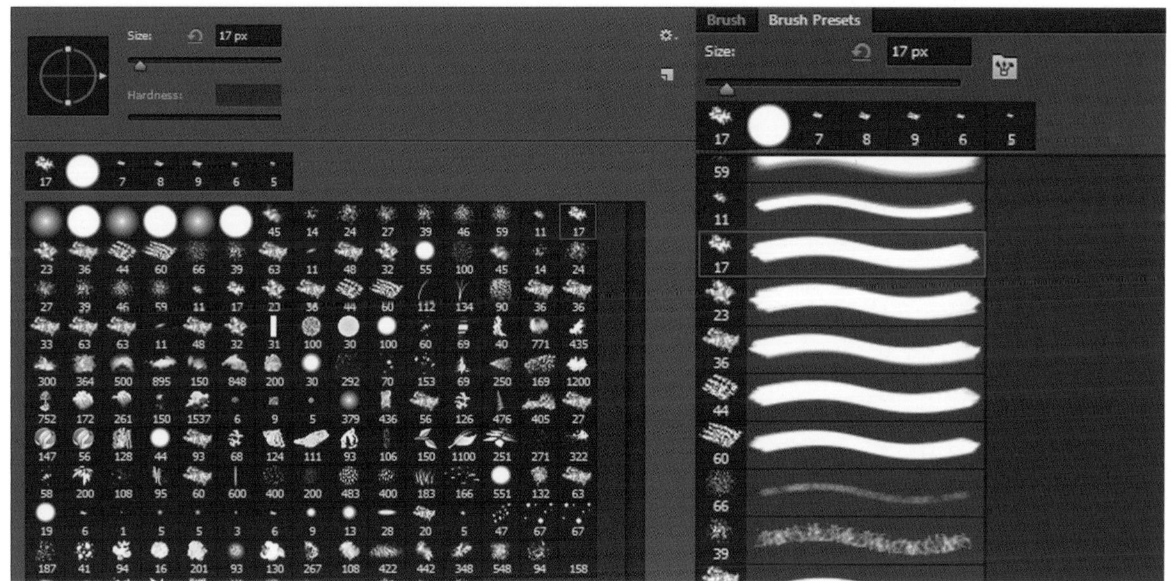

9

17번 브러시는 이전 11번처럼 그런지 브러시에 해당됩니다.

10

11번과 유사하지만 조금 잘게 부서진다니 느낌이 있어 지면이나 벽면을 그릴 때 좋습니다. 이런 브러시는 좌우로 움직이지 않고 꾹 누르는 것과 좌우로 움직일 때가 느낌이 많이 다릅니다. 브러시에 있는 입자의 성질을 잘 이용한다면 다양하게 사용할 수 있습니다.

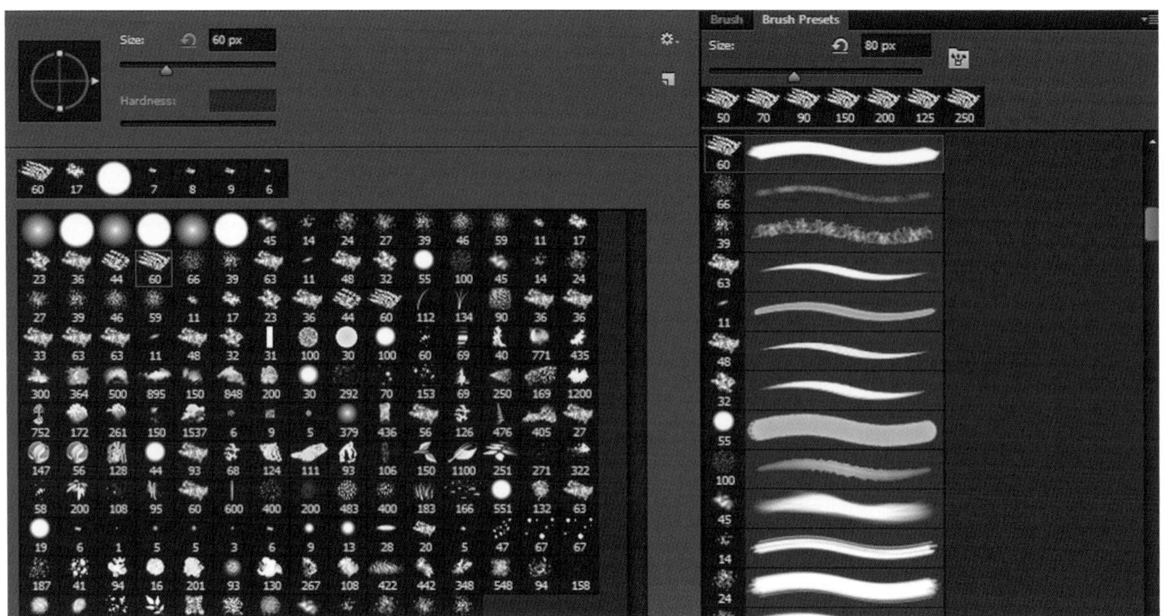

11

60번 브러시는 거칠고 넓은 면에 쓰입니다.

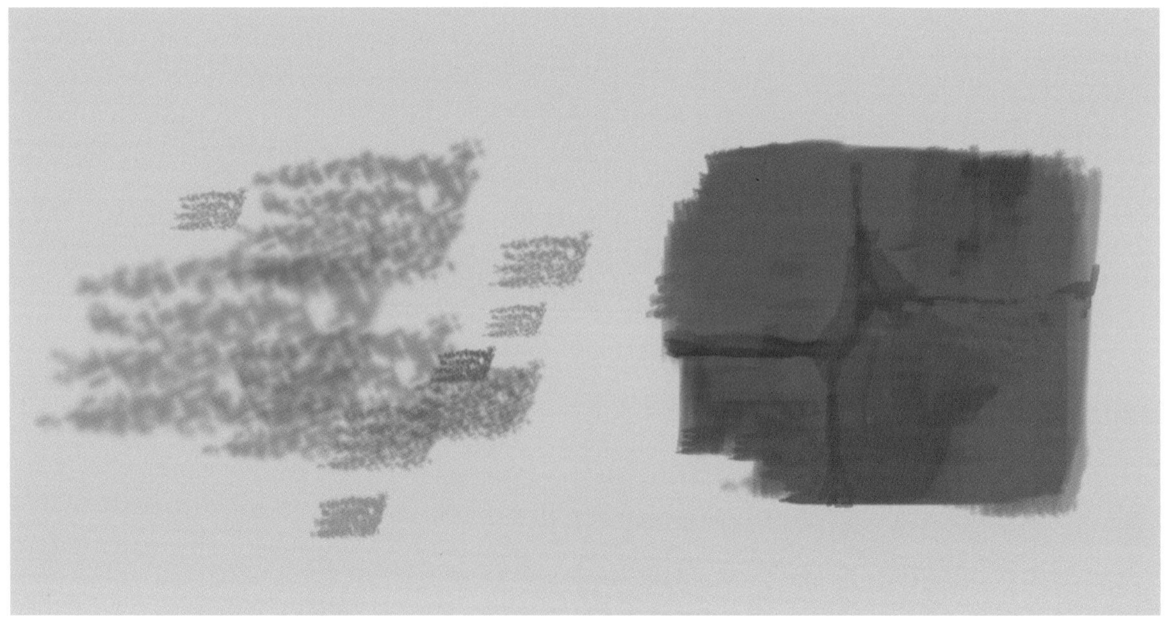

12

이 브러시는 두 가지 정도로 활용되는데 모래같은 입자를 찍어 그리거나 거친 돌 질감에 적합합니다.

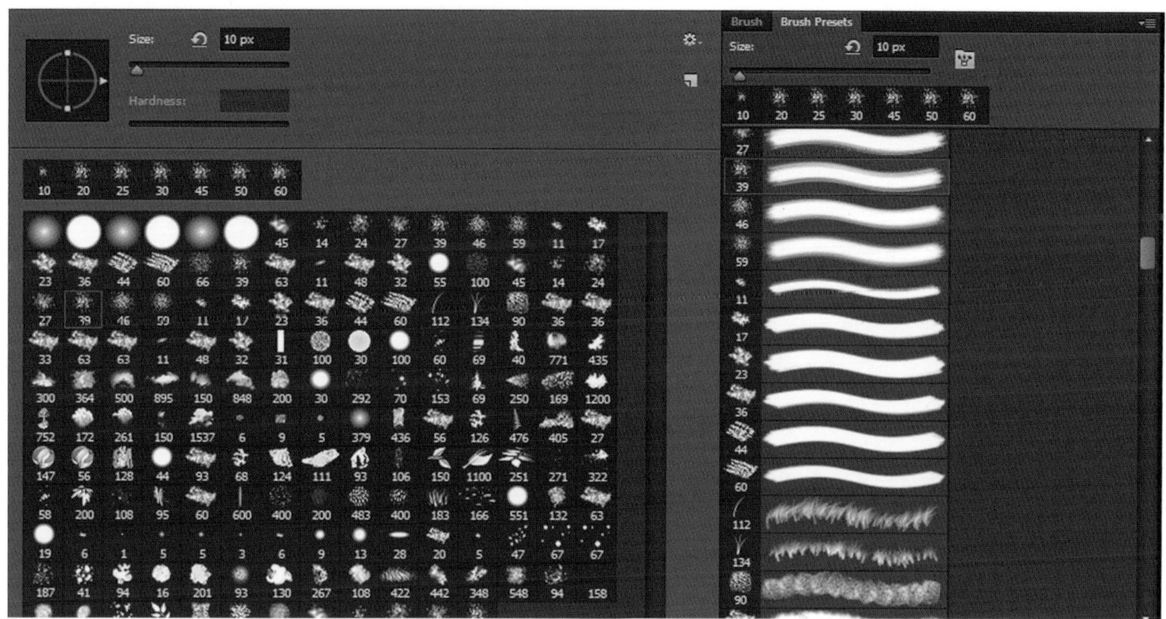

13

39번 브러시는 갈라진 형태의 그런지 타입입니다.

14

39번은 수풀의 덩어리나 날카로운 형태를 만들 때 쓰입니다.

15

36번 원거리의 불분명한 형태를 만들 때 쓰입니다.

16

불분명한 원거리의 숲이나 지면의 표현에 적합합니다.

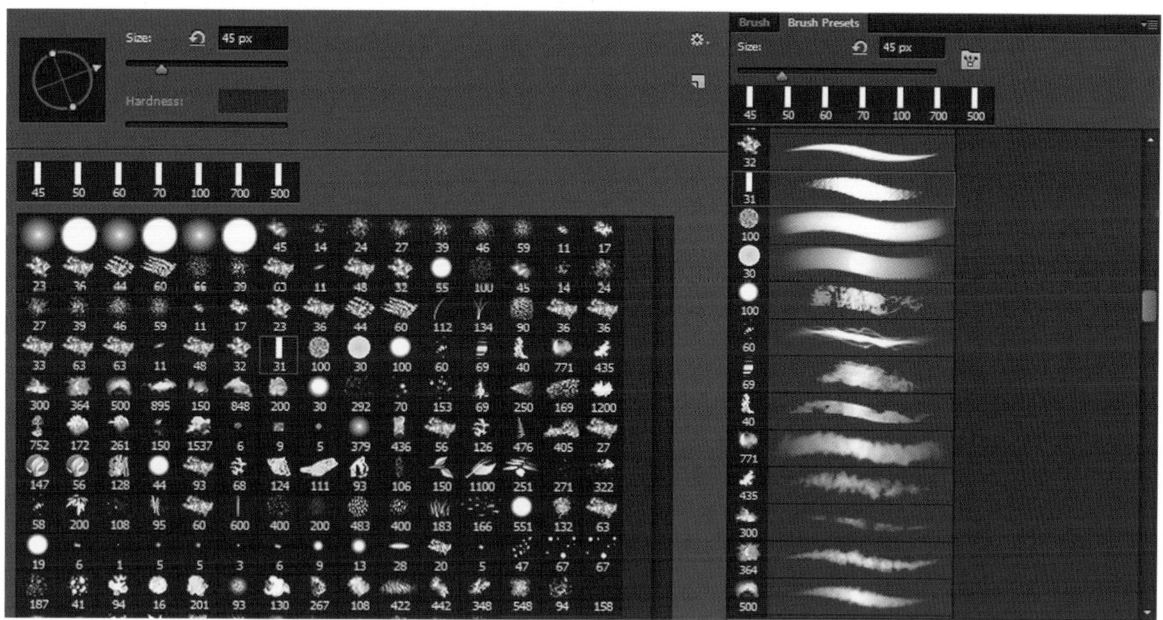

17

31번 브러시는 가장 날카로운 브러시입니다.

18

이 브러시는 가장 날카롭게 그려야 할 때만 사용합니다. 주로 sf컨셉과 날카로운 바위를 그릴 때 유리한 브러시입니다.

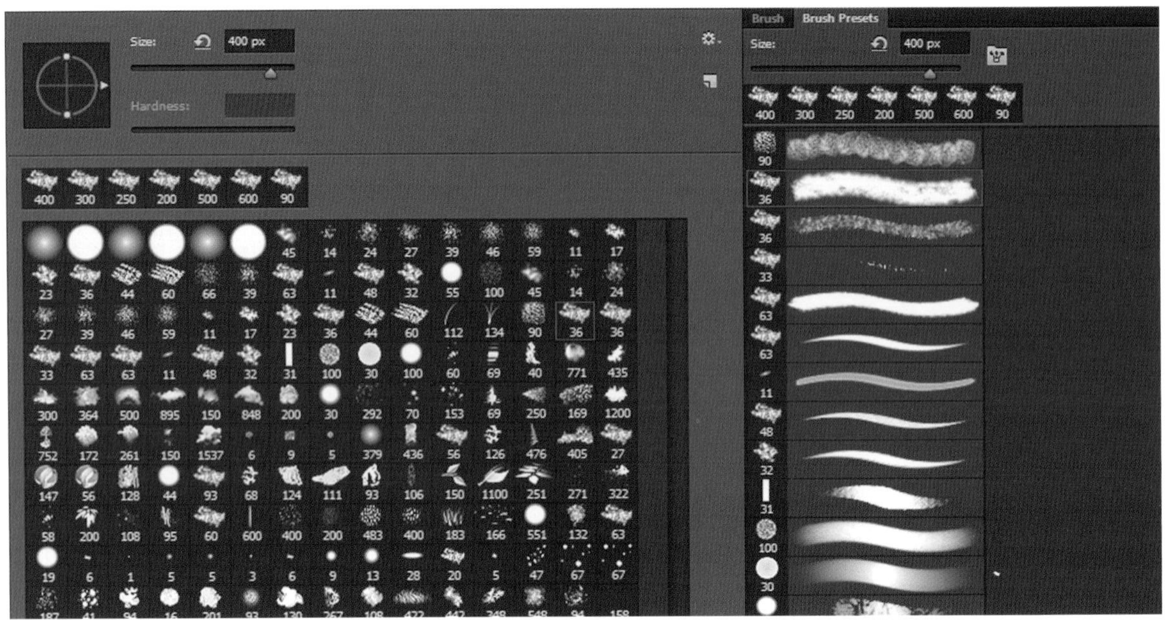

19

입자가 조금 있는 부드러운 미디엄 하드 브러시입니다.

20

100번 브러시는 실내에 있는 이불이나 커튼같이 천 재질을 표현할 때 좋은 브러시입니다.

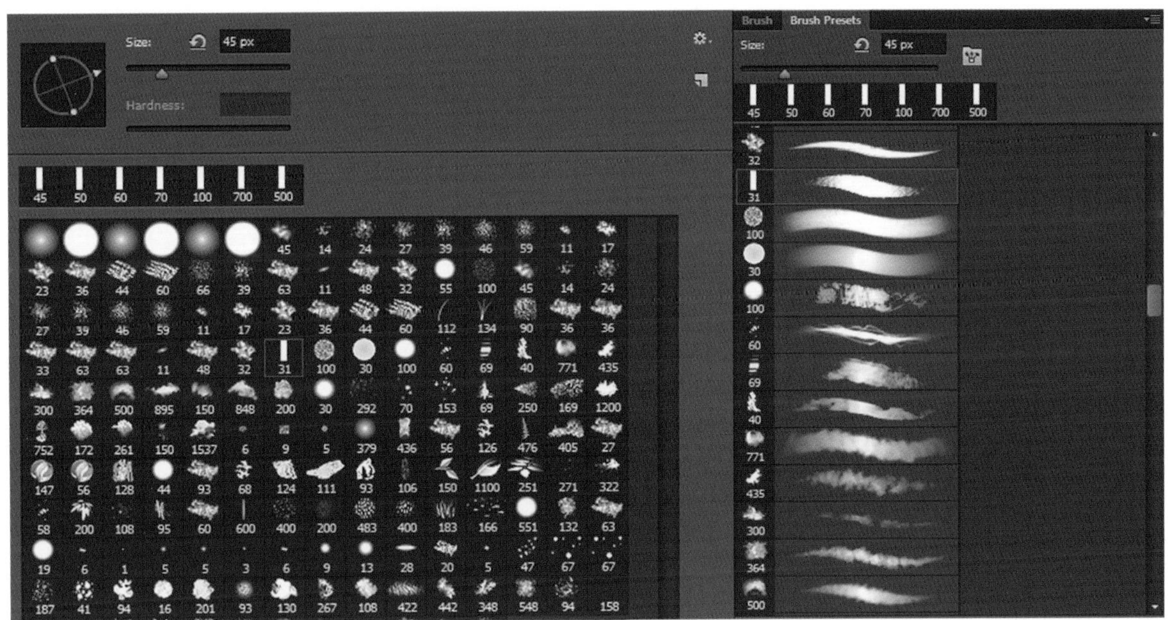

21

이 브러시는 거친 입자가 날카롭게 이어집니다.

22

60번 브러시는 날카로운 외형을 만들 때 가장 유용하고 마무리 터치할 때 주로 쓰입니다.

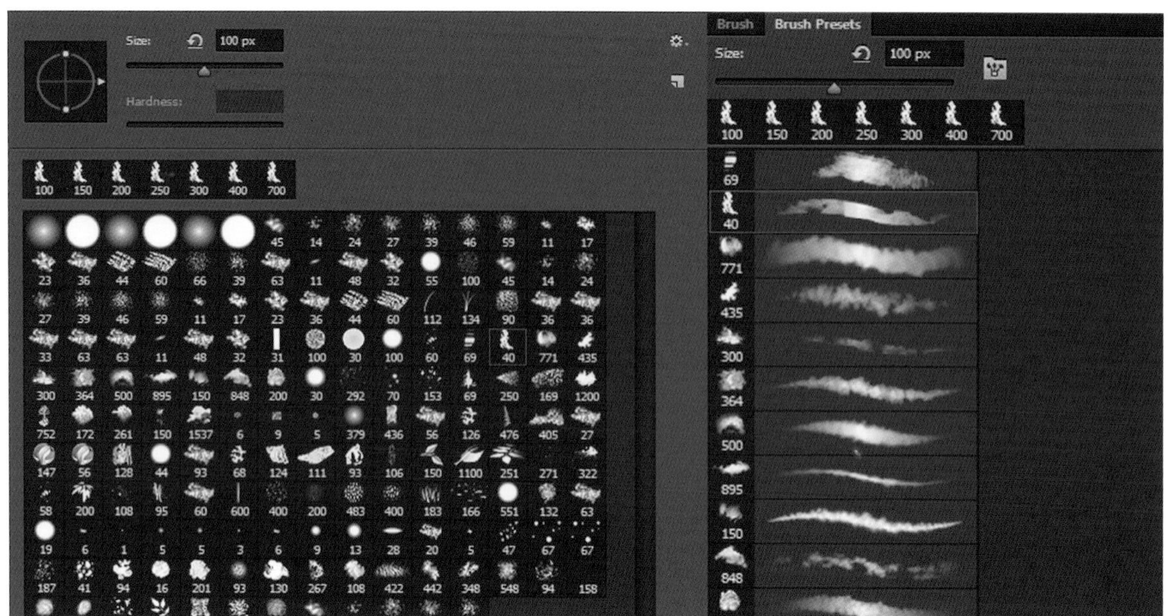

23

바위 전용 브러시입니다.

24

40번 브러시는 저자가 가장 많이 사용하는 브러시이며 바위를 그릴 때 가장 좋은 브러시입니다. 랜덤하게 도포되는 입자가 매력적입니다.

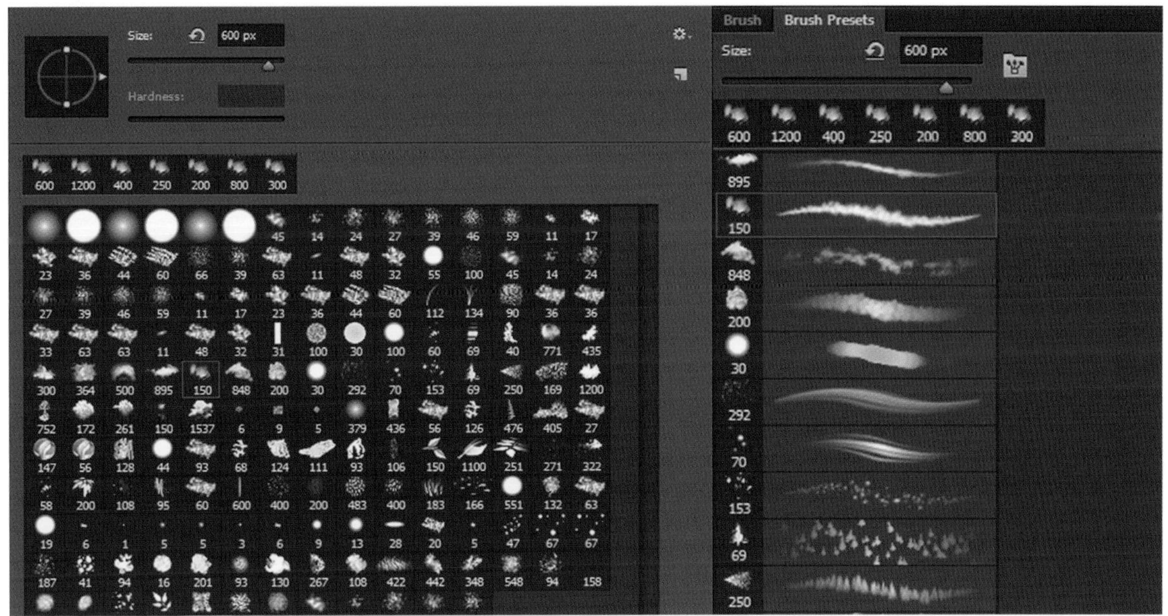

25

771~200까지 구름 브러시입니다.

26

150번은 구름 전용 브러시입니다. 때로는 숲을 그릴때도 활용합니다.

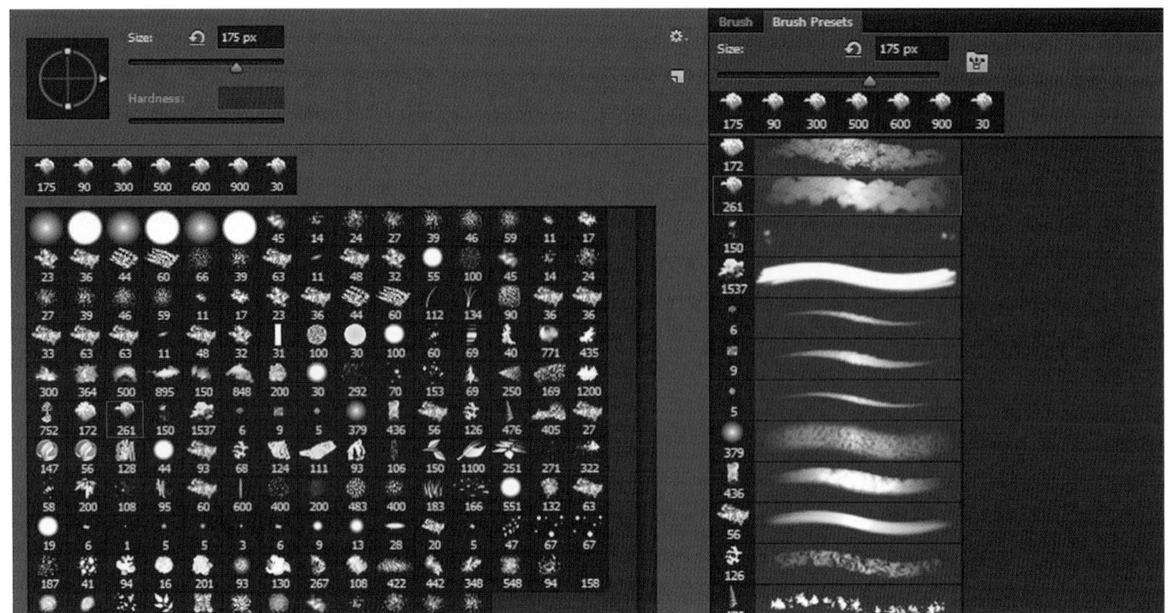

27

숲 브러시입니다.

28

261번 숲 브러시도 저자가 현재도 많이 사용하고 있고 덩어리 형태를 만드는데 적합합니다.

아무리 좋은 브러시가 있어도 적절히 활용하지 못하면 효과를 낼 수 없을 것입니다. 배경에서 가장 중요한 것은 거리에 맞는 터치를 하는 것입니다.

1

예시에 있는 가장 큰 바위가 가까운 거리에서 볼 수 있는 디테일이라고 가정하고 오른쪽으로 갈수록 먼 거리로 보이는 것입니다. 여기서 각 사물의 터치를 자세히 보시면 오른쪽으로 갈수록 요약이 들어가기 시작한다고 생각하시면 좋습니다.

2

다음은 멀리 보이는 사물의 색감을 한색 계열로 바꾸었습니다. 한식의 원근입니다.

3

이번에는 빛이 원거리에 배치된 경우의 온색 원근입니다.

컬러의 친구들

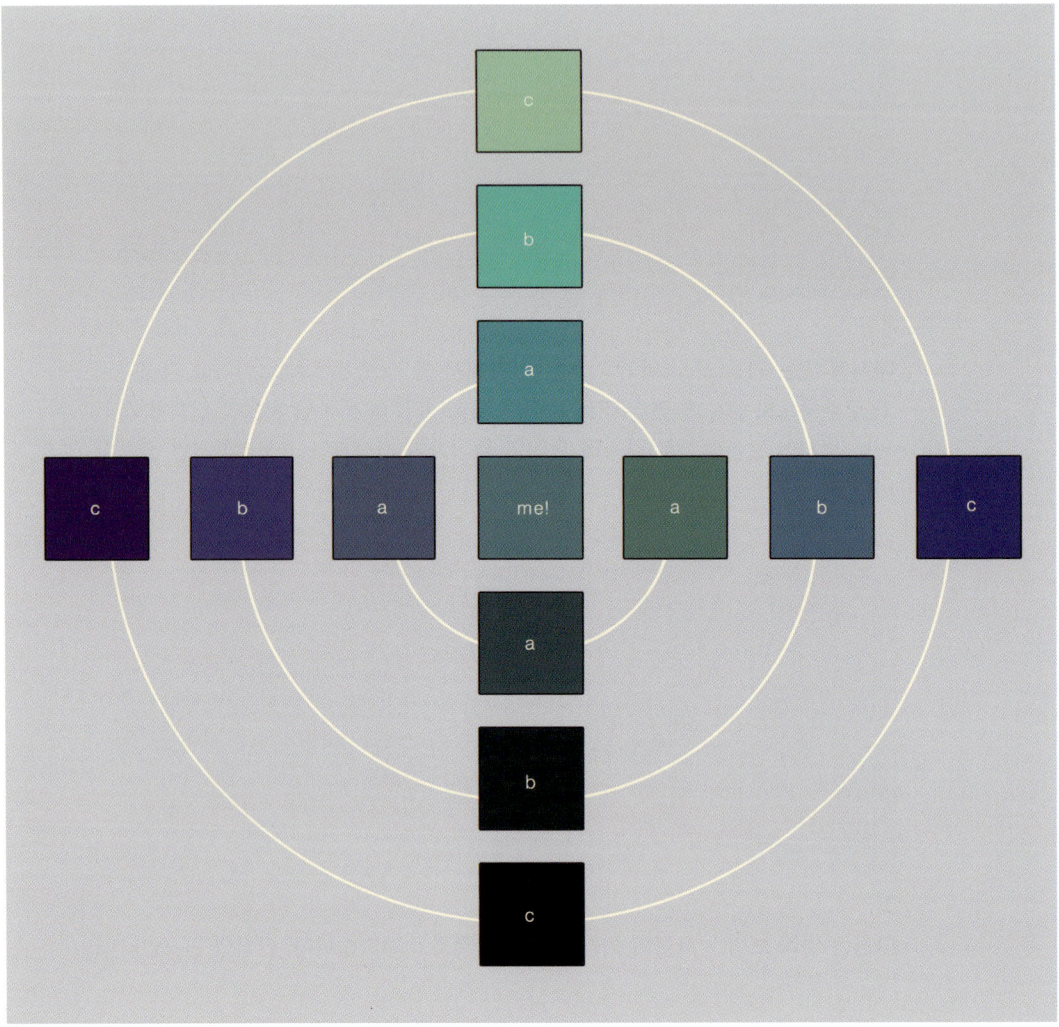

1

그림을 그릴 때 가장 난관에 봉착하는 것이 색감일 것입니다. 저자가 생각하는 색감은 그 성질을 파악하는게 가장 중요하다고 생각합니다. 색에 대한 많은 책도 있고 정보도 넘쳐나고 있지만 실상 그 색감을 어떻게 활용해야하는지는 알 수 없습니다. 누구나 나무는 갈색있고 하늘은 파란색이라는 것은 알고 있습니다. 하지만 그 색에 빛이 적용되고 공기가 적용되면 어려워지기 시작합니다. 그래서 준비한 것이 이번 그래프입니다. 가운데 색감을 기준 색이라고 보면 사방으로 친구같은 색을 배치해 보았습니다. 가운데를 기준으로 a는 가장 가까운 친구입니다. 이 친구들은 가장 잘 어울리는 색감들이 모인 상태입니다. 그리고 b는 a를 거친다면 잘 어울리는 친구들이 됩니다. 다음 c는 꼭 b가 있어야 기준색을 만날 수 있습니다. 그리고 각 a b c끼리는 다 어울리는 친구입니다. 이 그래프는 직접적으로 사용하는 색이라고 보다는 어울리는 색의 연결 지점을 파악하는데 목적이 있는 것입니다. 다시 그래프를 보시면 기준 색에서 위아래는 명도차라는것을 알 수 있습니다. 그리고 좌우는 다른 채널의 색을 자연스럽게 연결하는 색입니다.

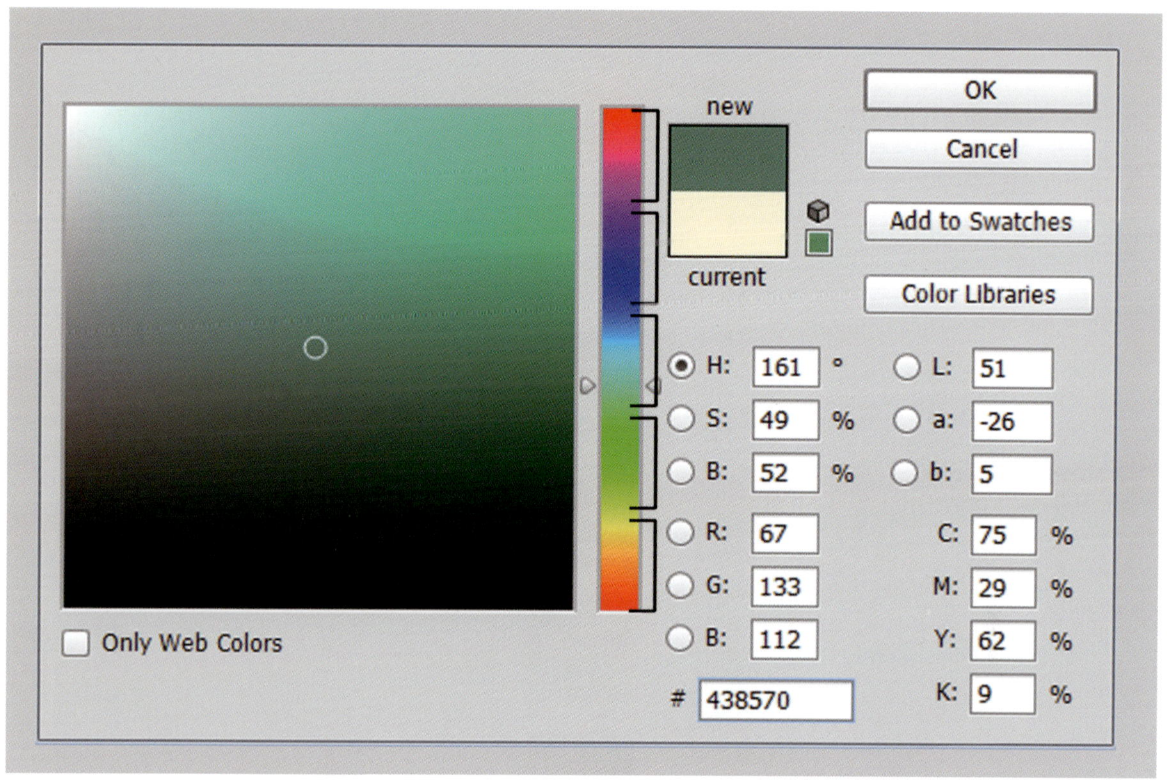

2

색의 연결지점은 포토샵 컬러 피커를 보면 친절하게 나와있습니다. 과로를 친 부분이 어울릴 수 있는 최소 단위입니다. 거리가 멀어질수록 어울리지 않는 느낌이 들거나 이질감이 많이 나는 색 조합이 됩니다.

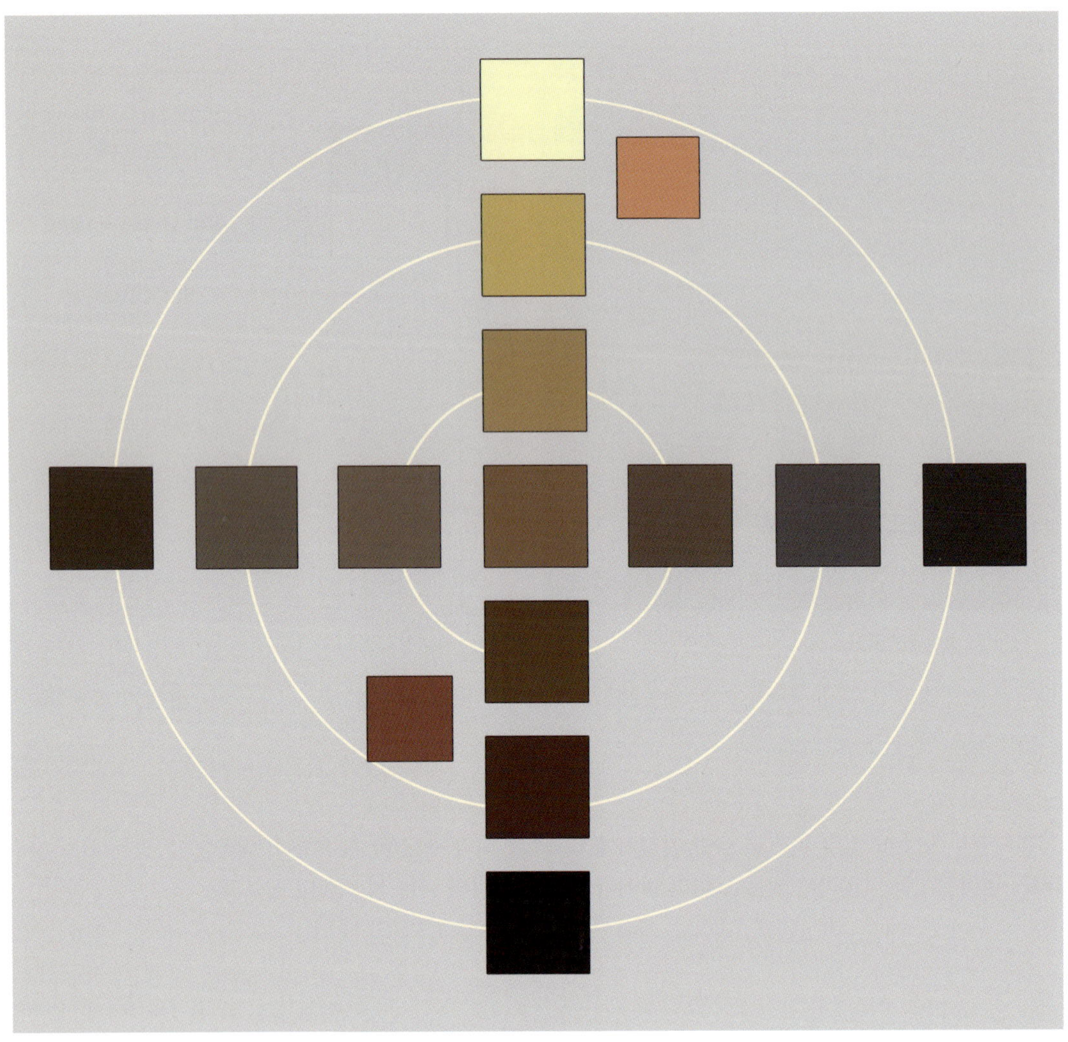

3

이번 그래프도 어울리는 친구들을 모아둔 색입니다. 이번에는 환경에 영향을 받은 색감입니다. 가운데를 기준으로 볼 때 위로는 빛을 많이 받은 상태로 보고 아래로는 어두운 부분입니다. 그런데 색의 변화를 자세히 보시면 색계열이 조금씩 바뀌었다는 것을 알 수 있는데 이 부분이 포인트입니다. 이것은 이전 그린 색 그래프와 동일한 원리입니다. 근사치의 색 채널을 조금씩 바꾸며 배치한 것입니다. 그리고 중간에 작은 박스가 있는데 그 색감은 가장 밝은 부분이나 어두운 부분을 자연스럽게 이어주는 색입니다. 실제로 그림을 그릴 때 이런 색을 중간에 섞어주면 더욱 자연스러운 느낌이 납니다. 좌우 색 배치는 공기와 재질의 영향을 표현한 색입니다. 좌측은 재질의 채도 변화로 생각하면 좋고 우측은 음영에 섞이는 공기의 색입니다. 이 그래프를 기준으로 중앙 색을 바꾸면 다른 사물의 색도 똑같이 진행할 수 있습니다.

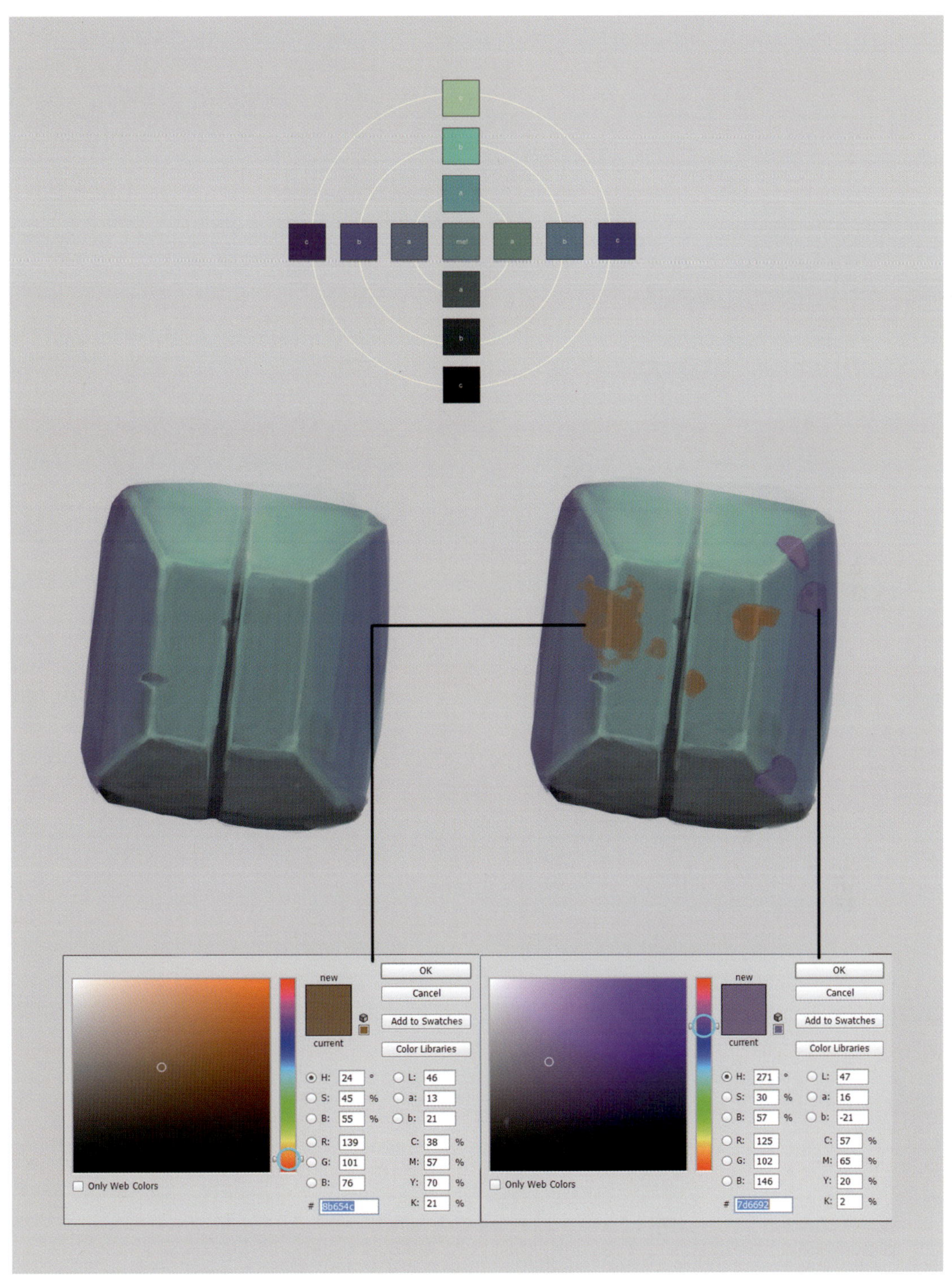

4

예시의 그래프 색감을 이용해 간단한 형태를 그려보았습니다. 그리고 우측은 이질감이 나는 색을 첨가한 것입니다. 왼쪽 붉은 계열 색은 이질감이 많이 나 무언가 묻었다는 느낌이 강렬합니다. 이것은 기준색에서 멀리 떨어진 채널의 색이 갑자기 들어와 튀는 현상을 보여주기 때문입니다. 하지만 이것이 잘못된 것은 아니고 실제로 이질감이 있거나 무언가 다른 사물을 합쳐 그릴 때 사용합니다. 그리고 오른쪽 보라색 계열은 기준색과 가까운 친구이기 때문에 부담 없이 달라 붙어있는 것을 알 수 있습니다.

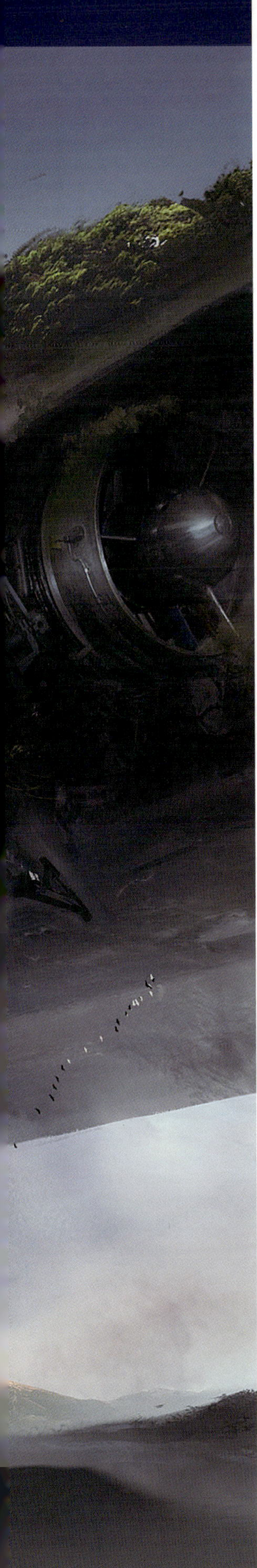

플라잉핸드
패밀리(작가들)

최지은
박혜진
권순철
Heewann

저자와 함께 동고동락했던 동료 개성만점 작가님들을 소개해 드리겠습니다.

천지은

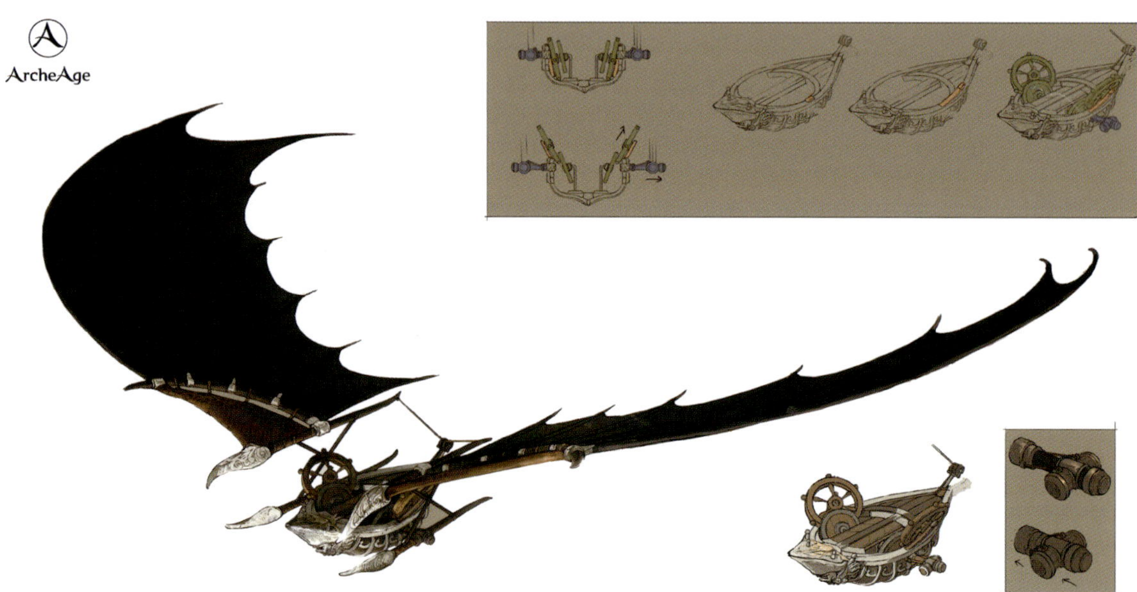

천지은님의 아키에이지 온라인 컨셉아트입니다. (저작권은 XL게임즈에 있습니다)

'배경컨셉원화가' 라는 직업을 생각할 때 흔히 떠올리는 장면은 명화와 같은 풍경무드, 컨셉이 강한 건축물 등을 그리는 모습일 것입니다. 그러나 앞서 말한 두 가지 작업은 배경컨셉원화가의 업무 중 일부에 지나지 않습니다. 대게 캐릭터 혹은 몬스터를 제외한 전반적인 환경모두를 작업하며 일부의 '멋진' 일과 대부분의 잡무로 이루어진 고되고 장인정신이 필요한 직군입니다. 하지만 게임을 재미있게 플레이 해본 경험이 있는 이라면 좋은 스토리와, 내력이 묻어 나오는 환경, 매력적인 설정의 캐릭터...이 세 가지 요소를 근사하게 버무려 놓은 명작을 접했을 때의 설레임을 알 수 있을 것입니다. 이런 명작 게임 하나를 만들기 위해 다른 여러 직군의 동료들과 협업하는 것은 고되긴 하지만 상당히 즐거운 일입니다. 플라잉핸드님의 책은 배경원화가가 갖추어야 할 여러 필수 요소를 잘 알려주고 있습니다. 백번 강요해도 지나치지 않는 탄탄한 기본기부터 대상의 특성에 따른 채색의 기법과 배경원화작업의 뼈대를 차분한 어조로 친절하게 짚어주어서 현업에 있는 저도 읽으며 때때로 새로운 발견을 하는 기분을 느끼곤합니다. 지금 공부하고 있는 많은 예비원화가분들, 그리고 현업에 계신 동료분들 모두 좋은 책으로 소통하며 언젠가 좋은 자리에서 좋은 모습으로 뵙기를 기원합니다.

천지은
7chun@naver.com

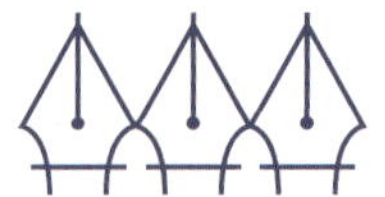

박혜진

일러스트레이터 박혜진님 작품입니다.

박혜진
https://www.artstation.com/hh-lotus
hh_lutus@naver.com

권순철

캐릭터 디자이너 sooooon.mu 권순철님 작품입니다.

권순철
suncheul.kwon@gmail.com
sooooon.mu

Heewann

영화 '신과 함께' 리드 컨셉 디자이너 'Heewann'님입니다. Sf나 판타지 영상컨셉을 전문으로 다루고 특유의 매트한 터치가 돋보입니다. 'Heewann'님의 sf컨셉 튜토리얼입니다.

1

실루엣으로 구도와 기본 톤을 잡습니다.

2

구름 등의 환경을 구상합니다. 전함(주제 대상)의 컨셉 방향도 계획합니다.

3

배경(환경)을 적당한 소스로 구상 합니다. 가급적 필요한 부분의 투시와 맞는 소스를 쓰되 한 번에 정확한걸 찾기 보단 여러 가지 시도를 해보는게 좋습니다. 약간의 밝기 보정은 항상 병행합니다.

4

배경 소스를 실루엣에 맞게 정리합니다. 전함도 진행하기 위해 소스를 배치하며 구상을 합니다.

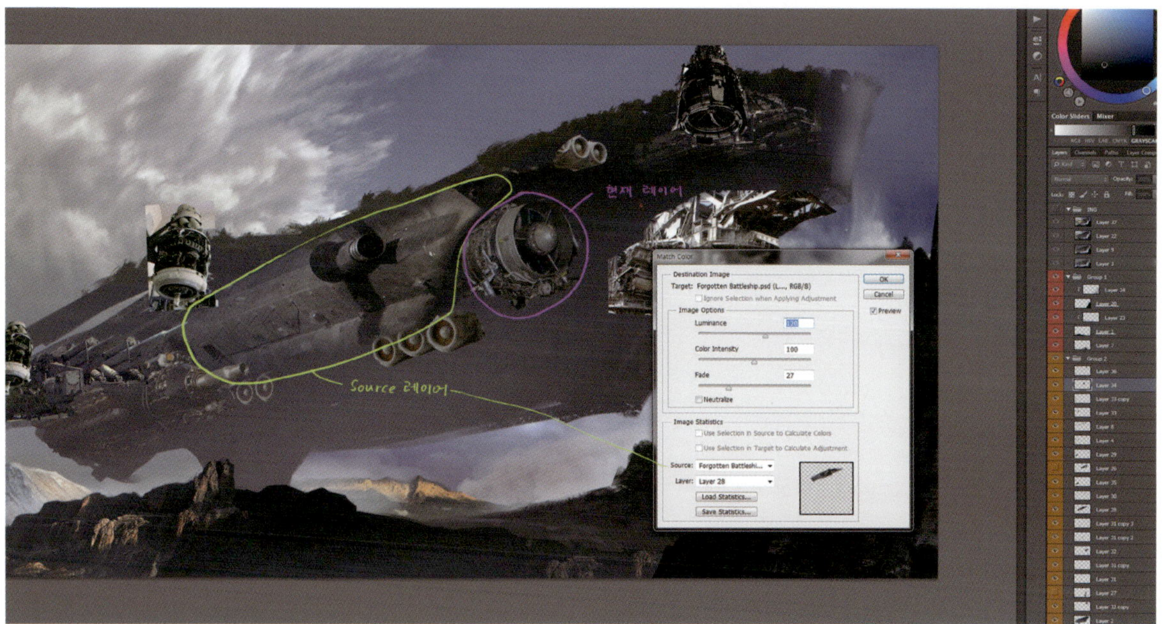

5

사진 소스를 붙일 때 톤을 맞추기가 까다로운 경우가 많은데 image-adjustments-match color를 사용하면 비교적 간단하게 맞출 수 있습니다. 다만 색 보정 견본으로 쓰일 레이어에 따라가기 때문에 제대로 적용이 안될 수도 있으니 이 한 기능으로만 맞추기 보단 curves, color balance, hue/saturation을 모두 사용할수 있어야 합니다.

6

전함에 사용한 소스의 톤을 유지하며 페인팅을 진행합니다.

7

오래 방치되어 유적화 된 전함으로 진행하기로 하여 상단 부분에 풀과 나무를 넣었습니다.

8

풀과 나무를 정리합니다. 전함 아래로 두터운 안개 또는 약간의 구름을 넣으면 거대한 느낌을 주는데 효과적입니다.

9

근경에 바위산을 넣어 원경을 보강합니다. 안개와 구름을 헤치고 가는 형태로 만들어 역동감을 줬습니다. 제트 엔진의 배기구에서 보이는 수증기도 표현합니다.

10

주 광원을 명확하게 보이도록 표현합니다. 근경의 어두운 부분에 실루엣으로 건물 등을 넣으면 거대한 점함을 더 돋보이게 할 수 있습니다. 전함 주위로 철새 때 등으로 규모감을 줄 수 있습니다.

11

전함의 움직임을 표현하기 위해 근경에 모션 블러를 넣습니다. 광원을 정리하고 전체 톤을 보정하여 마무리합니다.

김희완
https://www.artstation.com/heewann 아트스테이션
https://www.facebook.com/HeeWann.Kim 페이스북
heewann@gmail.com 이메일

소중한 그림을 보내주신 작가님들 감사합니다.

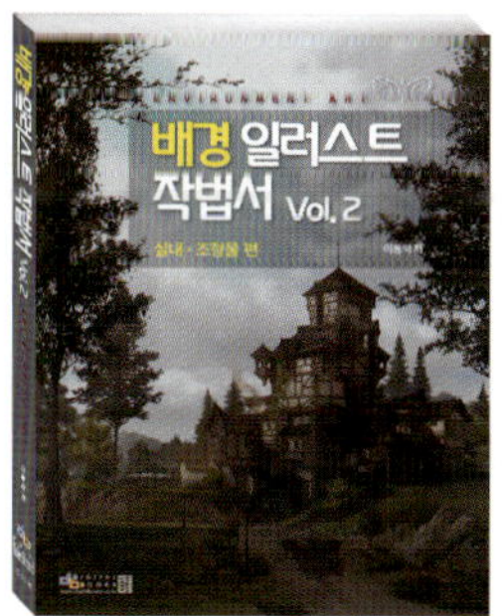

저자 현이
인지 생략

ENVIRONMENT ART

배경 일러스트 작법서 Vol. 2

실내 · 조형물 편

1판 1쇄 인쇄 2018년 5월 10일
1판 1쇄 발행 2018년 5월 20일

지 은 이 이동익
발 행 인 이미옥
발 행 처 디지털북스
정　　가 28,000원
등 록 일 1999년 9월 3일
등록번호 220-90-18139
주　　소 (03979) 서울 마포구 성미산로 23길 72 (연남동)
전화번호 (02) 447-3157~8
팩스번호 (02) 447-3159

ISBN 978-89-6088-229-4 (13000)
D-18-11